国家"双一流"建设学科辽宁大学应用经济学

U0687245

农业政策性金融机构
理论与政策国际比较

NONGYE ZHENGCEXING JINRONG JIGOU

LILUN YU ZHENGCE GUOJI BIJIAO

白钦先 张 坤 王吉献 ◎ 著

中国金融出版社

责任编辑：肖丽敏　赵晨子
责任校对：潘　洁
责任印制：程　颖

图书在版编目（CIP）数据

农业政策性金融机构理论与政策国际比较/白钦先，张坤，王吉献
著. —北京：中国金融出版社，2023.6
ISBN 978 - 7 - 5220 - 2024 - 2

Ⅰ.①农… Ⅱ.①白… Ⅲ.①农村金融—政策性金融—研究—中国
Ⅳ.①F832.35

中国国家版本馆 CIP 数据核字（2023）第 089219 号

农业政策性金融机构理论与政策国际比较
NONGYE ZHENGCEXING JINRONG JIGOU LILUN YU ZHENGCE GUOJI BIJIAO

出版
　　中国金融出版社
发行

社址　北京市丰台区益泽路 2 号
市场开发部　（010）66024766，63805472，63439533（传真）
网 上 书 店　www.cfph.cn
　　　　　　（010）66024766，63372837（传真）
读者服务部　（010）66070833，62568380
邮编　100071
经销　新华书店
印刷　北京七彩京通数码快印有限公司
尺寸　169 毫米×239 毫米
印张　16.5
字数　235 千
版次　2023 年 6 月第 1 版
印次　2023 年 6 月第 1 次印刷
定价　66.00 元
ISBN 978 - 7 - 5220 - 2024 - 2
如出现印装错误本社负责调换　联系电话（010）63263947

前　言

　　2023 年，是全面贯彻落实党的二十大精神开局之年，也是中国政策性金融届满三十周年承上启下关键之年。回顾过去的三十年，中国政策性金融从理论构想到实践检验经历了极不平凡的曲折发展演变历程。1993 年党的十四届三中全会决定建立三家政策性银行，中国政策性金融从无到有。三十年来，这三家政策性金融机构在公共基础设施开发建设、成套机电设备进出口及支农、扶农、助农等领域多有作为、多有贡献，成效斐然、可圈可点。尽管如此，由于建立之初先天不足，缺乏充分的理论认知和理性决策，加之无法可依、无章可循，致使中国政策性金融在实践过程中不可避免地经历了反复摸索与不断试错。2013 年，党的十八届三中全会通过了《中共中央关于全面深化改革若干重大问题的决定》，政策性金融改革成为六十条改革项目的一个方面，标志着最高决策当局对这一问题的高度重视与直面的决心。2015 年，国务院集中批复三家政策性金融机构继续深化改革的方案，明确指出回归"政策性"是以后改革的方向，争论十年的"转型论"尘埃落定。

　　笔者作为一名理论工作者，三十多年来深度参与中国政策性金融制度的建设与发展。在全面建设社会主义现代化国家的新征程中，政策性金融如何坚持金融工作的政治性、人民性，提升专业性，努力实现高质量发展，是当前理论界与实务界共同关注的热点话题，特别是针对农业政策性金融而言，在新时代、新征程、新使命背景下，其肩负的职责使命具有以下特点：(1)"三农"问题依旧是我国现代化建设进程中面临的主要问题之一，并随着经济的不断发展，其表现形式不再仅仅局限于

1

以往的单一农业生产形式，而是呈现出多种表现形式，如农民工进城、留守儿童、留守老人等，经济问题演变成为错综复杂的社会问题。（2）国际外部冲击加剧，特别是大豆、玉米等主要粮作物国际价格连创新低，即使财政背负了沉重补贴负担后仍无法彻底消除外部冲击对国内粮食种植业造成的巨大冲击，我国农业生产安全、粮食安全受到巨大考验；另外，转基因技术的广泛应用也进一步增加了不确定因素。（3）政策性金融、农业政策性金融立法长期滞后，仍处于无法可依、无章可循的状态，这反映出认知的理性与决策的科学性仍有待进一步提升。（4）农业政策性金融机构所拥有的资金、资本实力、业务开展的广泛程度与其所承担的历史任务仍然严重不匹配，这在很大程度上限制了其宏观性调控、公共性职能。

因此，鉴于上述思考，笔者在《农业政策性金融机构理论与政策国际比较》中一方面突出了对历史经验教训的总结和思考，另一方面突出了课题研究的问题导向性和实践应用性。全书分为三篇：

第一篇为理论篇，包括第一章到第三章，该篇是本书的基础。本篇全面回顾了中国政策性金融三十年的风雨历程，总揽全局，系统阐述了中国政策性金融面临的十大问题；对政策性金融基础理论进行全面论述，并在此基础上向读者介绍了政策性金融理论前沿——政策性金融公共性。

第二篇为比较篇，包括第四章到第十章，该篇是本书的核心。本篇全面、系统地比较了各国农业政策性金融机构的性质与特征，与第一版不同的是在第二版中舍弃了以国别为基础的对各国农业政策性金融机构的分别阐述，而是突出了综合比较，在保留第一版中对各国农业政策性金融机构名称、管理模式、组织模式、外部关系等方面的综合比较的基础上，详尽阐述了农业政策性金融机构在资金运用、资金来源方面的异同，即资产项目的比较、负债项目的比较及所有者权益项目的比较，通过最新且翔实的数据比较为读者展现出当今世界范围内主要国家农业政策性金融的行业发展水平，也为我国农业政策性金融机构找准自身定位提供了借鉴。

　　第三篇为对策篇，包括第十一章到第十三章，该篇是本书的落脚。比较不是为了比较而比较，而是为了最终在政策落实方面提供借鉴与思考。本篇具体包括政策性金融立法、政策性金融预算管理及政策性金融法人治理三个方面，其中政策性金融立法是笔者三十多年来一直大声疾呼的政策性金融改革的重中之重，所谓"立法不足、地动山摇"；而政策性金融预算管理和法人治理的内容是2015年以后新一轮政策性金融改革所提出的新观点，也是此番改革的新亮点。

　　本项目的主要贡献与创新之处在于以下几方面：

　　（1）在新时代、新视野、新思维、新视角下对政策性金融的基本特征，特别是基本特征中的本质特征进行了全新研究与阐述，将政策性金融的基本特征归纳为金融性、公共性、国家信用性、特定选择性，在此基础上着力阐述了这四者中更具有本质性的公共性特征。

　　（2）从基础性要素、专业性要素和政策性要素三个方面开辟系列性窗口进行国际比较研究，他山之石，可以攻玉，可以从中看到各国同行做法及惯例，以便立法、行政监督、管理实践、当局决策借鉴，以作为参考依据。

　　（3）在充分借鉴国际经验与惯例的基础上与时俱进，高瞻远瞩，以新形势、新任务、新思维、新举措为主线，提出一系列具有时代特点的新的对策性建议。例如，对20个国家和地区农业政策性金融机构财务指标的对比分析中有许多新发现，从中看到了自身的优势、潜力与不足，增强了自信，找到了新的发展方向，也做到心中有数，知道我们自身在国际同行中的地位、优势与不足。关于不宜将政策性金融机构同40家国有商业银行机构一起纳入国有资本经营预算制度安排的研究，就具有超前性研究，阐明道理，积极进取，具有防患于未然的新思维、新路径的特点。

　　本书是中国农业发展银行2016年度重大课题委托研究成果，由白钦先教授负责总体设计并最终定稿，由王吉献、李鹏担任学术顾问，由张坤负责总纂，辽宁大学在校研究生杨晶晶、朱逸爽、郭君妍等参与文字编辑。在本书的编写过程中，得到中国农业发展银行领导的大力支持和帮助；中国金融出版社的领导与编辑同志对本书的出版也给予了很多的关心和帮助。笔者对于以上帮助和支持表示衷心的感谢！

由于条件和水平有限，特别是资料收集的困难，书中的错误与不足在所难免，真诚希望读者批评指正。

白钦先

2023 年 4 月

目　录

理　论　篇

比　较　篇

对 策 篇

理　论　篇

第一章 中国政策性金融三十年发展历程回顾

20 世纪 90 年代初，笔者率先提出并系统论证了"政策性金融"概念。1989 年，在专著《比较银行学》中提出"商业性银行业务与政策性银行业务分离分立"政策建议；1990 年，在中国国际金融学会年会上作"我国银行企业化改革的关键一步——政策性银行业务与商业性银行业务的分离分立"专题报告，政策性金融正式走进公众视野；1991 年，主持人民银行（国家教委）"八五"社科规划重点项目，并于 1993 年形成第一部系统论述政策性金融的学术专著《各国政策性金融机构比较》；1993 年 8 月，撰写《借鉴各国成功经验、尽速构筑中国的政策性金融体系》的政策建议报告，经国家教委呈送中央有关领导同志。

1993 年 11 月，党的十四届三中全会审议通过了《中共中央关于建立社会主义市场经济体制若干问题的决定》，明确提出"建立政策性银行，实行政策性业务与商业性业务分离"。同年 12 月，国务院印发《关于金融体制改革的决定》（国发〔1993〕91 号），进一步明确组建国家开发银行、中国农业发展银行、中国进出口银行的具体安排。翌年，3 家政策性银行相继开业运营，迈出了从理论向实践跨越的关键一步，因此人们也习惯将 1994 年定义为中国政策性金融元年。

1999 年，信达、华融、长城和东方 4 家资产管理公司相继成立，承担国有银行不良资产剥离处理历史使命，特许经营期为 10 年，标志着政策性金融由银行领域向非银金融领域拓展；2001 年，中国出口信用保险公司成立，是中国第一家也是目前唯一一家政策性保险公司。后来，4 家资产管理公司实现商业化转型，3 家政策性银行与中国信保共同构成我国政策性金融机构的主体。

2003 年前后，出现了一些关于政策性金融"阶段论""取消论""转型论"的观点。有的认为"传统意义下政策性银行的历史性阶段任务已完成"。有的认为"传统的政策性的亏损银行、垃圾银行已无法生存"。有的认为"开发性金融是我国经济转型过程中政策性金融的创新、深化和发展的新阶段"。一时间各种言论喧嚣尘上、各种传言不胫而走，政策性金融与商业性金融原本清晰的边界似乎也变得模糊起来。由此导致一些政策性银行偏离主责主业，一边享受着国家信用和资金成本优势，另一边又在商业性、竞争性领域展业布局，造成了一定程度的市场混乱。

2007 年，针对当时政策性金融理论与实践面临的种种问题与困境，笔者主持了国家社科基金重点项目"全面协调可持续发展观视角下的中国金融体制改革深化"。经过深入研究，课题组认为，中国政策性金融实践异化的根本原因是实用主义和短视决策，未能从理性的高度真正认识政策性金融存在与发展的必要性；政策性金融与商业性金融一样不可或缺、不可替代，它不是阶段性权宜之计，而是长久性战略决策与选择。

2014 年 12 月至 2015 年 3 月，3 家政策性银行改革总体方案陆续获国务院批复同意，指出国家开发银行要坚持开发性金融机构定位，中国进出口银行改革要强化政策性职能定位，中国农业发展银行改革要坚持以政策性业务为主体。至此，3 家政策性银行经过十年异化后回归政策性主业。2022年，3 家政策性银行向社会公布的《关于十九届中央第八轮巡视整改进展情况的通报》显示，国家开发银行"深入贯彻党中央关于改革优化政策性金融的部署要求"，中国进出口银行"探索走好中国特色政策性金融发展之路"，中国农业发展银行"全力践行农业政策性金融职责使命"，回归政策性职能职责不仅是党中央对政策性银行的明确要求，也是政策性银行实现高质量发展的必由之路。

2013 年 11 月，中共十八届三中全会审议通过了《中共中央关于全面深化改革若干重大问题的决定》，明确提出"推进政策性金融机构改革。发展普惠金融。鼓励金融创新，丰富金融市场层次和产品"等重要论述，擘画了新时代金融体制改革发展蓝图。总的来看，中国政策性金融"第三个十年"，是坚持以习近平新时代中国特色社会主义思想为指导，深入推进改革、不断探索创新，取得历史性成就、发生历史性变革的十年。

笔者持续观察与研究国内外政策性金融兴起、发展演变的历程，以及研究相关理论与实践已有三十多年的时间，以其对这一问题的哲学的、历史的、经济与社会的、理论与实践的广阔视角，试图对中国政策性金融过去三十年的曲折历程，从十个方面进行深刻的综合性回顾与反思：为什么需要政策性金融、是长久性战略决策还是阶段性权宜之计、最高宗旨与目标、定性与定位、功能与作用、财政"输血"与金融"造血"、可持续发展之条件、立法滞后与超前、监督还是监管，以及对深化政策性金融改革如何解读与贯彻十大议题展开论述。回顾与反思、理论与实践紧密结合、纵横交错；以其广阔的视野、悠长的观察期、深邃的历史感与思想性及较大的信息量见长；发人深省、催人奋进，富于启示、利于实践，言之凿凿、切切中肯，可助思考、可资借鉴。

一、政策性金融长久性战略决策与阶段性权宜之计的是与非之辨

近现代世界各国为什么需要政策性金融？它建立与发展的客观理论与社会必然性何在？这一重大问题对金融高层决策当局以及众多经济金融界人士来讲，迄今并未从根本上理解与认识。往往都是从临时性权宜之计，就事论事、急功近利地来考虑与权衡这一本质上是必须从全局全面与长久性战略决策的问题。这就使如何改正错误和解决紧迫的倾向性问题变得异常艰难与缓慢，常常坐失良机，要付出沉重代价。这是二十多年前中国金融界一位很有作为与影响的曾于解放前长期从事地下工作的老干部发自内心的感慨。[①] 这句话，人们一定不要忘记，一定不能不把它当回事。

---

① 白钦先. 借鉴各国成功经验、尽速构筑中国的政策性金融体系——上报国家教委并呈中央有关领导同志的报告，1993.

为什么需要政策性金融？它为什么不能是阶段性权宜之计？这首先要从理论上加以阐述。发展社会主义市场经济，建立与完善市场经济体制是国策，是长久之计。然而，市场经济体制并非万能，它的选择不一定完全及时、完全有效、完全合理，在利益诱导下，许多极具全局性、公共性特征的项目，它会不予选择或自觉地滞后选择，这是市场行为，也是市场的选择。此外，是资源配置目标与配置主体的严重错位与失衡：资源配置目标是经济有效性与社会合理性，配置主体有微观（企业）与宏观（政府机构，包括政策性金融）主体，微观配置主体更立足于选择经济有效性目标，宏观配置主体更偏向选择社会合理性目标，两个目标都具备的选择也有，但很少，也很难。这一矛盾用政策性金融便迎刃而解，它的政策性、公共性定位，它不是以利润最大化为最高目标，而是以贯彻执行国家经济政策、产业政策与社会政策为最高宗旨。政策性金融与市场经济共生，是客观存在的全局性长久性战略决策，不会也不能是局部性、阶段性、临时性权宜之计，绝不是市场经济某一特定阶段的阶段性功利主义权宜之计的选择，而是有其严肃的、经济必然性与崇高而潜在的重大社会责任。

最后是世界各国的客观特征性事实的实证。一个多世纪以来，政策性金融是伴随科学技术水平和近现代商品经济的发展，国民福利的提高，生产力发展水平与信用关系的不断扩展与深化，国家干预及经济社会发展稳定、宏观经济金融调节控制任务的深化，而逐渐形成的一种同商业性金融平行并列的持久性、稳定性的正式制度安排，成为各市场经济国家近现代金融体系中普遍的、不可或缺的重要组成部分。

概括地讲，政策性金融有以下共同特征：（1）普遍性与稳定性。不是少数国家，是大多数国家，不是临时性安排，而是持久稳定的制度安排。特别是农业、进出口、中小企业以及开发性的政策性金融机构，更具普遍性与稳定性。例如，美国有关农业政策性金融机构的法律更明确地将其定性为"永久性公法法人"，大部分已运行半个世纪到一个世纪以上。（2）构建多层次的政策性机构体系。以日本为例，1898 年就建立了专司北海道开发建设的北海道拓殖银行，"二战"以后更形成体系，所谓"三行九库"，即日本国家开发银行、输出入银行、海外协力基金及农业金融公库、中小企业金融公库、医疗金融公库、渔业金融公库、国民福利金融公库等九大金融公库。这些年有合并、有调整，但仍多种多样实力强大。当然，各国也并非千篇一律，有的种类多些，有的种类少些。（3）政策性金融的功能与作用不可或缺、不可替代。日本的政策性金融在20世纪七八十年代其信贷占全国信贷总量的1/3，在经济发展、均衡稳定、调节控制和社会和谐方面功不可没。（4）全国性、地方性政策性金融机构并存，除农业政策性金融特殊外，分支机构相对有限。例如，美国、巴西、印度、德国等联邦制国家，既有全国性政策性金融机构，又有地方性政策性金融机构。除农业政策性金融机构分支机构众多以外，其他类型的政策性金融机构则分支机构较少，有的甚至没有，如1919年建立的英国出口信贷担保局。（5）依法监督，"一行一法"。有专属法律保护促进，且是立法先行，依法而建。（6）政策性金融整体稳定，局部调整。具体机构依形势与需要则有合并、有转型、有撤销、有新建，动态调整。例如，新加坡发展银行从建国时即成立，主要是从事基础设施开发建设，但其城市和国家任务有限，发展起来后转变为商业性银行，尽管名称依旧。日本战后的复兴金融公库由于运营管理不良而撤销，又有新的类似机构建立。许多国家还建有专司商业性金融不良资产处理的政策性资产管理公司，东西德统一后德国专司原东德加速发展的政策性投资公司，则是阶段性特殊任务完成后撤销。还有的是依形势发展需要而新建，例如，智利的矿业银行是专司城市化改造、环境治理、风险投资、教育发展的政策性金融机构等。

这里需要强调指出的是，人们不能将具体的某国政策性金融机构的建立发展、合并撤销、兴衰存废同政策性金融群体相混淆。例如，一些人常以新加坡发展银行向商业银行的转变个案为由为证，提出中国政策性金融的商业化、市场化转型一般，这是以偏概全、只见树木不见森林的逻辑性错误。

经济金融与社会是不断发展变化的，是动态与相对的，例如，强位弱势人口、产业、企业等群体在整体上也是变化和动态的，在具体微观层面变化会很大。但重要的是不能从微观具体的动态性，例如，新加坡发展银行由最初的政策性开发性向商业性银行的转变，或某一具体的政策性银行的结束，或城市化改造中的基础设施建设，保险投资等的建立，均是政策性金融的变性、转型、消失或临时性、阶段性的理由与依据。新的政策性金融机构"强位弱势"群体的强位与弱势也只有相对的动态性意义。同一国家不同区域、不同发展阶段以及不同国家的同一发展阶段中的强与弱，也只有相对与动态的意义。再如中小企业，不管是中国的还是美国的，还是别国的，均占各国企业总数的 99% ~ 99.7%，都创造就业的 2/3，这一强位都是相同的和不可或缺、不可替代的，因而是谁都不能忽视与小视的。但中小企业在市场竞争的弱势也是人所共知的。

凭借上面的多视角议论，只想凸显一个简单的事实和道理，即不管发展水平高低、富有程度高低的国家，不管处在什么发展阶段，都有强位弱势群体的存在，都必然需要国家政策性金融的支持，因而政策性金融就肯定不是阶段性的，而是长久性的。强位弱势群体的长期客观存在和对金融服务需求的渴望是政策性金融产生和发展的永恒理由。而强位弱势群体的强位与弱势也只有相对与动态的意义。同一国家不同领域，同一国家不同发展阶段、不同领域，以及不同国家同一领域，不同国家不同阶段不同领域中的"强位弱势"也不相同，也不会永恒不变。就像现阶段美国与中国的中小企业中的强与弱肯定不同，或许可能他的弱与我的强更接近。这都无关大局，有一点是肯定的，无论是中国还是美国，农业都是其国民生存延续与发展的基础，是国民经济的基础，这种强位是共同的，弱势产业、高风险产业积累率低，这一弱势也是共同的。尽管它们强与弱的程度与表现形式可能不同，但在该国产业体系、市场体系中的全局性战略性地位与作用中的强位与市场竞争中的弱势依然是相同的。①

综上所述，政策性金融的存在与发展具有深刻的经济与社会必然性，

---

① 白钦先.中国农村金融体制的战略性重构重组与重建［J］.中国金融，2004（12）；国家发改委国际借鉴，2004（5）.

与商业性金融同样长久，不可或缺、不可替代，它不是阶段性权宜之计，是长久性战略决策与选择。

二、三维金融架构视角下政策性金融不可或缺与不可替代之辨

三十多年来，笔者研究金融理论主要是从微观金融的视角，以九大金融相关要素这一金融体制为基础，展开对商业性金融、政策性金融和合作性金融的研究。研究时间最长的还是商业性金融和政策性金融，当然也关注合作性金融。所以，从20世纪90年代后期到21世纪初，笔者曾将"商业性金融、政策性金融定性在彼此对称、平行、并列的两大金融族类"。到21世纪初，随着对中国"三农"问题、"三农"金融问题的持续关注，加大了对合作性金融的研究，逐渐从宏观上形成了商业性金融、政策性金融和合作性金融三元金融的概念。从二元到三元，这是一次思想理论认识上的大转变。[①]

而从2010年以来的这三四年，笔者又进一步修正了"三元金融"视角，提出了"三维金融架构"理论。从三元金融到三维金融，是过去三十多年来由传统金融到现代金融，由微观金融到宏观金融，由一般系统金融理论到宏观金融基础理论，由形而下到形而上的跳跃与提升。"三元金融"强调的是三种、三类、三方的三个系统的对称、平行、并列；而"三维金融"理论强调的是三者的相互关系、相互联系制约与影响，强调的是长宽高三维立体架构，而不是单纯三个点、三条线、三个面，强调的是三者彼此相克相生、相辅相成、共死共生、共存共荣。[②]

商业性金融、政策性金融、合作性金融三者在各国金融体制中的地位与作用是不同的，以商业性金融为主，以政策性金融为辅，前者为主体，后两者为两翼，前者是全方位的，后两者在空间上、在地域上，在不同系

---

① 白钦先. 政策性金融总论 [J]. 经济学家，1998（3）.

② 白钦先，文豪. 三维金融架构研究——哲学、人文、历史、经济与社会的综合视角 [J]. 东岳论丛，2013（6）.

统上是有局限与限定的；三者的最高目标分别是企业利润最大化、国家公共利益最大化和集体利益服务公平最大化；三者遵循的思想或政策主张分别是个人主义、国家主义和集体合作主义；三者相克相生，"克"就是差异、不同，各有利弊，长短制约，就是特殊性、多样性，但共同形成一国或经济体的金融体制谓之相克相生；三者各自独立、相互各异又客观存在形成一个统一体；三者又相互依赖、相互促进与影响，既发展了自己，又促进了对方，可谓相辅相成。

试想如果一个国家和一个经济体若只有商业性金融，以利润最大化为唯一最高目标，尽管它的力量最大，资本与资产总量最强，但它只对大城市、大企业、大项目感兴趣，对占企业总数99.7%的中小微企业的信贷需求不顾，那么马太效应、二极分化必然发生，失业大增，总需求减少，"三农"长期落后，国民经济基础长期薄弱失衡，市场不断萎缩，商业性金融的主体地位又如何保持或实现？假如没有政策性金融对国家及公共总体利益的维护，没有其国家与地方对基础产业、支柱产业、落后地区与行业，对中小企业、"三农"和进出口这些"强位弱势"群体的特殊扶持与帮助，国民经济与社会又如何能可持续发展与和谐？没有资金自筹，坚持自愿互信、合作与互助及自治自理的农村合作性金融的存在与发展，"三农"长期得不到现代金融服务，商业性金融力量大但只追求利润最大化，广大农村、农业、农民的现代化与富裕化便将成为一纸空谈，和谐社会这一目标又何谈实现？

政策性金融的局限性在于对特定产业、领域与项目的特殊扶持与国民经济的宏观协调稳定的限定，它不是全面和普遍的；合作性金融在发展"三农"和建设和谐社会中将会贡献巨大，合作性是其优势也是其劣势之所在，空间的地方地域局限性、服务的社员限定性以及总体金融实力的弱小性，使其只能是基础性的、基层性的、辅助性的，而不可能是全面全局主体性的。三者协调配合形成一种立体架构，就能实现主体与两翼，自利、共利与互利，个体主义、国家主义与集体主义，市场性、公共性与合作性，企业利润最大化、公共利益最大化与集体服务最优化等，达到各自三者的均衡、协调、和谐与稳定。所以，三维金融架构是稳定架构、均衡架构、和谐互补架构，是最佳黄金架构。①

三维金融架构是一种金融基础理论，在战略与实践层面应成为中国金融建设与发展、改革与深化的整体理念与战略，应成为出发点与归宿，应成为一种顶层设计。

用三维金融架构理论来审视中国的政策性金融，那就得放弃 20 年前建立政策性金融机构只是出于推进国有银行改革为其"卸包袱"为需要的产物，从市场经济全局、国民经济全局，从"政策性金融不可或缺、不可替代，只能加强、不能削弱"这一战略与理性高度重新认识与定位中国的政策性金融；那就得破茧走出长期困扰我们的局部的部门利益博弈的怪圈，从三者相克相生、相辅相成、共生共荣的战略高度来重新设计与规划中国政策性金融的未来发展与政策。

三、政策性金融的本质特征及识别指标之辨

关于政策性金融本质特征的概括，在过去三十多年的研究历程中，伴随着国际国内相关学术科研水平与能力的提高、研究视角的变化和认知能力的提升，改革开放发展的阶段性背景与特征、面临的紧迫任务和现实针对性的转化等因素的演变而有所不同。笔者在 20 世纪 80 年代初撰写《比较银行学》专著时，政策性金融还只是其中一章里的一节，还未来得及给政策性金融下一个规范严谨的定义；90 年代初撰写专著《各国政策性金融机构比较》一书时，主要是对政策性金融下了一个相对规范和较为严谨周全的定义，当时归纳的政策性金融的"特征"也只是对这个定义中的关键词的某种概括与阐释。20 世纪 90 年代中后期笔者在研究与撰写《中华金融辞库》政策性金融分卷时，中国人民银行行长戴相龙曾专门召开过一次"政策性金融分卷辞条研讨会"，会前央行发文通知，要求各相关国

---

① 白钦先，文豪. 三维金融架构研究——哲学、人文、历史、经济与社会的综合视角 [J]. 东岳论丛，2013 (6).

有商业银行与政策性银行及非银行金融机构会前认真做好准备、认真调查研究，提出修改或补充意见。会议全天均由戴相龙行长主持，由笔者作主旨报告，就政策性金融的定义、特征等一系列相关问题以及一千余辞条的产生、筛选、分类等问题作出详细说明；与会的各国有银行和政策性银行行长、副行长及调研部负责人及保险公司等非银行金融机构负责人先后报告调研情况并提出相应的补充或修改。当时关于政策性金融的特征，会议达成了共识，政策性金融有如下特征：（1）政策性，政策性金融服从和服务于政府的某种特殊的产业或社会政策目标或意图。（2）优惠性，政策性金融以比商业性金融更加优惠的利率、期限、担保等条件提供贷款或保证提供贷款。信贷资金的贷款可得性，在中国当时条件下更多的不是表现在利率优惠上而是贷款紧缺条件下的政策性贷款可得性上。（3）融资性、有偿性是一种在一定期限内有条件让渡资金使用权的资金融通活动。

笔者记得在优惠性这一特征的讨论中，各金融机构一致的呼声是在中国的条件下，优惠性并不主要表现在贷款利率的优惠，而主要表现在当时信贷紧缺条件下的政策性贷款的信贷可得性上。

在进入 21 世纪的十多年中，笔者对政策性金融的本质性特征的研究与探索在不断深化，现实形势的发展、现实的倾向性和针对性的日益凸显，以及理论认识的升华都对政策性金融的本质特征的概括产生了诸多的促进和影响。在这些新要素中最突出的是关于公共性的研究及政策性金融的公共性本质特征的研究和阐释。先是在 2007 年研究"国际信用评级"的过程中概括出国际信用评级的特殊的公共性政治性本质特征，而后才将这一视角转向对政策性金融及其本质性特征的研究。

经对国内外政策性金融理论与政策的研究，以及对中国政策性金融理论与政策三十多年之经验与教训的研究与概括，对政策性金融的本质性作了以下最新概括。

（一）公共性、政策性

公共或公共性一词经历了不同历史时代的演变，并不是某种特定的专业性指称。在社会学和经济学中，"公共性"一词常指某种特定领域、特定产品和服务属于公共性领域或具有公共性。依康德在其所著《论永久和平》一书中的阐释，其基本特征或属性有二，即否定性形式和肯定性原则。其一是公共性的准则或目标的实现必须以不影响其他人权利的实现为前提，否则就与它的准则或公共性不相容，就是错误的，这便是否定形式，就是通常讲的非排他性；其二是所有要求公共性的准则如果在它们想要实现的目的上不想失败，它就必须与权力和政治结合起来，这便是肯定形式。用今天人们易于理解的语言形式可以表述为，公共性准则或目标的实现，必须以与国家权力和政治的结合为前提，否则便必然失败或不能成功，这便是它的充分且必要条件。

然而，尽管与国家权力与政治的结合是公共性准则或目标实现的前提，但这种结合应当是必要的和适度的，要避免国家和政府对公共领域的过度干预、侵蚀与损害，更要体现民主、民意、民需。

在利益取向上，公共性必须追求和实现公共利益，这是公共性活动的起点与终点，它是追求公平的，且体现公平与正义；在公共权力运作中，公共性要体现人民主权和政府行为的合法性。

上述两项形式化判断标准同时也是检验什么是或不是公共的形式性底线指标。

政策性金融的本质属性的公共性特征：①强调了它在利益取向上必须追求和实现公共利益，并以此为起点与终点；②公共性要体现人民主权、公利、公益、公平与正义；③公共性目标或利益的实现必须以与国家权力与政治相结合，国拨资本、享主权信用、税负减免都是国家权力的体现，不以利润最大化为其最高宗旨，而以国家经济社会发展战略与政策公共利益为其最高目标，以及相应的特定选择性和准竞争性等，都是由公共性这一最核心的本质性特征所决定与制约的。

政策性金融不以利润最大化为最高宗旨，而以贯彻执行国家特定战略、经济政策、产业与社会政策公共性利益目标为其最高宗旨。不以利润最大化为最高宗旨，并不意味着不盈利或必然赔钱或总赔钱，国际同行多年的实践也表明，一些国家的政策性金融机构经营管理得很不错，以至于若干年后退回了原政府投入的资本金。商业性、市场性不是政策性金融的本质性特征，而是商业性金融的本质性特征。商业性、市场性不是政策性金融的最高目标，只是它的手段，但它却是商业性金融的最高目标。但也不能说政策性金融是非市场的或反市场的，它也是市场选择的结果，是在市场性最高目标下许多颇具国家战略与政策性的目标，颇具公共性利益的目标，市场常不予选择，或滞后选择或非最优选择的产物，国家干预便是必要和可取的，绝不能说凡是市场的都是好的，凡是国家干预的便都是坏的，这是将市场极端化、万能化的市场原教旨主义。

(二) 国家主权信用性

这是政策性金融的最根本的本质性特征，也是它的充分必要条件。

(三) 融资性优惠性

有借有还保本微利，不吸收自然人与一般企业法人的存款，只接受特定对象，特定项目的某些特定存款，执行优惠利率与信贷政策（包括信贷可得性)，享有国家法律赋予的税负优惠或豁免等便利。

(四) 特定选择性非竞争性

政策性金融不像商业性金融那样面向所有自然人与企业法人提供金融服务，而是依国家特定战略与政策、公共性目标选择性地向特定领域、特定项目、特定对象提供服务；以商业性金融为主，以政策性金融为辅，如此主辅有序，彼此互促而不替代、合作而不竞争，彼此共生共长共荣。

这样，政策性金融的上述本质性特征是以公共性为核心的，而公共性政策性、融资性优惠性、国家主权信用性、特定选择性和非竞争性这些特征则是被前者所决定、所制约或派生的。从这个意义上说，政策性金融或许称为公共性金融更为贴切、准确、科学和顺畅。

这一认知是我们过去三十多年持续研究探索国内外政策性金融理论与政策，并不断创新与升华的结果。

四、政策性金融机构是国家机关、政府机构或企事业单位定性之辨

政策性金融机构是国家机关，是政府机构、官方或半官方机构，还是企业或事业单位，这些不同的差别性很大的称谓典型地说明政策性金融机构基本定性这一问题的复杂性与某种不确定性。这一问题表面看似复杂，实际上很简单，但形式上看有时还真有点似是而非。尤其在中国特定的政治与经济体制下，这一问题却变得既复杂而又似乎颇具某种不确定性。

过去一些年来，在对我国几家政策性银行所下发的相关文件中，似乎所遵循的原则是"一事一议、区别对待"，并无统一的定性定位的客观标准。例如，对国家开发银行的定性是"企业单位"，对中国农业发展银行的定性是"事业单位"，而对中国进出口银行的定性则是"政府机构"。①

政策性金融机构，不论是中国的还是外国的，它们具有的共同特征如下：（1）是金融机构、信贷机构，不是企业或事业单位；（2）是政策性公共性金融机构，而不是商业性金融机构；（3）政治背景性（国拨资本，执行政府的特定政策，不以利润最大化为宗旨）；（4）具有主权信用性即国家信用性特征。这一特征最能凸显政策性金融的政府机构特性。

政策性金融机构肯定不是国家机关，既不是立法或司法机关，也不是一般的国家政府行政机关，这一点很清楚，也无歧义；一般的企业或事业单位也不是；最典型的特征是不以利润最大化为其最高宗旨，也不执行特定政策性银行法之外的任何特定政策或意图，也不受一般银行法的约束；应是政府特定机构，即政府政策性公共性金融机构，或有的称为特殊公法性法人机构，或永久性法人机构，而对进出口政策性金融机构由于对外需要强调其国家或官方机构这一特性。

---

① 白钦先．国内外政策性金融理论与实践发展的若干问题——答《人民日报》、《金融时报》、《上海金融》等媒体记者问［J］．广东金融学院学报，2005（1）．

在现实中，也有的国家不是直接单独建立某种政策性金融机构，而是将其包括在与之相应的国家机关之中。例如，美国的退伍军人管理局和中小企业管理局中都设有执行其国家相应政策的专门融资部门，但这从另一个角度反证出政策性金融机构不是企业，不是事业单位而是政府机构或准政府机构的性质这一点。

五、政策性金融最高宗旨单一性目标与双重性目标之辨

许多年来，在关于政策性金融机构所应遵循的最高宗旨或最高目标是单一的政策性或公共性目标，即以贯彻执行国家的经济政策、产业政策与社会政策为其最高宗旨，还是政策性目标和市场性目标并列的双重目标，在这一根本问题上是有严重分歧的。政策性金融机构并不是一般以追求利润最大化为目标的工商企业，也不同于商业性金融，它是政府公共性机构，不以利润最大化为目标，而以政策性公共性宏观目标为其最高宗旨；但在具体运营管理中实行商业化市场化运作，如此表面看似像企业而实质非企业，一定要说它是企业也只能说是"特殊企业"。简而言之，政策性目标是最高目标，是最高宗旨，而市场化运作则只是其运营管理中的重要原则，而非其最高宗旨、最高目标，二者根本不在同一个层次或层面上。最高宗旨最高目标是目的，而市场化商业化运作则是手段，手段与宗旨目标不能混淆，更不能并列或等同；手段必须服从于、依附于、服务于最高宗旨目标的。[1]

六、政策性金融可持续发展必须实现的六大协调均衡之辨

在 2002 年 2 月国家开发银行国际顾问委员会会议的讲演中，笔者首次

---

① 白钦先，王伟. 科学认识政策性金融制度 [J]. 财贸经济，2010 (8).

提出并阐述了政策性金融可持续发展必须实现的六大协调均衡问题，随后在《金融研究》（2004（7））的同题文章中又做了更加深入详尽的论述。如今十多年过去了，重提此议题仍具有重要的理论与现实意义。

概括地说，这六大协调均衡是：（1）实现商业性金融和政策性金融总量与结构间的总体协调均衡；（2）实现国家资源宏观配置主体同微观配置主体，宏观目标社会合理性同微观目标经济有效性间的协调均衡；（3）实现赋予政策性金融的特殊宗旨、目标、任务同其拥有的资本与资金综合实力间的协调均衡；（4）实现政策性金融性质职能的特殊公共性、政策性、非营利性同其具体业务运营管理的市场性之间的协调均衡；（5）实现履行政策性金融公共性职能而产生的财务缺口同国家赋予其的自动补偿机制间的协调均衡；（6）实现国家对政策性金融全力综合配套支持同适度监督间的协调均衡。[1]

尽管政策性金融体系不同成员各具特殊性，但上述六点都是它们面对的共同重要问题。此外，党的全面协调可持续的科学发展观是国家各行各业都必须遵循的共同最高战略方针与指导思想，但具体如何贯彻执行则就要有各自不同的内容与表现形式，这就是矛盾的特殊性。这六大协调均衡就是适用于政策性金融的特殊表现形式。它是对国内外百余年来政策性金融运行实践中的经验与教训的高度概括与总结。

十多年前，笔者在国家开发银行国际顾问委员会会议上的演讲，提出各国政策性金融可持续发展以及实现这一目标必需的六大协调均衡后，当即有不少国际委员插话或即席补充发言表示赞同。这一赞同与反响如今仍然值得我们反思并认真贯彻。

七、财政性"输血"与金融性"造血"的利弊得失之辨

财政性"输血"与金融性"造血"运用方式的选择与转换这一问题，

---

① 白钦先，王伟. 政策性金融可持续发展必须实现的六大协调均衡［J］. 金融研究，2004（7）.

似乎同本章核心论题政策性金融并不直接相关，实则不然，二者关系非常紧密、非常直接。财政政策与货币政策的运用与协调转换，是现代市场经济国家最基本和最重要的经济与社会政策。而财政政策同金融政策中的政策性金融二者关系，就比同金融一般的关系要更进一步，比一般的金融政策更直接、更紧密。因为政策性金融是财政与金融的结合与统一，是财政性直接管理与金融性间接管理的结合与统一，财政的国家性特征不言而喻，而政策性金融的政府公共性机构特性同其享有的国家主权信用的国家性特性二者更为高度契合。政策性金融履行其最高宗旨与职能，即执行与贯彻国家经济政策、产业政策与社会政策目标或意图而产生的财务缺口，后面的最终支持与平衡者就是国家财政。在许多情况下，少量的财政性资金的支出，通过政策性金融的担保与贴息，可以以小博大成倍数扩张，做更多更大的事，产出更大更好的效益。这就是为什么我们主张凡是可以运用金融方式解决的问题就绝不运用财政的方式。财政资金的运用是以资金的单方面转移即无偿拨付为特征的。财政性支出应有严格的审查与限定，否则就会面临财政缺口或财政资金的枯竭，从而不可持续。

高度概括性地比较财政性资金"输血"与金融性借贷资金"造血"二者的差异与得失利弊，可以使我们更清晰地认识与理解这一重要问题。我们可以作如下的简要表述：（1）金融体系组织资金的能量要比财政体系大得多，一般地讲前者是后者的 5~10 倍。（2）财政性资金的拨付是单方面的支付与转移，是无偿的；而金融性借贷资金则是有偿使用、有借有还，又可良性循环。（3）财政性资金的支付是国家对企事业单位或某种经济行为的某种外部输入、外部援助、外部介入，因而是外生性的，形象地说是外部"输血"；而金融性资金的借贷则是提升经济体自身的内力、内功、内能，是自身内部的机制转换及竞争力的提升，因而是内生性的，它形成一种"造血"机能。（4）财政性外部援助常常是一次性的、间断性的、非连续性的，而金融性借贷则可以是连续性的和可持续性的。（5）对财政性资金使用的监督主要在事后，更多是会计性的，具有一定程度的被动性与消极性，而对金融性借贷资金的监督则是事前、事中、事后全程性的。

显然，财政性资金的提供是必要和重要的，金融性资金的借贷也是必要和重要的；二者均不可或缺、不可替代，但二者可以协调互补、良性互动。所以，并非所有的事情、所有的领域、所有的项目、所有的政策性目标都适合使用财政性资金，或非用财政性资金不可；也并非所有的事情、所有的领域、所有的项目、所有的政策目标都适合运用金融的方式解决，或是非用金融方式解决不可。这意味着二者都有各自独立适用的特定范围或领域，但二者间却有很大的兼容互渗区，这就有待于科学的论证与选择，准确判断使用哪种方式更好。但我们的倾向性也是非常明确与肯定的，即凡是可以运用金融方式解决的问题，绝不使用财政的方式来解决。而在传统上，在特定经济社会政治体制下（如中央计划经济、政府主导型经济、人治而非法治治理方式下）则人们更习惯于运用财政方式，而不太熟悉也不太能想到也不习惯于选择使用金融方式，这一路径依赖与惯性思维确也是无情的现实。例如，时至今日，整合国家财政涉农周转金到农发行统一使用，或集中相关部委拨付的涉农补贴作为农发行贷款利息补贴放大涉农贷款投放额度，这些整合都不顺畅，也不易实现。所以，财政"输血"还是金融"造血"方式的选择与转换，在市场经济体制下更是极端必要和重要的。如今在深化财政体制改革的新形势下，这一选择的转换应是新形势下深化财政体制改革的一项重要内容。

如果我们能够成功地实现以往主要运用财政性"输血"方式向主要运用金融性"造血"功能的历史性转变，则不仅可以大大缓解财政的压力，使财政性资金更多地投向全民性"社保"与"医保"等全面深化改革的领域，从而大大促进全社会的和谐与稳定，而且也为国家财政更有力地扩展政策性金融资本与资金实力，进而为优化与发展政策性金融开辟更加广阔的前景与空间。此即所谓"一石二鸟双优化"，终得事半功倍之效。

八、政策性金融立法严重滞后与适度超前的得失利弊之辨

早在改革开放初期，笔者就曾专门撰文论述"中国深化改革的方法论选择"。其中的一个方法论选择就是立法适度超前、诱导、限制、保护和规范化同立法严重滞后、各行其是、无所遵循频繁变动和代价巨大的两种不同方法论选择。如今近40年过去了，这个问题依然存在，一些重要领域依然尚无根本性的改变。但在依法治国的今天，必须迅速改变，必须尽快立法。[①]

这个问题尤其突出地表现在中国政策性金融立法长期严重滞后这一点上。中国政策性金融机构从1993年党的十四届三中全会决定提出，1994年初建立至今已近30年之久，政策性金融立法还未开始，有的只是章程和行政文件，迄今还没有一部政策性金融法规，真可谓呼声连连，动作微微。

造成这种现状的原因很复杂，旧时对法律的轻视与淡漠，新形势下对政策性金融又缺乏高瞻远瞩的理性战略决策。

当然，政策性金融不同于商业性金融。商业性金融分别制定一部银行法、证券法、保险法就可以了。商业银行机构可以成千上万家，或大或小，或强或弱，或全国性、国际性，或地方性、区域性，如此并无根本差别同属一类。而政策性金融机构就各不相同，也很复杂。它不是民营企业而是政府机构、公共性金融机构，它并不服务于所有企业与个人，只同特定产业特定领域的特定项目发生联系，且不以利润最大化为其最高目标，而以贯彻执行国家的经济政策、产业政策、社会政策或意图为其最高宗旨。所以政策性金融法所遵循的基本原则是"一行一法"原则，即各类机构分别立法，分别实施。如颁布"国家开发银行法""农业发展银行法""进出口银行法""中小企业发展银行法"等。法律中具体规定各自不同最高宗旨与

---

① 白钦先，谭庆华. 政策性金融立法的国际比较与借鉴 [J]. 中国金融，2006（6）.

目标、享有的国家主权信用、活动领域、资本数额、资产与负债结构、业务、特殊的融资原则与服务对象、各项税负减免政策优惠、公积金的提取与积累、对外融资的比例与结构、权力结构与监督审计等制度安排。

在党的十八届三中全会决定全面深化改革的形势下，在推进中国政策性金融改革的进程中，必须首先从全局、整体与战略上和认识上实现由人治到依法治国的历史性转变；在此基础上，在推进政策性金融改革中，坚定地坚持尽快制定与实施各种政策性银行法，弥补历史旧账；对拟新建的政策性金融机构，则一定不能再走老路，一定要新事新办，先立法再依法建机构，在实践中修改补充使之更为完善优化。这便是当务之急。

九、政策性金融监督同商业性金融监管的是与非之辨

政策性金融机构既不是国家机关，也不是商业性企业或事业单位，是由政府出资设立以贯彻执行国家经济政策、产业政策与社会政策为最高宗旨的政府机构或特殊公共性公法法人机构。大多数国家的相关立法都专条明确该政策性金融机构不受或不适用于一般银行法的约束，没有明确设立这一条的也依国际惯例事实上对其不监管不约束。① 这是我们讨论这一专题的基本前提和出发点。

我们一般讲的金融监管实际上是各国金融当局对商业性金融机构（企业）的监管，是国家或政府出于公共利益或国家金融稳定需要，对以追求利润最大化为最高目标的金融企业依一般银行法执行的监管。所以，我们为了明确地将对政策性金融机构监督与对商业性金融机构的监管区别开来，对前者使用了"监督"一词。人们不必刻意争论称为"监督"准确不准确、适宜不适宜，总而言之，最关键之点就是要强调二者截然不同，不能混淆

---

① 白钦先，王伟. 政策性金融监督机制与结构的国际比较与借鉴 [J]. 国际金融研究，2005 (5).

等同。

对政策性金融机构相关立法的基本原则是"同一大类一行一法"，而对商业性金融机构立法的基本原则是"同一大类一法"；对政策性金融机构的监督是不同行政部门对政府公共性机构的一种平行的专业职责或协调，而对商业性金融机构的监管则是国家或政府对企业的强制性检察权的行使；前者实施监督的主体是国家或政府，后者监管的主体是政府各金融监管当局；前者监督的客体是政府特殊机构或特殊公共性法人机构，而后者监管的客体是一切商业性金融类企业；国家对前者监督是通过相应的政策性银行法立法构筑的一种特殊权力制约结构与机制形成的稳定制度安排，是自动实现的，是无形的，而政府对后者的监管则是通过专门的监管机关强制实现的，是有形的。

具体而言，对政策性金融机构的监督机制与结构有如下特征：（1）最高立法当局的法律授权与制约保护机制。例如，建于 1919 年的英国出口信贷担保局，其业务运行按照议会法案及出口担保和海外投资法案从事活动。（2）国家元首或政府首脑对主要官员的选择与任免机制。例如，日本进出口银行董事会除理事外均由内阁首相任命，菲律宾开发银行官员由内阁讨论总统任命。（3）相关部门的协调、决策与制约机制。董事会依法由政府相关职能部门（如财政部、政府主管部门、中央银行等）部长或副部长及代表公众利益的专家学者组成。（4）国家审计机构的定期或不定期审计机制。（5）资本授予与业务限定。充足的资本金拨付及追加机制是重要条款。例如，德国复兴信贷银行的注册资本为 10 亿马克，政府还给予将利润转入特殊准备金的政策，实际是政府除资本金外的再投入，目前其实际资金已达 54 亿欧元，资本充足率为 11%。日本开发银行除政府不可抗力导致的亏损，公积金在当年财政决算后的利润中按规定提取，目前该行的资本及法定准备金为 16689 亿日元，资本充足率为 11%，1996 年准备金为资本的近 3 倍。（6）税负减免。对政策性金融机构依法减税或免税，以不断扩充其自有资本，形成资本实力与时俱进的机制。例如，德国复兴信贷银行依法享受全部免税政策（所得税与营业税）。日本国家开发银行依法免缴全部地方税、国家税和法人税。由此可见，同对商业性金融机构的监管是截然不同的。所以，所谓"标准化监管"下的"比照执行"，显然是从根本上就对错了号，比照也就更为模糊不清。

将二者混淆等同或模糊地"比照执行"的局面必须通过法律加以改变。逻辑、理论与实践，历史与现实，国内与国外，无论从哪种视角，都依然清晰可辨。只等待面对理性、面对现实，实事求是地改变。

各政策性金融机构同政府各相关部门的关系也依法而定。同财政部的关系是最重要的，一般依法规定财政部部长担任政策性银行理事会的主席，其他相关部委的副部长担任理事会理事，包括工商、税务、审计、进出口或农林部、中小企业管理当局的副部长；同金融监管当局是合作伙伴，是相应业务的指导关系，既不是领导与被领导的关系，也不是监管与被监管的关系。

十、对深化政策性金融改革解读与落实之辨

宇宙万事万物都是这样，物极必反；事物发展演变走到最坏处就会向最好的方向转变；异化之后的必然结局将只能是回归，回归它初始的本来的最高宗旨与目标。这是一次对否定的又一次否定，即哲学的"否定之否定即肯定"之定律这一辩证法的伟大胜利。

党的十八届三中全会关于推进政策性金融改革的正确决定犹如春风化雨，迎来了中国政策性金融体制改革的新阶段。这个新阶段"新"在哪里？是否就是如最近一个时期媒体反复强调的那样仅是再建几家新的政策性金融机构，如建立中国存款保险公司、中小企业发展银行、住房抵押银行乃至政策性农业保险公司等。

以我个人过去三十多年对中国与世界各国政策性金融理论与实践的持续性深入观察研究，它至少应该包括以下三个方面：（1）对过去二十多年来中国政策性金融的发展演变历程，尤其是十多年前对政策性金融的机会主义的市场化商业化改革进行全面深入回顾与反思，全面总结经验、吸取

教训，从而明确今后的发展方向与相应的政策。（2）最重要的经验是必须时刻牢记"政策性金融不可或缺、不可替代，只能加强、不能削弱"；而最深刻的教训则是绝不能将政策性金融的建立发展理解为只是阶段性的机会主义的权宜之计，从而背离它应有的全局性、持久性、战略性决策与选择这一理性制高点。(3) 首先是从完善、优化与发展中国政策性金融体系这一顶层设计出发，全面研究、全局审视、科学设计，包括进一步完善、优化与发展现存的政策性金融机构，回归它原有的政策性公共性最高宗旨目标，改变混乱的定性定位，重新规划各自的业务范围、领域、具体目标与政策；其次是在此基础上筹建几家新的政策性金融机构，否则只能是就事论事的具体操作。

对现存的几家政策性金融机构要治理整顿：

—— 对国家开发银行的政策可以有三种选择。从市场经济金融体系总体观察，中国缺少商业性开发性长期投资银行。鉴于国家开发银行已经过股份制市场化国际化改革，已商业化，可以让其彻底商业化，当然它也可以彻底回归政策性开发银行而放弃商业化；也可以新建立一家政策性开发性银行专营政策性开发性长期投资银行业务，或新建一家商业性开发银行，专营商业性投资银行业务；还可以将现存的国家开发银行重新退回到以政策性开发性银行业务为主，以商业性开发性银行业务为辅的格局，但二者实行内部分账户经营管理，并应规定兼营商业化业务的最高限。

—— 中国进出口银行的改革则以做大、做强、做优为目标。中国进出口银行面临进一步做强做大，以便与中国成为全球进出口市场第一大国这一新形势相适应。应大幅度扩张其资本实力与资金实力，充分发挥其在中国经济金融走向世界应有的重大作用与功能。对于国家对外经济交流与国际合作，主要是对外援助等，应实现集中统一运营管理，应改变目前多机构、多窗口执行管理的交叉混乱局面，尽力避免与国家开发银行相互"竞争"与诸多负面影响的产生。当然，此事只能由中央有关部门来决定。

—— 中国农业发展银行的改革。这是新一轮中国政策性金融改革的重头戏，是一篇大文章，必须有全新的视野、战略的眼光、理性的决策、配套的政策、坚决的行动方能奏效。过去多年来每年的"中央一号文件"都同"三农"紧密相关，它的象征意义和实践意义是非常重大的，是实现中国农业现代化、农村城镇化、农民富裕化的根本保证。（1）准确定性、定位。中国农业发展银行不是企业，也不是事业单位，是准政府机构、公共性机构，是金融机构，是政府政策性金融机构。（2）必须以服务于中国农业农村现代化、农民福祉的提升和国家和谐社会建设为己任为最高宗旨，不以利润最大化即市场化为最高目标。（3）必须从过去十年来实行的商业化改革，即从对自身的"异化"中走出来，进行"逆商业化改革"，即重新"回归"其开始的政策性、公共性金融机构这一正确定性上来。（4）应同农业银行就某些历史遗留问题进行协调调整，即将那些按国际惯例本应由农业政策性金融机构经营的业务种类重新划归农业发展银行，不以利益纠结为划分标准，而以其业务本身的性质与特征以及世界通例来决定。例如，治理、兴修水利，农业科技等信贷业务是世界各国农发行的普遍业务。而真正典型的农业发展银行的许多政策性信贷业务反而仍在农业银行，形成商业银行做政策性金融业务，而农业政策性银行反而将除粮食收购贷款以外的业务都市场化，搞起了商业银行业务。这不是搞颠倒、搞乱了吗？人们可否设想，倘若有一天随着形势的发展，国家不再搞粮食的国家储备收购而是全部市场化，这一主项没有了，请问农发行还干什么，会不会退无可退，一无所为了？其深刻的原因与教训是显而易见的。这就叫作历史的经验，值得注意。（5）扩充资本金，赋予它同其承担的目标与宗旨相适应的实力，并明确国家信用的特征。笔者建议，国家应整合各部委、各窗口的财政性支农、助农资金及补贴等，重新规划分类，将其中可以走金融性通道，催生"造血"功能的资金，一律划归农发行，以无息或低息贷款的形式有借有还，良性循环。（6）国家应尽快制定并实施"中国农业发展银行法"。（7）建立中国农业政策性保险公司。可以单独建立，也可以是农发行的附属机构，但必须有明确的立法保障和相应的资金实力与政策。

—— 新建政策性金融机构。可以考虑逐步建立"中国存贷款保险公司""中小企业发展银行""中国住房抵押贷款银行""地方城镇化基础设施开发银行""中国农业政策性保险公司"等机构。但必须新事新办，不能再走老路，即先立法再建机构，千万不能再走过去先建机构，迟迟不立法，从而无法可依、自困自扰、自废武功的老路。①

---

① 白钦先，张坤．中国政策性金融廿世纪之千辨文［J］．东岳论丛，2014（10）．

第二章　政策性金融理论基础

在科学研究中，一个新概念的提出代表着人类对于某种事物认识的深化、提高与质的飞跃，是某种新思想或新理论的基石和起点。在古今中外历史上，"政策性金融"这一基本概念的提出源于笔者在专著《比较银行学》（1989）中有专门的章节研究政策性金融，并第一次明确提出中国政策性金融业务与商业性金融业务分离分立的主张，且将其提升到国家战略选择的高度。其后，在专著《各国政策性金融机构比较》和《中华金融辞库》政策性金融分卷及有关文章中，将政策性金融定义为："它是同商业性金融彼此对称、平行、并列的两大金融族类之一，是在一国政府支持或鼓励下，以国家信用为基础，不以利润最大化为其经营目标，运用种种特殊融资手段严格按照国家法规限定的业务范围、经营对象，以优惠性利率或条件直接或间接为贯彻、执行、配合政府的特定经济政策、产业政策和社会发展政策乃至外交政策，而进行的特殊性资金融通行为或活动的总称。"它是一切规范性意义上的政策性贷款，一切带有政策性意向的特定存款、投资、担保、贴现、信用保险、存款保险、利息补贴、债权重组、外汇储备投资等一系列特殊性资金融通行为和服务活动的总称。政策性、融资性、有偿性、优惠性或贷款可得性是其基本特征。

在此之前，尽管政策性金融这一融资活动连同它的相关机构、业务、工具的产生发展与演变已有百余年的历史，或者更为久远，然而人类第一次将观察的视野转向它，将研究的焦点直接正面对准它，却从中国人开始。在此之前，人们长久地将商业性金融等同于金融一般，无视或忽视政策性金融的客观存在，或就事论事仅说具体的机构或事物，只见树木不见森林，或是将其视为某种例外或暂时性现象。从这个意义上讲，作为人类认识的这一进程是有里程碑意义的。

一、政策性金融说的主要内容

(一) 政策性金融基本经济学含义与理论基础的阐释

首先是探寻政策性金融长久存在发展的历史必然性和深刻的经济理论根源。在庞大的经济学体系中，资源的优化配置是核心问题。但资源配置应遵循经济有效性和社会合理性两大目标。资源配置主体却是多元的，可分为微观配置主体和宏观配置主体，前者包括众多的企业、厂商、个人和作为采购者的政府机构，后者则是作为调控与管理者的政府与政府机构，前者更多地关注经济有效性，后者更多地关注社会合理性。资源配置的两大目标与两大主体常常是矛盾的、错位的和不一致、不对称的，这暴露了市场机制的某些缺陷或弊端。(1) 在市场经济条件下，微观经济主体的资源配置是第一位的，是基础性的，是主导；宏观经济主体的资源配置是第二位的，是辅助性的。这种资源配置基础性与辅助性的重大地位差异，更加剧了实现资源配置两大目标的难度与矛盾。(2) 市场机制并非万能，它的选择有时不完全可靠、不完全合理、不完全有效、不完全及时，极易产生"马太效应"和"抽水机效应"。在许多情况下，单纯依赖市场机制并不能完全实现社会资源的合理有效配置，实现社会的全面协调可持续发展，于是政府的某种形式的干预便成为一种必然的选择。(3) 古典经济学的市场机制为"万能的看不见的手"，计划经济以国家"万能的看得见的手"来实现资源有效合理配置，实践表明，二者都是片面的和难以实现的。因此，要探索新路径，探索介于二者之间的某种新模式即承认市场机制，并利用市场调节，在认为它"很能"的同时看到它"并非万能"，承认它的缺陷与不足，将上述二者适当结合，以市场调节为主，以政府的某种形式的干预为辅，实现资源有效合理配置。因此，两手并用是当代几乎一切国家的现实理智选择。政策性金融就是两手并用诸多选择中的最佳选择和制度安排。

从不同层次与角度对商业性金融与政策性金融的比较研究表明，二者在性质、职能、定位、目标、运行机制、资金来源与运用等各方面都各自有自己的特色，具有很大的差异。政策性金融是财政性与金融性、无偿拨付与有偿借款、非营利性与营利性、行政性与市场性、宏观性与微观性、直接管理与间接管理、"看得见的手"与"看不见的手"的巧妙结合与统一。

此外，笔者及带领的科研团队还从不同角度丰富与扩展了政策性金融存在发展的理论必然性论证。（1）从发展经济学和可持续发展的理论与实践研究对政策性金融，特别是对发展中国家的政策性金融发展的推动和影响；对包括发达国家在内的所有不同类型国家绿色经济、低碳经济、环保经济研究对政策性金融发展新领域新前景的开拓，政策性金融今后将更多地涉足公共设施、城市改造、环境保护、社会保障、国民教育、新能源等新领域，并追求经济与社会、人与自然的和谐、协调与可持续发展。（2）从公共财政、公共产品理论的角度，阐释政策性金融的必要性与不可或缺性。（3）从对斯蒂格利茨的信贷配给理论的修正与扩展中，论证政策性金融存在发展的理论必然性。（4）"强位弱势群体论"。

21世纪初，在对各国中小企业政策性金融体系比较研究中，笔者在《各国中小企业政策性金融体制比较》一书的序言中，又首次提出了"强位弱势群体论"，进一步丰富与发展了政策性金融的理论基础。"强位弱势群体论"是在分类比较研究农业政策性金融、中小企业政策性金融和开发性政策性金融的过程中，伴随对它们共性的认识的深化与提升而逐步抽象概括出来的一种理论。"三农"，中小企业与基础设施等领域这些人口群体、产业群体和企业群体乃至众多的农村合作金融机构群体，它们都同时具有"强位"与"弱势"两大基本特征。所谓"强位"，是指这些领域或群体在各国或各地区经济与社会发展中，具有特殊战略的重要地位与影响。例如，农业是国民经济的基础，更是人类生存延续与发展的基础，但它本身又是弱质产业，积累率低、风险大、生产周期长，又不可或缺不可替代；中小企业则占世界各国企业群体的99%～99.7%，它创造了2/3的就业，创造了各国GDP的50%以上，产品出口与税收占各国相应指标的 40%～60%，对于各国经济与社会发展稳定具有举足轻重的决定性重大影响，绝对不可小视或忽视。所谓"弱势"，是指它们在国民经济整体、市场竞争力、技术装备、生产规模、劳动生产率等方面总体水平偏低，总体处于弱势，始终是一个特别弱势的群体，亟待政府特别的关爱、支持与扶助。而政策性金融便是国家全面配套支持体系中的核心举措和稳定的制度安排。

需要强调的是，关于政策性金融概念的定义内含两层含义：其一是政策性金融概念的提出及内涵的界定；其二是政策性金融在科学理论层面和现实金融大家庭中的基本定位，即"它是与商业性金融彼此对称、平行、并列的两大金融族类之一"。即它既不是"开发性金融的初级发展阶段"，也不是同商业性金融、开发性金融三者"三驾马车"的平行并列者。此是后话。

这一理论是在对各国各类不同领域的政策性金融的研究与撰写专著的过程中逐渐认识、逐渐深化，逐渐抽象、逐渐概括出来的，它并不特指某一具体问题，而具综合性和普遍性的意义。理论提出之后，受到国内许多学者的关注与肯定。

（二）政策性金融的特有经济金融功能与效应

政策性金融是金融体系大家庭中的重要构成部分，整体金融的功能它都具有。所以关于政策性金融的功能阐释也必须从一般金融功能开始。笔者和谭庆华博士在"金融功能演进与金融发展"一文中对金融功能的演进进行了全面深入的阐释。文中指出金融功能具有客观性、稳定性、层次性、脆弱性和稀缺性五大特征，它比其他金融要素（如金融机构与工具等）更难能、更难成、更难得从而更稀缺；它比其他金融要素更具稳定性，更适于长期观察与整体把握；它比其他金融要素更具客观性，更少受人的主观意志影响与控制……从功能的角度较之从其他角度观察与研究金融发展与经济发展问题更具优越性和准确性。

我们将金融功能的扩展提升路径描述为"基础功能（中介功能、服务

功能）→主导功能（核心功能资源配置，扩展功能风险规避与经济调节）
→衍生功能（风险管理、风险交易、信息传递、公司治理、宏观调节、引
导消费、区域协调、财富再分配）"。这些功能政策性金融也都具有，只不
过在某些方面，如基础性金融功能中的服务性、中介性功能就不如商业性
银行金融那么广泛强势，而在主导功能中的资源配置功能和调节功能方面，
就比商业性银行金融更为直接、更为有力，从而更为有效。

相比之下，政策性金融的特有功能才是更为重要的核心问题。这些
特有功能包括直接扶植与强力推进功能、逆市场选择功能、倡导与诱导
性功能、虹吸与扩张性功能等主导功能和专业性服务与协调功能这些辅
助性功能两类。当然，也可以有不同视角下的不同分类。例如，从更具
体的角度来说，政策性金融具有资源定向配置功能和促进特定产业发展
的功能、社会稳定功能、地区协调发展功能、引导消费功能、金融稳定
功能。

政策性金融特有功能的研究还包括功能的微观作用与传导机制的研究、
内部实现机制的研究和它的宏观效应的研究，从而构建了"功能界定→内
部机制→外部效应"这一完整的理论分析框架。而这一分析框架是建立在
对相关问题从"理论研究→具体实践→思想探源"三方面进行的更为基础
性的研究的坚实基石之上的。

对于政策性金融的特有功能可以形象简练地概括为"一石二鸟双优化"
之喻。政策性金融是各国金融体系两翼中的一翼，它同商业性金融是彼此
相互合作共赢而非彼此竞争，是相互补充优化而非替代的关系。政策性金
融一方面配合一国经济与社会政策目标的不同需要与侧重点，通过各种政
策性融资活动与服务充当调节经济和管理工具的角色，从而优化了一国宏
观经济调控体系，另一方面又诱导或补充商业性金融机制与作用的不足，
健全与优化了一国金融体系的总体功能。

（三）在现代各国经济社会发展稳定中不可或缺、不可替代

前面侧重从政策性金融基础概念、基本定位、基本经济学金融学含义

和特有功能的角度，阐述政策性金融说的理论必然性和基本内容，以下将转向阐述其不可或缺、不可替代，只能加强不能削弱的现实战略必然性与极端重要性。

首先是在现代各国经济与社会发展中，政策性金融在全球各国，不管是发达国家还是转轨型国家，特别是发展中国家，都普遍而广泛地存在着。尤其是农业（农村）、进出口（包括对外援助与国际合作）政策性金融和中小企业政策性金融更为普遍，其他种类的政策性金融，如住房、存款保险、社会保障、风险投资、支持基础设施、落后区域产业发展的开发性政策性金融等，则视国情、发展阶段和需要而各有侧重。

这些不同领域、不同种类的政策性金融的普遍持久存在，是一个基本的历史与现实客观事实。这就提出一个极严肃而尖锐的问题：它们持久广泛存在的经济与社会必然性及必要性何在？人们可以不顾这一切而主观地决定它的弃取，但不能取消它客观存在发展的必然性以及不顾这一切人为取消而产生的严重后果与影响。中国的政策性金融，1993 年作出这一决定时只是从推进金融体制改革，给各国有商业银行卸包袱的机会主义的具体层面考虑与决定的，政策性金融只是作为这一改革的副产品而出现的，并没有从历史的、长远的、全局和战略的高度来认识与处理这一问题。这是先天的严重不足，脱离理论而就事论事，由此才有后来的"异化"与种种曲折，才有"取消论""合并论"等论调的出现，这是教训。说到这一点，笔者在 20 世纪 90 年代初就指出："中国比发达国家和其他发展中国家更加需要发达配套的政策性金融体系。"这是由中国的特殊国情和特殊环境决定的。政策性金融在世界各国经济与社会发展稳定中的战略地位与重大作用，尤其在贯彻执行国家的经济社会发展战略、经济政策、产业政策、社会政策乃至外交战略与政策意图和促进就业、区域协调发展等方面有独特的影响与作用，政策性金融在世界各国都不可或缺、不可替代，只能加强不能削弱，而尤以中国为甚，这一点也为近几年来走过的曲折道路的教训和损失所证。

（四）政策性金融可持续发展必须实现六大协调均衡

政策性金融这一理论体系中，还包括实现政策性金融可持续发展必需的六大协调均衡，即政策性金融的可持续发展应实现商业性金融与政策性金融之间、资源配置宏观主体及其宏观目标与微观配置主体及其微观目标之间、政策性金融的特殊重任与其拥有的综合实力之间、其性质职能的特殊公共性或政策性与其具体业务的市场性之间、履行其公共性职能而产生的财务缺口与其自动补偿机制之间、政府对政策性金融的全力支持与适度监督之间的协调与均衡。

（五）政策性金融的立法及特殊监督权力结构

在中国，对政策性金融的"监督"是等同于、混同于、比照于对商业性金融的监管的，这是不对的，也不符合世界各国的普遍做法。

鉴于此，笔者提出的政策性金融说十分强调有关政策性金融的立法，并遵循"一行一法"的原则，在此基础上实现对它的依法监督，而不是仿照商业性银行的监管。刻意使用"监督"而不使用"监管"是要强调这二者的根本区别。一般所说的金融监管，是指国家行政监管当局依法对追求利润最大化的商业性金融企业实行的监管，而政策性金融机构是政府机构或准政府机构，不是一般的商业性金融企业。对政策性金融的监督是通过依法形成的特殊职能、宗旨、组织结构、特殊权力结构与监督结构实行的，即通过对各国政策性金融监督机制与特殊权力结构的比较，认为对政策性金融的监督，是国家以政策性金融专门立法的形式，由政府直接控制政策性金融机构的主要人事任免权，政府相关部门参与协调与制约，国家审计机构定期或不定期作专门审计监督，以及由政府相关部门和权威专家或其他行业人员代表国家和公众的利益组合而成的董事会（理事会）的组织形式，对政策性金融机构具体行使最高的决策、监督、协调职能，从而构成了政策性金融独特的监督机制和权力结构。同时，笔者还指出中国在政策性金融监督问题上的一些误解及其原因与后果。

二、政策性金融说提出的历史背景与现实环境

(一) 全面推进中国农村金融体制改革的极端战略重要性

包括粮食问题在内的农产品问题和聚集全球贫困人口 3/4 的农村弱势群体问题，是影响各国经济发展和社会稳定的全球性问题，也是阻碍全球化进程和使世界贸易组织新一轮全球贸易谈判"卡壳""搁浅"，成为怎么也绕不开、谈不成而又放不下的重大困难问题。

粮食问题、农业问题、农民问题和农村问题，既困扰世界，更困扰中国；既挑战世界，更挑战中国。

包括粮食生产与供应问题在内的农业问题，10 亿农民的生存、温饱和小康问题，以及农村经济（农业、工业、商业、服务业、金融业与教育）与社会发展稳定问题在内的所谓"三农"问题，是从根本上制约与影响中国现在和未来经济与社会发展稳定、现代化进程的核心点，是中国相当长时期内的弱点、痛点、热点与敏感点之所在，是我国可能的危机点与亮点、诸多困难与矛盾高度交织集合的问题。可以毫不夸张地说，"三农"问题就是中国问题；农业不现代化，中国无现代化；农民不富，中国不富；农村不稳，中国不稳；农业金融不稳不强，中国"三农"问题无望。

中国的"三农"问题在全球既突出又特殊，因为它聚合交织了四个影响国家全局性发展稳定的"强位弱势群体"。"强位"是指某一经济或社会群体的地位、作用与影响是重大的、全局性和战略性的，是绝对不可忽视的；"弱势"是指它在诸多经济与社会群体中处于相对或绝对的不利地位、弱质地位，处于竞争劣势，其生存与发展存在根本性的困难、制约与"瓶颈"，亟须政府、社会与公众全力支持、援助与政策倾斜。

聚合交织于中国"三农"问题中的四大"强位弱势群体"：（1）农业是一个强位弱势产业群体，是人类生存、延续与发展的基础，是国民经济各行各业的基础（强位），又是受自然力与环境影响巨大、物质再生产与环

境再生产相统一而又兼具高风险与低积累率的弱质性产业（弱势）。（2）占全国人口72%的近10亿农民更是中国社会一个典型的"强位弱势群体"，国家以人为本，人以农为本，农民的生存、温饱与小康，医疗、教育与社会保障保险，就业、进城与1亿农民工等诸多问题，是中国的根本问题，一个尖锐的社会发展与稳定问题。（3）农村经济以中小企业（工业、商业、金融业、服务业）和个体经济（主要是农业）为主体，农村中小企业与个体经济构成中国中小企业和个体经济的压倒性主体，仅中小企业即占中国企业总数的99%～99.7%，创造总就业的2/3和50%～60%的出口值与GDP，但却往往规模不经济、范围不经济，竞争力弱，技术水平相对低，在诸多困难中尤以融资难为甚，是又一个强位弱势企业群体。（4）全国中小金融机构的90%以上在农村，数量大、规模小、资本与资金实力弱、高度分散、管理差、问题多、风险大，难以承担农村经济与社会发展稳定的重任，成为中国金融体系中的强位弱势群体。

中国这样一个大国的四个"强位弱势群体"高度交织聚集于农村这一焦点，这在世界各国中都是极为罕见的，这就使中国的"三农"问题变得更为严峻、敏感而又极其复杂，这就使彻底解决中国"三农"问题变得更为紧迫与艰巨，更为不可忽视和刻不容缓，更具政治与社会敏感性。

在金融日益成为经济的核心和经济日益金融化的形势下，金融问题已经成为国家经济与社会发展稳定的一个核心性、主导性和主体性战略要素。全面推进中国农村金融体制的战略性重构、重组与重建，是破解上述诸多难题，化解上述诸多矛盾，进而开创未来、实现强国梦的根本性战略举措，是解决中国"三农"问题的基础之基础、关键之关键、核心之核心。

（二）中国农村金融体制的战略性重构、重组与重建

最近几年，国内理论界和有关当局研究与关注中国农村金融体制改革问题，主要集中在以下几个方面。（1）关于中国农村金融体制：大部分人认为应由商业性金融、政策性金融和合作性金融机构组成；有人从所谓正

规金融和非正规金融以及准正规金融的角度提出问题；有人提出要消灭合作金融，合并农业发展银行，建立农村政策性金融机构。（2）关于中国农村金融的规模问题：大体有两种意见，一种观点认为应建立以小型金融机构为主的金融体制；也有人主张从规模效应出发发展大型金融机构。（3）关于中国农村金融的发展模式：有的认为应建立以农村信用社为主体的模式，有的提出建立农村金融体系，该体系包括与一般金融大体相同的内容；有的认为一个完善的金融市场需要以商业性金融为基础，使商业性金融与合作金融共存互补；还有的人认为应将农业发展银行办成农业产业银行和农村开发银行。（4）关于农村金融机构的产权问题：有的人认为中国农业银行产权主体虚化，法人地位残缺，农村信用社产权不清、管理混乱，主张将信用社与农业银行县支行合并建立地方性股份制商业银行；更多的人认为应放松金融市场准入门槛，大力发展民营金融机构。（5）关于农村合作基金问题：此类机构虽已强行关闭，但问题并未真正解决。（6）金融当局的关注重点：中国人民银行以及中国银保监会的关注重点侧重从风险与稳定角度处理农村合作金融，而不在重构农村金融。

上述研究与种种主张并不乏真知灼见与深刻之处，但大多从某一特定角度提出问题，缺乏整体性与全局性，很少从全球特别是中国"三农"问题的角度提出问题，从长期、从根本上彻底解决中国农村金融以发展经济、稳定社会的大视野提出与研究问题，更多的是从风险角度观察与思考问题，其结果必然是更多地关注存量，关注农村信用社的种种头疼问题，以为只要农村信用社问题解决了农村金融就好了——这是一个误区。

特别值得注意的是，1998年以来四大国有商业银行在农村广大地区的大规模撤并（4万余个机构）与收缩，以及中国农业银行业务重心由农村向城市的转移，直接而迅速地导致农村广大地区金融服务的收缩与更大的供给不足，且形成许多空白与空缺，而又未能也不大可能通过其他金融机构的大发展来加以填补，最终导致对中国农村广大地区经济与社会的发展和稳定产生显著的负面影响，并同中国农村、农业和农民的现代化这一根本目标相悖。

　　尽管这一行业性、部门性微观撤并与收缩以及业务重心转移本身可能是理性的，确实显著降低了国有商业银行的运营成本、提高了运营效率、降低了金融风险，但从宏观来看是片面的、短视的和"集合谬误"的，它同全国特别是农村经济与社会的发展和稳定目标南辕北辙，从而产生了更大的经济与社会风险。这再次表明单一性的、部门性的"头痛医头、脚痛医脚"的农村金融改革思路是不恰当的和有害的，现实强烈呼唤中国农村金融体制改革的战略性重构、重组与重建，以实现"三农"发展对金融服务的总需求与农村金融服务总供给相协调、相平衡、相适应、相匹配，同时符合人民政权亲民、爱民、护民、富民，特别是亲农、爱农、护农、富农的根本宗旨。

　　从总体对策来看，中国农村金融体制的战略性重组、重建需要从以下几个方面入手：

　　1. 中国农村金融体制战略性重构必须实现的六大战略思想转变

　　中国的改革开放事业已取得历史性的重大成就，已进入全面建设社会主义现代化和由经济金融大国向经济金融强国转变的新阶段，在此形势下来解决"三农"问题，首先必须从全局上实现六大战略思想转变：（1）实现从战术性修补到战略性重构的战略思想转变；（2）实现从抽血到逆向"输血""造血"的战略思想转变；（3）实现从"以农（业）养工（业）"到"以工养农"的战略思想转变；（4）实现从"以农（村）养城（市）"到"以城养农"的战略思想转变；（5）实现从"饿时重农饱时忘农"到"始终如一重农"的战略思想转变；（6）实现从小农村金融到构建大农村金融的战略思想转变。

　　2. 中国农村金融体制战略性重构必须遵循的理论指导原则

　　实现中国农村金融体制的战略性重构，其理论指导原则就在于遵循与实现如下九大协调均衡：（1）实现中国农村金融总体实力与解决中国"三农"问题这一历史任务间的整体协调均衡；（2）实现城市金融发展与农村金融发展的协调均衡；（3）实现中国农村金融总量与结构的协调均衡；（4）实现农村商业性金融与政策性金融的协调均衡；（5）实现全国性农村金融与地方性农村金融的协调均衡；（6）实现农村国有金融主导与农村非国有金融、民间金融、合作金融间的协调均衡；（7）实现农村银行金融与农村非银行金融间的协调均衡；（8）实现农村金融的质性发展与量性发展的协调均衡；（9）实现农村金融的渐进式发展与跳跃式发展的协调均衡。

3. 中国农村金融体制的战略性重构

在新形势下，面对中国"三农"问题的极端战略重要性、政治敏感性和中国诸多矛盾聚合点这一严峻现实以及事关中国四大"强位弱势群体"的生存、发展与稳定，事关中国现代化的战略目标，必须有大视野、大思路、大战略、大动作与大政策，绝不能就事论事、急功近利，必须从战略上、整体上、根本上思考与解决中国农村金融体制问题。

笔者主张重构、重组与重建中国农村金融新体制，构建以国有商业性金融（中国农业银行）和国有政策性金融（中国农业发展银行）为主导与主体的，以商业性和政策性非银行金融机构为两翼的（财产保险、人寿保险、医疗保险与社会保障保险、农业保险等），以兼具商业性与政策性双重属性的、地方性农村合作金融（合作银行和信用社）为庞大基础的中国农村金融新体制（见图2－1）。

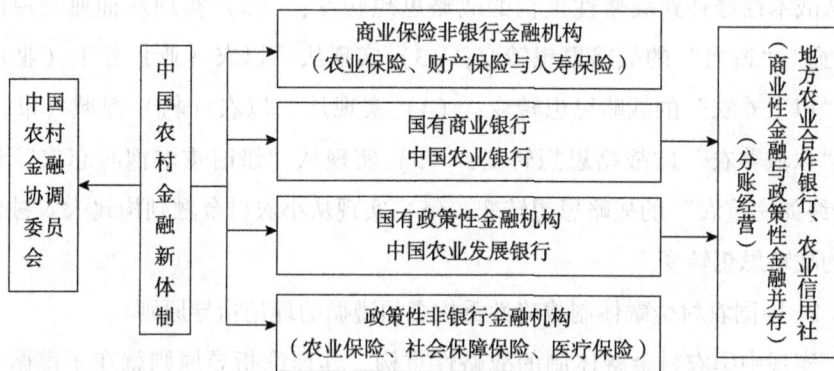

图2－1 中国农村金融体制的战略性重构构想图

4. 农村金融体制的重组与重建

鉴于"三农"问题基本上是非国有经济、地方经济、中小企业与个体经济，所以必须以地方金融、民间金融与合作金融作为农村金融体制的坚实基础，如此形成"上官下民""官金"为主导主体、"民金、合金"为基础的上下贯通、紧密联系、汇成一体的体制。美国、日本与法国也都大体如此。

国有商业性金融（中国农业银行）和国有政策性金融（中国农业发展银行）必须责无旁贷地承担彻底解决中国"三农"问题的农村金融体制主导与主体的职责，二者共同坚持以农为本的原则，坚持"五农"——务农、支农、助农、促农和富农的原则。其中"务农"是其根本职能定位，为实现中国农村经济和农业现代化以及农民奔小康服务，"支农""助农""促农"是手段，"富农"是目标或目的。不同之处在于前者是商业性金融，后者是政策性金融。

（1）国有商业性金融（中国农业银行），其原有的国家银行、全国性商业性银行的定位不变，但要突出与增加新的定位，即以服务于"三农"为己任，以农为其特色，服务重心由城市转向农村，"以城养农"，以农为本；为此须加大资本资金实力（增资150亿～200亿美元），给予必要的政策倾斜——适度减税、免税。对于中国农业银行来说，可以说国有多大，业有多广，广阔天地大有作为。目前从搞好国有银行改革的角度对中国农业银行未来的种种设计，如股份制改造及引进国外战略投资者等，其是非不在此争论，问题是随着这一改革，中国农业银行势必与其他三家国有银行无异，即完全城市化，那么广大农村由于这一退出而形成的金融服务缺口由谁来补，这是必须同时规划的。

（2）国有政策性金融（中国农业发展银行）要做到"真、强、大"三字："真"——办成名副其实的、名正言顺的、真正的农业政策性银行，而不是目前的"粮食收购站"；"强"——资本强、资金实力强、政策力度强、功能作用强、人员素质强、业务技术强、服务意识与能力强；"大"——资本、资金实力大（再增资150亿～200亿美元），全国性服务网大。

（3）扩建与新建农村商业性非银行金融与政策性非银行金融，建立国有与非国有商业性保险，包括财产与人寿保险，特别是农业险，将网络真正扩张到地、县与乡，新建农村医疗保险、社会保障保险等政策性非银行金融机构。商业性保险与政策性保险都应大力发展农业险，国家可考虑建立农业保险基金。

（4）重构、重组、重建农村地方性合作银行与农村信用合作社，要正名，要明晰产权关系，放弃过多行政干预，恢复其真正合作制、非国有、地方性、中小金融机构的定位；业务性质定位于商业性与政策性兼而有之，二者分账户经营，优惠政策力度不同，要名正言顺、多方支持、严格监管、提高素质、提高竞争力，成为中国农村金融体制的坚实基础。

（5）整个中国农村金融体制是一个整体，应整体重构、重组与重建，要下大决心、花大力气、不惜血本、不留退路，一定搞好。凡带"农"字的金融机构，国家均分别不同情况，或增资"输血"，或政策优惠，或减税、免税，充分借鉴美国、法国、韩国和日本农村金融体制的经验与教训。

5. 建立国家农村金融协调委员会

实现中国农村金融体制的战略性重构、重组与重建，形成中国农村金融体制的新格局，需要建立国家农村金融协调委员会。中国农村金融系统，不是中国金融体系中的独立的自成体系的一部分，各类金融机构的原有定位、属性与隶属关系均不变，但鉴于中国"三农"问题的极端战略重要性、特殊性与复杂性，建议在国家与省一级建立国家及地方农村金融协调委员会，形成一种协商与协调机制，其可兼具某种决策与指导职能，但不是正式的领导机关，也不是新的金融监管当局。

（三）持续的理论研究、坚定的思想准备孕育了政策性金融学说

从某种意义上说，某种形态形式的政策性金融在古今中外的长期发展中一直断断续续地存在与发展着，这是历史事实。直到一百多年前，才以制度化的形式逐渐地、持续性地在世界各国普遍建立与发展起来，成为各国近现代金融体系中不可或缺的重要构成部分。20世纪90年代初，笔者将其概括抽象为"政策性金融说"，并将政策性金融定位于提升"同商业性金融彼此相互对称、平行、并列的两大金融族类"的战略高度。

别国不说，只说中国。远在西周时代，在极有限的中央政权机构中就有泉府之设。该府兼有今日之财政部与国家银行的职能，官员干吏近百人，发放实施周礼祭祀所需钱款的纯信用无抵押无息贷款，是比今天的政策性金融信贷更为"政策性"的一类，而对生产性信贷则根据领域生产特点而将利率分为五六个不同的档次。战国时代，越王勾践卧薪尝胆十年复仇再战而一举灭吴国，其中越国中央政府的"响筹"即如今天的"财政债券"功不可没。此后，历朝历代灾荒时不同形式的赈灾举措中的"放粮""以工代赈"、王安石的青苗法等即为今天的政策性金融。到新民主主义革命时期，中华苏维埃银行、陕北及晋冀鲁豫地区的银行，都以农业、农民为服务对象，地主富农一律不贷，中农限贷，贫下中农雇农优先优待的超低利率贷款，更是政治条件优先、贫苦大众优待的更为典型的政治性、政策性很强的政策性金融。新中国成立后直到80年代中后期，大一统国家银行，以国家计划为最高指导原则，以国有企业为主要贷款对象，基本建设是拨款而非贷款，这是比如今的政策性金融还要更"政策性金融"的超政策性金融。

综上所述，政策性金融古今中外长期存在，百年来又将其制度化普遍建立发展，但仅视为各国金融体系中的特例或另类，是为附庸，中外学者理论界对此并无专门的研究与系统的论著。直到20世纪80年代，笔者在学习与研究各国的金融体制中认识到此类金融的普遍持久存在，并注意到此类金融在其基本宗旨与职能、资本来源与结构、融资原则与条件、运行机制与政策、资金来源与运用及监督等一系列问题上与现存的商业性金融有很大的不同，但它们在现代各国经济与社会发展中却发挥着独特而巨大的影响与作用，不可忽视、不可小视。必须给予高度的重视和足够的系统研究。从此开始了对其系统深入的持续性研究。

笔者在系统深入研究金融体制比较说的过程中，在其载体《比较银行学》的专著中首次设专节阐述政策性金融，但由于当时种种条件的局限，一时还难以对其进行更为全面系统深入的专业研究。但在该专著的最后一章"中国金融改革的理论与实践"中，首次将政策性金融与商业性金融在业务上分离、机构上分立，列为中国金融体制改革面临的八大战略选择之一。

在 20 世纪 80 年代那种极困难与资料文献极匮乏的特殊条件下，一边从事金融体制比较说的研究，同时开辟两条战线再研究政策性金融实不可取，也不可能。只能留意于此，进行自觉的思想、理论、文献资料的准备，待时机成熟再专门研究。同时建议笔者的硕士研究生曲昭光的硕士学位论文选择此题，并为其拟定了详尽的章节目研究提纲，对这一问题进行前期专门研究。当年在曲昭光的硕士论文开题时，有的老先生说："什么政策性金融，我怎么从来没听说过，哪家银行不执行国家的政策？"可见这一问题在当时即使是留美的老金融专家也不甚了解。此后，在 1990 年中国国际金融学会在黑龙江镜泊湖召开年会，笔者提交了《中国金融体制改革的关键一步——政策性金融业务与商业性金融业务的分离分立》一文，大会主席团决定让笔者以此为题为大会作专场专题报告，引起百余名全国国际金融学者、业界同仁和官员的热烈反响。

（四）中国金融体制改革的实践呼唤催生政策性金融学说

理论来源于实践并服务于实践，实践的需要和成败归根结底决定理论的命运。

前文在分析金融体制比较学说提出的历史背景和现实需要时，曾强调指出科学研究、理论研究为改革开放事业服务，为国家改革开放提供决策参考与借鉴，是其教学与科研活动的基本出发点与归宿。同样，这一点也适应于政策性金融学说的研究、发展与实践。但是要真正做到这一点，理论研究就必须超前，要超前五年、十年乃至更长时间。理论研究必须冷静、客观，切忌实用主义和教条主义。所以前面讲到持续的理论研究，坚定的思想准备孕育了政策性金融学说。笔者不是为理论研究而理论研究，研究什么、不研究什么、什么时候研究、什么时候公开提出，是由改革事业的推进与需要决定的。笔者 20 世纪 80 年代的前期持续准备，90 年代的正式立项研究是在提前为改革实践准备，1990 年国际金融学会年会文章的提出实际是笔者检测"民意"而放的"气球"。而大会的专题报告实际是在把脉推进金融改革的进程，预测其未来的命运与发展前景。

1991 年立项研究的最终成果在 1993 年上半年实际已经完成，按笔者的预期，国家即将进入将政策性金融与商业性金融分离分立的具体实施阶段。所以，1993 年 7 月笔者撰写了《借鉴各国成功经验、尽速构筑中国的政策性金融体系》的建议，通过国家教委上呈中央有关领导同志。建议明确提出将政策性金融与商业性金融分离分立的主张，并相应提出一系列对策性配套建议。后来国家教委有关司领导当面告诉笔者，国家教委向中央有关领导同志汇报高校科研为国家改革开放服务时，将这一项目、成果和建议作为典型事例上呈。

为什么在 1993 年 7 月上呈这一报告呢？首先是笔者对中国经济金融改革进程阶段的准确判定，判定将二者分离分立已成为推进金融体制改革的关键所在和成败的重大制约因素；其次是自身经过十多年的理论研究准备，已有成熟的理论与对策建议在胸，可为所用；最后是为计划中当年第四季度召开的专门研究建立社会化市场经济体制问题的十四届三中全会提供决策参考与借鉴，影响会议文件的起草与讨论，并促进将此纳入会议决定之中，从而推进中国金融改革的进程，以便更好地为改革开放事业服务。

同时，这一工作获得中国金融出版社诸位领导的一致赞同与坚决支持，并当场决定以最高的质量、最好的条件、最快的速度出版专著《各国政策性金融机构比较》一书。所以当 1993 年 10 月中共中央十四届三中全会召开，通过"关于建立社会主义市场经济体制若干问题的决定"，将包括政策性金融业务与商业性金融业务分离机构分立作为该决定推进金融体制改革的八条中的一条时，这一专著已正式发行，最大限度地满足于适应于中国金融体制改革实践的需要。当时，国务院的一位人士在有关会议中遇到笔者时，高兴地赞扬说："您老先生动作可真快，中央决定刚出，你的书就出版了。"笔者笑着回答说："我哪里是快，我是慢，我十年前就开始研究和准备了。"

三、政策性金融学说的价值与影响

政策性金融学说的准备与提出历时十余年的时间，这一理论学说的最初集中载体是专著《各国政策性金融机构比较》，以及其后笔者同他的学生们围绕政策性金融问题的八九本专著和几十篇相关学术文章的系列化成果则进一步发展、丰富、完善与扩展了这一学说。这些专著全部采用金融体制比较说形成的以金融体制各要素研究为主要内容，以比较研究方法为主要研究方法。这些成果都有国家教委社科重点项目、国家自然科学基金项目、国家社科基金重点项目作支撑。其中《各国政策性金融机构比较》一书获全国高校优秀教材一等奖和中国金融教育发展基金会首届金晨奖一等奖及若干省部级奖；配套性专著与文章中有十余项获省人民政府社科奖及其他省部级奖。

（一）权威专家组的评审与鉴定给予高度评价

1993 年 9 月，项目的最终成果《各国政策性金融机构比较》一书正式公开出版发行，以此为标志进入了项目的结题阶段。在教委组织的由国家权威金融专家学者盛慕杰、赵海宽、吴晓灵、虞关涛、俞天一、陈家盛、孔祥毅、楼继伟、雷祖华等人组成的评议组评审鉴定的最后结论认为：政策性金融学说是我国国际金融领域取得的一项突出的学术成果，该成果对各国政策性金融机构问题进行了全面系统、多角度、全方位的比较研究，在许多方面取得突破性和开创性进展，填补了政策性金融研究的空白，并达到国内外相当高的水平。该项目的立项是超前的，完成是及时的，并具有相当的难度。该项目成果为我国政策性金融机构体制的设计和建立提供了理论依据和可资借鉴的经验，对于深化我国金融体制改革具有重要的理论意义和实际指导价值，其社会效益是巨大的。

（二）政策性金融学说的原始创新性贡献

作为政策性金融理论的首创者和中国政策性金融实践的首倡者，笔者认为政策性金融学说的提出从思想和理论层面上说，它的原始创新性是不言而喻的——因为这是在古今中外首次正式提出同传统"一般金融"或"商业性金融"彼此对称、平行并列的两大金融族类中的另一类金融的客观存在，给予明确而科学的界定，严肃而严密地论证了它长期存在与不断发展的经济、金融与社会必然性与必要性，阐述了它的经济金融特有功能作用与影响，以及可持续发展的最终目标与实现条件。

我国著名资深金融学家、原中国人民银行研究生部教授、原上海金融研究所研究员盛慕杰认为，本项研究"属于开创性研究，在许多方面取得了突破性进展，创立了很好的、适合金融结构研究的分析框架和思路，填补了该领域的空白，并在该领域的研究中达到国内外相当高的水平，同时，对比较金融制度学、国际金融学、货币银行学等学科建设的完善与提高起到了积极的促进作用，是中国金融类著作中具有创造性的学术成果，在世界各国金融著作中亦属鲜见"。

我国著名资深金融学家，原中国人民银行金融研究所所长、研究生部博士研究生导师赵海宽研究员认为此项研究"可以说填补了我国在这方面研究的空白，对金融理论研究和金融改革具有重要意义"。

我国著名资深金融学家、原中国人民银行金融研究所研究员虞关涛先生认为"作者为我们提供了一个开创性成果，填补了我国该领域研究的空白"，"成为会对我国当前金融改革最重大举措之一的专著……其学术价值已达到国内外相当高的水平"。

我国著名资深金融学家、原中国金融学会秘书长、原中国金融学院副院长俞天一教授认为本项研究"结论是创造性的，思想也富有创造性，该书对于我国组建政策性金融机构极具现实指导意义，其社会影响将是很大的"。

我国著名资深金融学家孔祥毅教授认为"此项研究成果必将在中国经济社会发展中产生重要的影响，并将带来重大社会效益"。

胡炳志博士在其专著（2003）中指出"政策性金融理论可以说是20世纪金融理论的重大创新，政策性金融机构是中国金融体系中的一项重大制度创新，也是现代金融制度上的一个重大创新"。

（三）社会贡献卓著、学科发展影响显著

如前所述，专著一出版恰逢中共中央十四届三中全会作出将二者分离

分立的决定，受到社会各界的热烈欢迎与高度肯定，该书很快售罄，多家金融决策与监管当局和国有银行人手一册；国家开发银行行长姚振炎正式将该书上呈国务院总理副总理，以为决策参考。中央电视台《焦点访谈》分别就此问题对国家开发银行行长姚振炎和中国进出口银行副行长雷祖华所做的专题节目中，部长办公桌上所放的或手中所拿的唯一一本书就是这一专著。后来曾有同事开玩笑说"我省了多少亿元的广告费"。

政策性金融学说及其配套系列成果为20世纪90年代中央有关决策提供了参考借鉴，相关建议为中共中央全会决定所采纳，并付诸实践。当2004年庆祝中国政策性金融建立十周年时，《人民日报》《金融时报》等新闻媒体与杂志记者对笔者作了专门采访和系列报道。

在政策性金融机构创建的前几年，应国家开发银行、中国农业发展银行和中国进出口银行等机构之邀，就有关政策性金融理论与实践诸多问题、政策与决策的相关问题，笔者进一步提供了多篇咨询报告，有关机构并将其上报中央。

这一学说对金融学学科建设发展和人才培养也产生了广泛影响。政策性金融学说的提出，丰富与扩展了金融学理论研究的领域与内容，在金融大家庭中产生了一类新的金融机构，产生了一个新的分支学科，政策性金融硕士与博士学位授予权被设立，相应的高级专门人才正在实践中作出自己的贡献；一些学校开设了相应的专业课程，专著也被多次重印，或是作为金融学硕士与博士研究生的必读参考书，在全国金融系统高级职称评审中被作为必读书与必考书。

由黄达教授主编的大型辞书《中华金融辞库》，破天荒地为政策性金融单独开门立户专设政策性金融分卷，这在金融学科发展史上是有重要意义的。

（四）政策性金融学说在中国政策性金融曲折发展中经受检验与考验

笔者在其后的十多年中，不同时期又应邀给各政策性金融机构领导和干部提供系列讲座与培训。近年来又就政策性金融机构"转型""定位"的辩论，从理论与实践上重申了政策性金融"不可或缺、不可替代，只能加强不能削弱"，捍卫与检验了政策性金融学说，为中国政策性金融的健康发展继续奋战。

2004 年正值中国政策性金融发展十周年，围绕中国政策性金融重新定位与转型问题，出现了政策性金融"过时论""否定论""合并论""终结论"，凡此种种一时间甚嚣尘上，媒体的刻意炒作和有意无意的曲解与歪曲，更使政策性金融界出现种种动摇与混乱，围绕时髦一时的所谓开发性金融与政策性金融平行论、所谓政策性金融商业化市场化论，以及政策性商业性开发性金融"三驾马车"并列论的宣传与报道，在一段时间竟搞乱了理论、搞乱了业务、搞乱了市场、搞乱了思想、搞乱了队伍、搞乱了秩序——中国政策性金融处在一个困难的发展时期。在此期间，所幸经济界、财政界和金融界一些有识之士及时站出来，或发表谈话，或撰写文章，或立项潜心研究，起了拨乱反正、正本清源的积极作用。在此过程中，中央有关部门就"政策性金融改革"的项目研究中，笔者应邀继续提供理论咨询和政策建议，或对其成果提出评审鉴定意见；或通过答记者问，或发表学术文章，或出版多部专著，或在咨询评审鉴定中，从理论与政策上加以澄清，坚持了理论的科学性与严肃性，坚持了正确的理论与政策，这一曲折过程即所谓的"中国政策性金融的异化与回归"。

随着 2015 年 4 月 12 日中国政府网同时发布三家政策性银行深化改革方案的批复，明确提出政策性金融机构改革要以回归、强化"政策性"为导向。至此，政策性金融机构要不要商业化的争议画上句号，三家机构以各不相同的方式各归其位。

中国政策性金融一段时间的动摇、迷茫和异化乃至回归，再次凸显了理论研究的极端重要性、理论纯洁和科学性坚定的极端重要性，客观上也是对笔者和学术团队所提出的政策性金融说科学性和准确性的再一次检验与考验。

第三章 政策性金融理论创新

在党的十八届三中全会公布的全面深化改革的六十条决定中，明确提出要深化政策性金融改革。回顾中国政策性金融机构发展的二十年，战略决策上的模糊、理论上的忽左忽右、立法的严重滞后以及实践过程中以利润最大化为导向的思想等种种因素，导致其在发展过程中出现了政策性金融商业化倾向，即政策性金融的异化。这些困扰使政策性金融在我国的发展步履维艰、反复多变。此次，党的最高决策层决定推进政策性金融改革充分显示了决策层对这个问题的高度重视，也说明了解决这一问题的极端战略重要性与紧迫性；从政策性金融机构自身的发展来看，也是其在发展二十年后必须正名、正身、规范化发展的必然选择和破解当前困境而不得不作出的别无选择的选择。

政策性金融机构的改革首先要求政策性金融理论有所突破，对于政策性金融的定位也需要有与时俱进的新提法。前不久，笔者首次提出政策性金融的公共性本质特征这一重要理论思想问题，并率先在一个国家社科重大课题项目申报材料中进行了初步的阐述。早在三四年前，笔者及带领的研究团队在国际信用评级问题的有关报告中阐释了信用评级的特殊公共性问题，沿着这一思路，又将政策性金融的公共性本质特征郑重提出，以"公共性"作为对政策性金融发展的指导思想。

一、政策性金融的本质特征

（一）政策性金融的金融性

金融性是政策性金融的天然基础与前提，是区别一般金融问题与非金融问题的基本假设。"公共性"是一个范畴极广的概念，在某种意义上说任何国家行为都具有公共性，只是程度不同、形式各异罢了；将讨论的问题局限在以金融的手段来实现国家公共性也是政策性金融要解决的问题，而非所有的、一般的公共性问题。值得一提的是，在经济学领域对公共性问题的研究始于财政公共性研究，政策性金融公共性研究是在比较、借鉴的基础之上发展而来，因此，明确提出金融性这一特点也是为了强调政策性金融公共性与财政公共性的差异，二者在资金的偿还性、期限性、周转性及增值性方面有较大区别，不可一概而论。

（二）政策性金融的国家信用性

国家信用性是指政策性金融依法享有由国家授予的最高信用等级——国家主权信用的特征。国家信用性是由公共性的正定理——与国家权力紧密联系派生出的特征，是政策性金融同非政策性金融（商业性金融、合作性金融）相对而言所具有的特征。政策性金融享有国家信用不仅是其有效实现最高宗旨——金融资源社会配置合理性的根本保证，也是国家意志、意愿及其基本定性、定位的充分体现：政策性金融公共性职能是以促进社会金融资源合理化配置为主，属于宏观层面的国家职能，其行为在某种意义上代表了国家意图，因而其享有国家信用是理所应当；进一步说，由于政策性金融在执行公共性职能过程中是以金融资源配置合理性为第一要义，就会在一定程度上削弱自身盈利性，倘若没有国家作为后盾，政策性金融是难以持续发展的，最终的结果不是倒闭就一定是商业化转型，因而以国家信用为保障也是必然的。

（三）政策性金融的特定选择性

特定选择性应理解为政策性金融所提供的服务及服务的对象、项目等应具有某种限定性要求，是特定的而非任意的。在《各国政策性金融机构比较》一书的序言中笔者将这种特定选择性解读为"强位弱势群体论"：所谓"强位"是指这些领域或群体在各国或各地区经济与社会发展中具有特殊战略的重要地位与影响……所谓"弱势"是指它们在国民经济整体、市场竞争力、技术装备、生产规模、劳动生产率等方面总体水平偏低，总体处于弱势，始终是一个特别弱势的群体，亟待政府特别的关爱、支持与扶助。① 政策性金融的特定选择性既是其本质特征公共性的限定，也是公共性实现的重要手段。这种限定基于其最高宗旨职能的公共性，进而决定了在运作机制上的非排他性及非利益诱导性（或称为非商业性——不以追求利润最大化为最高宗旨）；然而需要特别指出的是非利益诱导原则并不意味政策性金融一定不盈利、一定会亏损，倘若政策性金融机构总是入不敷出、连年亏损，其又如何实现可持续发展呢？事实上，从国际实践来看，美国有的政策性金融机构由于运营良好还自动退还了原国拨资本。因此，政策性金融机构不是一般意义上的扶贫助困机构，而是要依法"有所为、有所不为"，特别在当前的现实环境下更要强调其不与商业性金融相竞争，而是要会同商业性金融、合作性金融形成"三维一体"的金融架构，② 从国家金融战略与政策顶层设计的高度审视这一问题。

（四）政策性金融的公共性

对于公共性的定义可援引德国哲学家康德在其所著《永久和平论》（1795）中对公共性的界定：首先，公共性的准则或目标的实现必须以不影响其他人权利的实现为前提，否则就与它的准则或公共性不相容，就是错误的，这是其否定形式，就是通常讲的非排他性；其次，所有要求公共性的准则如果在它们想要实现的目的上不想失败，它就必须与权力和政治结合起来，这便是肯定形式。③ 用今天人们易于理解的语言形式可以表述为，公共性准则或目标的实现，必须以与国家权力和政治的结合为前提，否则便必然失败或不能成功，这便是它的充分且必要条件。④ 政策性金融的公共

① 白钦先，曲昭光. 各国政策性金融机构比较 [M]. 北京：中国金融出版社，1993.
② 白钦先，文豪. 三维金融架构研究——哲学、人文、历史、经济与社会的综合视角 [J]. 东岳论丛，2013（6）.
③ 康德. 永久和平论 [M]. 上海：上海人民出版社，2005.
④ 白钦先，张坤. 中国政策性金融廿年纪之十辨文 [J]. 东岳论丛，2014（11）.

性作为公共性的特殊范畴必然与公共性一般在内在逻辑上保持一致，二者是形而上和形而下的关系。首先，政策性金融是一种非排他性制度安排，它同以排他性产权界定为基础的商品交换经济相区别，这一点在下文中政策性金融运作机制的公共性部分详细论述；其次，政策性金融在实践过程中由国家或政府主导，代表国家意志、享有国家信用、实现国家目标也是各国政策性金融实践的基本方式，这一特点在过去的政策性金融理论中归纳为"政策性"，这在很大程度上也决定了"政策性金融"这一名词的由来；而在当前新的历史阶段，"政策性"进一步成为政策性金融本质属性全新概况——公共性的子属性，这充分体现了政策性金融理论不断向前发展、不断完善自身内涵的历史轨迹。

通过上述论证可以看出，政策性金融的四大基本特征并非彼此孤立，对它们应作统一的理解，即四者是相互联系、相辅相成、不可分离的，当然也是有主有从而非简单平行并列的：金融性是相对于非金融问题而言的，它是讨论政策性金融问题的天然基础与前提；公共性是四大特征中的最本质特征，由公共性可推出国家信用性及特定选择性；由特定选择性进一步决定了其运作机制具有非排他性、非商业性、政策性等子特征；而金融性、国家信用性、特定选择性、非排他性、非商业性、政策性等一系列子特征又反过来对公共性进行限定，使政策性金融公共性在具有公共性一般属性的基础上又有了一定的特殊性。

二、政策性金融公共性提出的始末

（一）"公共性"一词及政策性金融公共性

"公共性"一词的内涵极其丰富，并不是某种固定指称，并且一直处于变动中。它的出现最早可以追溯到古希腊民主制和公民社会，那时的"公共"是指多元协商机制，可见，"公共"的最初含义与政治有关。而在近现代社会学与经济学领域，较早使用"公共"一词的是德国哲学家康德，在其所著《论永久和平》一书中他曾指出公共性的属性有二：其一，公共性的准则和目标的实现必须以不影响他人的权利为前提，即非排他性，这是它的否定形式；其二，公共性的实现是有前提条件的，必须以与国家的权力和政治的结合为必要条件，这便是它的肯定形式。

根据上述对公共性的阐述，我们来看政策性金融是否具有公共性本质属性的问题。

首先，政策性金融理论的提出包含了社会多元的假定，承认社会成员利益与诉求的差异性并尊重社会成员差异。具体体现在：（1）其职能是在承认商业性金融功能的基础上对商业性金融功能的补充，现有的政策性金融理论中都一再指出，在多数领域中以商业性金融为主、以政策性金融为辅，而在特定的领域中，特别是那些商业性金融不愿涉足的领域应以政策性金融为主，商业性金融为辅。（2）政策性金融业务对象的选择是建立在各个产业及社会群体具有差异性的基础上，并根据这种差异决定是否提供此种金融服务。

其次，政策性金融功能的发挥并不以牺牲其他社会群体利益为代价，即非排他性：（1）政策性金融的出发点就是以所有社会成员利益最大化为宗旨的，若以牺牲部分社会群体的利益来换取另一部分社会成员的利益，这与政策性金融建立的初衷是相违背的。（2）政策性金融在其职能发挥过程中并不影响商业性金融的发挥，其涉足的领域往往投资规模大、资金回笼周期长、经济效益较低、风险性较高、社会效益高，因而在业务对象上与商业性金融的业务对象并不冲突。（3）政策性金融功能的发挥并不以牺牲商业性金融功能的发挥为代价，反而政策性金融功能有效的发挥能够为商业性金融功能的发挥提供某种保障，为商业性金融提供更为广泛的客户群体，更为和谐、协调的经济金融社会环境和更大更多样化的需求，进而也促进了商业性金融更可持续的发展，二者彼此相互促进而不相互替代，相互合作而不相互竞争，是共生共长共荣的。

再次，政策性金融服务于国家的战略需求和公共性政策的执行。政策性金融的存在与国家的存在紧密关联，这体现在其资金投向往往是为实现国家某种战略所需要的产业和项目，从我国三家政策性金融机构主要经营的业务来看，国家开发银行致力于国家基础设施重点工程项目的建设，进出口银行为成套机电设备进出口和战略性资源的进口提供融资与担保，农业发展银行则服务"三农"，以支农、促农、富农为其最高宗旨，每个政策性银行都有其明确的服务对象，而这些服务对象往往是我国经济建设中的重中之重或关系民生、民本之大计，可见，政策性金融具有强烈的国家主义色彩，与国家权力、政治政策结合紧密，此为世界各国政策性金融的通例。

最后，政策性金融还享有国家信用。从政策性金融机构成立的资本金构成来看，不论中国还是外国，政策性金融机构的资本金都是国家或政府注资成立，这也就决定了国家或政府对其经营业务的特殊战略与政策要求。另外，其经营性资金主要通过发行债券获得，其发行的债券有国家或政府为其提供担保，进而享有国家主权信用，使其能够以较低的资金成本及时筹集资金，这也是由政策性金融机构背后有国家和政府为依靠所决定的，它不是一般的工商企业或金融企业，是政府特殊机构。

综上所述，政策性金融公共性特征强调了它在利益取向上必须追求和实现公共利益，并以此为起点与终点；体现了人民主权、公利、公益、公平与正义；公共性目标或利益的实现必须以与国家权力和政治相结合，国拨资本、主权信用、税负减免都是国家权力的体现；不以利润最大化为其最高宗旨而以国家经济社会发展战略与政策公共利益为其最高目标，以及相应的特定选择性和准竞争性等，都是由政策性金融公共性这一最核心的本质性特征所决定与制约的。

进入新的历史阶段，在公共性视角下从更为理性、抽象的层面可将政策性金融的特征概括为公共性、金融性、国家信用性及特定选择性，其中公共性是政策性金融的最本质特征。

（二）政策性金融公共性提出的三个阶段

"政策性金融"这一概念的提出最早始于笔者1989年所著《比较银行

学》这一专著中，第一次明确提出中国政策性金融业务与商业性金融业务分离分立的主张，且将其提升到国家战略选择的高度。由此开辟出我国现代金融学学科研究的一个全新领域，也拉开了此后三十余年理论界、实务界对其不断争论、不断探索的序幕。在过去的这三十余年中，笔者及所带领的学术团队作为政策性金融理论的提出者与倡导者始终关心、关注政策性金融理论前沿与实务发展，对政策性金融的认识也经历了由浅入深、由表及里、不断修正、不断创新的漫长曲折历程。在此期间既受到中国改革开放整体深入程度、现实环境与政策的需要与承受度的制约，也受制于决策当局和理论工作的认识、认知能力与水平的影响。本章以对政策性金融本质特性的认知水平为标准，这二十余年的研究历程大致可以划分为以下三个阶段：

20 世纪 90 年代初至世纪末，对政策性金融本质特征的概况为政策性、融资性、有偿性、优惠性或贷款可得性。这一阶段认知水平的集大成者体现在 1999 年由笔者主撰的《中华金融辞库——政策性金融分卷》中，将政策性金融定义为："它是同商业性金融彼此对称、平行、并列的两大金融族类之一，是在一国政府支持或鼓励下，以国家信用为基础，不以利润最大化为其经营目标，运用种种特殊融资手段，严格按照国家法规限定的业务范围、经营对象，以优惠性利率或条件直接或间接为贯彻、执行、配合政府的特定经济政策、产业政策和社会发展政策乃至外交政策，而进行的特殊性资金融通行为或活动的总称。"[①] 通过对定义的理解、分析、抽象，将政策性金融的本质特征概况为政策性、融资性、有偿性、优惠性或贷款可得性。

进入 21 世纪后，大致在 2000—2010 年这十年间，对政策性金融公共性问题予以初探。早在 2000 年笔者与郭纲发表的《关于我国政策性金融理论与实践的再探索》一文就提出政策性金融机制是提供准金融公共产品的唯一途径；2004 年与王伟在《政策性金融可持续发展必须实现的"六大协调

---

① 白钦先. 中华金融辞库——政策性金融分卷 [M]. 北京：中国金融出版社，1999.

均衡"》一文中在对金融产品进行一般分类的基础上，分析了私人金融产品与公共金融产品的不同提供主体问题，指出政策性金融机构是提供公共金融产品的主体；2010年与王伟发表的《科学认识政策性金融制度》一文进一步从制度层面明确了政策性金融作为一种制度设计满足了公共金融产品生产的需要，提出政策性金融的公共利益原则。这一阶段对政策性金融的认识虽然涉及了公共性这一议题，但认知水平是粗浅的，集中表现在对公共性问题研究的非直接性与非系统性：虽然在《关于我国政策性金融理论与实践的再探索》《政策性金融可持续发展必须实现的"六大协调均衡"》《科学认识政策性金融制度》这三篇文章中出现了对政策性金融公共性相关问题的描述，但这三篇文章并非就"公共性"这一问题本身展开研究，而是在谈到相关问题时作为理论上的延续或外推得到的推论——这是非直接性。① 此外，每篇文章中关于政策性金融公共性的描述分别是从机制、主体、原则这三个不同的侧面切入，而且也仅仅就每篇文章中涉及的某个侧面予以简要评述，对于它们之间的联系并没有展开进一步深入的研究，特别是对于在这个阶段已经在政策性金融相关文献中大量使用的国家信用性、金融性、特定选择性等基本特征间的关系尚没有深入研究，缺乏从更为一般的视角、更加抽象的层次将这些特点统一起来——这是非系统性。因此，明确提出公共性是政策性金融的本质特征既是对上述问题的正面回应，也是对政策性金融基础理论的创新。

2010—2015年，在这一阶段对于政策性金融的基本特征有了全新的概括，即公共性、金融性、国家信用性与特定选择性，其中公共性是政策性金融的最本质特征。之所以能够在这几年对政策性金融本质特征有全新认识，一方面得益于此前大量研究成果的积累，特别是最近一两年来直面政策性金融公共性这一议题背景下产生的新研究成果（《中国政策性金融廿年纪之十辨文》《政策性金融公共性与财政公共性的比较研究》等）为提出政策性金融本质特性的全新概括奠定了坚实的理论铺垫，使全新概括的提出

① 白钦先，王伟. 科学认识政策性金融制度 [J]. 财贸经济，2010（8）.

变得顺理成章，或者说是量变后的质变；另一方面更为重要的是 2014 年是中国政策性金融运行二十周年的特殊历史时刻，回顾过去二十年来政策性金融的成败、波动、反复、异化、回归以及理论界、实务界出现的"过时论""否定论""合并论""终结论""开发论"和种种乱象背后不同利益集团的博弈，笔者认为这一切众说纷纭、诸多分歧归根结底在于对政策性金融本质特征认知的严重不足，作为理论工作者在某种程度上也负有一定责任。因此，强化对政策性金融本质的认识就显得迫在眉睫、势在必行。在这一背景下，也就有了本书从更为理性、更为抽象的层面上对政策性金融本质特性的重新审视与研究。

三、政策性金融公共性的主要内容

（一）政策性金融公共性的思想基础

通过金融（货币）手段实现公共性目的并非凭空想象，而恰恰是有着悠久的历史渊源，而且这一渊源来自中国而非西方国家。我们所熟知的唐代大诗人白居易不仅在文学史上彪炳史册，而且在我国经济思想史上也占有一席之地，他曾说："谷帛者，生于农也；器用者，化于工也；财物者，通于商也；钱刀者，操于君也。君操其一，以节其三，三者和钧，非钱不可也。"① 这句话的意思就是君王要掌握"钱刀"，即货币来调节管理谷帛、器用、财物等实物生产以实现协调经济、管理国家的目标。虽然在封建时代还并没有"公共性"这一概念，但君王管理国家、调节经济在实质上与公共性的内涵具有一定意义上的一致性，或者说在封建社会下的"公共性"集中体现在君王对国家的管理方面。白居易的这一思想是古代中国人利用货币手段实现公共性目的的典型案例。除此之外，在更早的商周时期我国就出现"泉府"，据《周礼·地官·泉府》记载："泉府掌以市之征布，敛

---

① 汪国林. 白居易经济思想论析 ［J］. 求索，2011（11）.

市之不售，货之滞于民用者。"意思是说："泉府掌管税收，收购市面上滞销农产品以待将来需要时出售，管理借贷和收取利息。"所谓"泉"通"钱"，泉府是我国最早的财税部门及国家金融机构雏形，特别是在当时以农业、手工业为主的生产力条件下，泉府也成为最早农业政策性金融的雏形。到了宋代，中国出现了最早的农产品预购信用——以春天播种下的幼苗为抵押获取官府提供的低息贷款用以种植经营，秋收的粮食则作为还本付息的资材来源，这就是王安石变法核心内容之一"青苗法"。类似的例子可以说不胜枚举，它们充分体现出中国古人的经济智慧，时至今日仍具有借鉴意义。

而相比之下，西方类似思想则出现得较晚，这也许是因为奉行自由主义的古典经济理论长期占据西方经济学主流地位造成的，造就了西方国家政府在经济生活中发挥的作用十分有限，大多时候只是充当"看门人"的角色，这一情况一直持续到 20 世纪二三十年代。随着大危机背景下凯恩斯主义的兴起，西方人才逐步意识到政府在经济生活中是可以发挥重要作用的：通过货币、金融手段对经济进行调节、干预可以起到意想不到的效果；而在众多金融调控经济方式中建立一种有别于一般商业金融机构的特殊金融机构即政策性金融机构来实现特定政策目标的方式也逐步为西方各国所采纳、实践，特别是"二战"后日本通过设立各类金融公库及政策性银行极大地促进了产业发展、区域开发、民生保障及经济增长，成为日本迅速崛起的一个重要因素，这也有力地证明了政策性金融这一制度的有效性。

通过上述论证可以看出，通过金融（货币）手段实现国家、政府的公共性目标并非空想，而是有着悠久的思想积淀并通过实践检验的。

（二）政策性金融公共性的目标

政策性金融之所以能够产生、存续并且与商业性金融相区别的根本原因在于这二者的最终目标不同：政策性金融以金融资源配置的社会合理性为最终目标，通过保障"强位弱势群体"的金融发展权和金融平等权彰显公共性特点；而商业性金融则以追求自身利润最大化为最终目标，通过市场行为实现金融资源配置的有效性。

在理性经济人假设条件下，商业性金融可以在追求个体利润最大化的过程中通过价格机制实现金融资源配置的有效性，即帕累托最优，这是自由市场经济思想的推论，也是市场经济理论反复证明的结论；从实践来看，我国改革开放这四十余年优先培育、发展了一批大大小小的商业银行，其中不乏业界佼佼者，据英国《银行家》杂志披露，2013 年全球规模最大的十家商业银行中有五家来自中国，中国工商银行与中国建设银行更是稳坐头两把交椅。我国作为以间接金融为主导的国家，商业银行在社会融资过程中扮演着重要角色，特别是在转轨阶段初期，大的国有商业银行更是为经济成功转型发挥了决定性作用，也承担了一定的政策性功能；进入 21 世纪后，随着市场经济制度的不断完善，国有银行的股份制改革和股份制商业银行涌现，商业性金融发挥的作用可以说是越来越大，渗透到社会生产的各个角落，通过市场这只"无形的手"将金融资源不断地配置到生产率更高、回报率更高的领域，进而实现金融资源配置的有效性。然而，资源配置的有效性与社会合理性并不是等价的，商业性金融"趋利避害"的特点使其在经营目标上并不把资源配置的社会合理性、公平性纳入考虑范围，至少不是放在第一位考虑的，这就导致商业银行变成"抽水机"，不断地将金融资源由低收益率行业向高收益率行业单向转移，由不发达地区向发达地区单向转移，由农村向城市单向转移，由弱势群体向强势群体单向转移。政策性金融目标的公共性正是出于反商业金融目标"唯利是图"的特点，消除"抽水机效应"（20 世纪英国议会威尔逊委员会经过广泛调查曾经通过了一个称为"麦克米伦报告"的文献，首次提出"抽水机效应"问题），以金融资源配置的社会合理性为第一目标，保障低收益行业、不发达地区、农村、农民等弱势群体的金融发展权，这不仅有利于实现金融资源配置的社会合理，更是金融、经济、社会协调可持续发展的重要保障，因而是具有长远战略意义的。

政策性金融目标的公共性事实上还决定了政策性金融机构定性与定位的问题，而这一点在实务中长久以来被人们所忽视。由于政策性金融机构是政府出资设立并贯彻执行国家经济政策、产业政策与社会政策，因而其性质属于政府机构或特殊公共性法人机构，不是国家权力机关、不是政府行政机关，也不是事业单位，更不是一般公司制企业或商业性金融机构，因此，其建立、经营、监督也应有别于一般的商业性金融；从国外实践经验来看，政策性金融成立时普遍有最高立法当局的法律授权与约束保护，在人事任免方面由国家元首或政府首脑负责，对其监督不同于对一般商业性金融的监管，而是在"一行一法"原则基础上采取国家审计机制，在税收方面也有相应的减税、免税优惠政策等。相比之下，我国政策性金融机构定性定位的模糊也就造成了法律、人事、监督、税收等方面的问题。

（三）政策性金融活动领域的公共性

政策性金融目标的公共性决定了政策性金融的活动应集中于特定的范围，即具有选择性。从理论上讲，其活动范围应是商业性金融活动的"盲点"：首先，经济生活中风险高、收益低、商业金融不愿涉足的领域，例如，农业由于生产受到季节性因素影响较大、产品销售过程中市场的需求波动也较大，致使农业贷款较一般工商业贷款风险更大，而且农产品多为附加值较低的初级产品，无形中也压低了农业贷款的利率水平，对于"趋利避害"的商业性金融机构而言往往是不愿涉足的；再如保障性住房贷款，由于借款人多为中低收入人群，违约风险较高，加之国家往往还要求对于保障性住房给予一定的优惠利率等政策，致使商业性金融也不愿涉足。其次，商业性金融涉入能力有限的领域，如河运、水利、公路、铁路等大规模基础设施建设，动辄需要上百亿元、上千亿元为期长达十几年、几十年的贷款资金，对于商业银行，特别是以工商企业短期营运资金贷款为主的西方国家商业银行，长期的、大规模的贷款与其经营特点不相符，一旦过多涉足基建项目会不可避免地降低资金流转速度，致使营运能力下降，因而在这些领域商业性金融的能力是有限的。当然，银团贷款的出现一定程度上缓解了这方面的因素，但从本质上说银团贷款仍是商业性贷款，其本身无法克服商业性金融固有的缺陷，只能说是在一定意义上的缓解或改进。

最后，还有一些特定的领域是商业性金融不可涉足的，例如，与国家安全紧密相关的军事项目，商业金融机构一旦涉足可能导致重要机密的泄露。在美国，洛克希德·马丁公司是第一大国防承包商，它最主要的客户是美国国防部、美国国家航天局及美国政府，20世纪70年代初，在其经营困难、面临破产的时候为其提供贷款的不是商业金融机构，而是政府贷款。从以上三个方面可以看出，商业性金融服务领域是有"盲点"的，政策性金融活动的领域应该优先定位于以上这些领域，将商业性金融不愿干、没能力干、不能干的领域统统纳入服务范围。

此外，就各国政策性金融实践结果来看，不同国家政策性金融服务的领域也不尽相同，并随着时间的推移不断变化、调整，这是因为政策性金融的实践还取决于各国政治、经济、文化、社会等多方面的因素，对于这一问题下文再继续深入讨论。

（四）政策性金融运作机制的公共性

运作机制的公共性是政策性金融机构实现其目标公共性所采取的必然选择，也是政策性金融与商业性金融差异的直接体现，这主要表现在两个方面：政策性金融的运作机制是一种非排他性制度安排；政策性金融的运作与国家强权紧密结合。

首先，政策性金融的运作机制是一种非排他性制度安排。所谓"排他"与"非排他"是一组基于产权范畴的概念，是制度概念，"排他性实质上是产权主体的对外排斥性或对特定权利的垄断性"[①]。新制度经济学家科斯认为，市场的真谛不是价格，而是产权；只要有了产权，人们自然会"议出"合理的价格来；进一步地，当交易成本为零时达成的均衡就是帕累托最优。相反，取消排他性产权，即实施非排他性产权，就意味着取消市场机制。[②]可见，排他性制度安排与市场机制是从不同角度对同一事物的描述，本质

---

① 黄少安. 产权经济学导论 [M]. 济南：山东人民出版社，1997.
② 李政军. 萨缪尔森公共物品的性质及其逻辑蕴含 [J]. 南京师范大学学报（社会科学版），2009（5）.

上二者具有对等意义。

对于商业性金融而言，我们常常用市场机制这个视角来解读它，如果我们用产权视角来研究它，我们会发现商业性金融也是一种排他性产权制度安排：（1）借贷行为转让的是货币资金的使用权而非所有权；（2）借贷行为之所以能够顺利发生，前提一定是贷款人对出借资金具有明晰的产权并能够按自己的意图支配该笔资金；（3）借款人在借贷存续期能够垄断对该笔资金的使用权，对资金使用带来的效用能够独享，否则，如果资金的使用过程不具有排他性或资金的使用过程伴随很大的正外部性，借贷主体之外的其他社会主体能够通过"搭便车"获得好处，这就必然导致借款人不愿意支付预定的利息或要求"搭便车"主体承担一定的对价。综上，排他性制度安排是商业性金融顺利运行的必要条件。

对于政策性金融而言，由于它是一种弥补商业性金融功能缺失的机制，因此，其对金融资源的配置方式必然不可能选择和商业性金融相同的方式，故排他性机制之于政策性金融是无效的；这样，非排他性机制就成为政策性金融必然的选择。从实践来看，政策性金融对金融资源的配置也确实如此：（1）政策性金融是国家从宏观层面对特定行业、人群、地区予以扶持的机制，服务对象界定的单位是群体，只要是符合扶持的标准就可以享受优惠利率，这就意味着每笔贷款的边际成本是固定的而边际收益是不同的，这与商业银行通过对每笔贷款逐一定价进而保证每笔贷款的边际成本与边际收益相等的机制是完全不同的，所以说政策性金融本质上并非纯粹的市场机制。当然，这并不意味着其是反市场机制的，确切地说应是弥补市场盲目的选择机制，是逆市场不选择或自觉滞后选择而选择的机制，这是由它本质的公共性所决定的。（2）由于政策性金融扶植的项目大多具有较强的正外部性，这种外部性的存在往往使全体社会成员普遍受益，这意味着对这种收益权进行排他性界定是没有必要的，例如，公路的修建使我们每个人在出行时都获得便捷，但没有必要非得界定清楚哪一段是我出钱修的，哪一段又是你出钱修的；反而强制的排他性安排会增加社会管理成本并造成整体福利水平的流失。（3）在非排他性制度安排下，利率不再成为引导金融资源配置的唯一的乃至最重要的信号，而是成为国家对特定群体扶植力度的体现；并且利率的变化不再由经济内生地决定，不再是资金供给变量和需求变量的函数，而是作为政策性因素外生地决定。由此可见，政策性金融是一种非排他性制度安排，与商业性金融的排他性制度安排相对应。

在谈到运作机制时还要特别纠正一个被理论界、实务界广泛误解的观点："政策性金融市场化运作等同于政策性金融转型成为商业性金融。"所谓的政策性金融市场化运作只是政策性金融微观经营、营运、操作、管理的基本准则和要求，市场化运作原则必须依赖于、服从于国家法律、法规对政策性金融自身的基本性质、宗旨、职能定位与定性。① 市场化运作只是手段，而绝非目的；完全的市场化就必然意味着政策性金融对公共性的背离。

其次，政策性金融的运作与国家强权紧密结合。这一点在前文对政策性金融本质特性的概括中有所涉及，特别是其国家信用性是典型表现；但为什么政策性金融的运作必须同国家强权紧密结合？为什么失去国家强权的保障就会意味着政策性金融的失败？下文着重回答这个问题。

由政策性金融目的的公共性可以看出，它的产生是国家对经济、金融运行予以干预的重要手段，因此它必然脱胎于国家属性，并服务于国家属性的顺利实现。关于国家是什么，它有什么样的天然属性，不同的学者持不同意见。目前比较具有代表性的国家观有两种：一种是社会契约论的国家观，认为国家是全体公民的一个自愿性契约，是个人为获得国家保护而自愿让渡权力的产物；国家存在的主要目的是社会管理，即界定产权、维护正义，克服国家内部公民与公民之间合作所遇到的"搭便车"问题。另一种是马克思主义国家观，认为国家是一个阶级统治其他阶级的工具，国家存在的目的是实现政治管理和社会管理的双重职能。其中，强制性的政治统治是国家实现社会管理的重要保障，高效的社会管理又是政治管理的

---

① 王伟. 基于功能观点的政策性金融市场化运作问题探析［J］. 贵州社会科学，2009（2）.

基础。① 通过对上述两种国家观的比较可以发现，二者的根本性差异在于国家内部是否存在具有优势的群体或阶层在社会管理过程中发挥主导作用，而不在于国家是否具有公共性。两者对于国家与公共性之间的本质联系都予以认同，即国家通过社会管理彰显其公共性特点；不同的是两者在实现方式上截然不同：前者认为国家具有超阶级性，公共性是其唯一属性；而后者则认为国家是阶级社会的产物，是特权阶级凭借其政治强权实现阶级统治的强制性机构，国家公共性的实现依赖特权阶级的主动性；公共性则是连接社会管理与政治管理的纽带。从现实情况来看，国家的性质更多的是对上述两种性质的综合：在一些社会管理中国家的契约性表现得比较明显，如立法、国防、社保、教育等；但在更多的社会管理过程中国家的阶级性表现得更为明显，如执法、治安、对土地及不可再生资源的垄断及财富的二次分配等。就总的人类发展趋势来看，国家性质的转变是由阶级性不断向契约性转化的过程，这也代表了人类文明不断向前迈进的过程。但就目前阶段来看，国家的阶级性特征还是占主导地位的，即使是在历来以民主、平等标榜自己的西方国家其阶级性特征也是非常明显的，频频爆发工人的罢工、游行就是最好的印证。阶级性的存在意味着国家公共性的实现要以强制性的权力为保障，因此，政策性金融作为国家对经济、金融的重要干预手段，其自身的属性必然脱胎于国家的属性，而公共性作为国家社会管理与政治管理基本属性之一也必然是政策性金融的基本属性之一；进一步讲，政策性金融公共性的实现也只能依靠国家为主体，由国家的强制权力作为保障。这便是政策性金融与国家强权密切结合的根本原因。当然，国家干预应当是合理的、适度的，不应是任意的、为所欲为的，不得妨碍决策科学性与民主性原则的实现。

综上，政策性金融的公共性可概括为政策性金融以国家信用为基础，在非排他、非利益诱导机制安排下提供具有特定选择对象的金融服务以实现其最高宗旨——金融资源配置社会合理性的本质性特征。

---

① 王瑞. 财政公共性辨析［J］. 财贸研究，2003（5）.

四、政策性金融公共性的具体内容及侧重点取决于其基本国情

上文政策性金融活动范围公共性的探讨中提到各国政策性金融活动范围不尽相同，这是因为政策性金融的具体内容必须以一国的基本国情为基础，而同一国家在不同时期、不同国家在同一时期的国情也是在不断变化的。因此，政策性金融公共性的具体内容及侧重点必须适应这种变化并不断作出调整，不能简单地下结论：因为某国政策性金融没有某些具体内容或比其他国家多了某些具体内容，所以该国政策性金融不具有公共性——这是不科学的。那么政策性金融公共性的具体内容及侧重点受哪些因素的影响呢？在决定基本国情的众多因素中，笔者选取了经济因素与政治因素这两个最为重要也是最基本的方面进行简要论述。

（一）影响政策性金融公共性的经济因素

影响政策性金融公共性具体内容及侧重点的经济因素包括商品经济发展水平、商业性金融对公共领域的涉入能力以及政策性金融与财政的关系。

首先，商品经济或现代市场经济越发达，社会对政策性金融的需求越大。商品经济的发展必然伴随着分工的细化和生产的集中，以往人们分散而居、独立生产的生活方式逐步被城市化、工业化、集中化的生活方式所取代，与此相适宜的生产生活条件越来越具有共同消费的特点；此外，随着商品经济的发展，人们的真实收入和可支配收入逐步提升，客观上也加大了对公共性生产、消费的需求。从各类政策性金融机构的出现顺序来看也印证了上述论断：最早出现的政策性金融机构应当是与农业生产紧密相关的农业政策性金融机构，这类政策性金融机构也是目前世界各国普遍都有的；随着经济的发展有了更广泛的商品交换、进出口贸易活动，进而也就出现了进出口信贷及担保、海上运输保险类政策性金融机构；到后来随

着劳动力等生产要素的流动又出现了住房、社会保障类政策性金融机构等。因此，商品经济发展水平是决定政策性金融公共性内容的基本面。

其次，商业性金融对公共领域的涉入能力也会影响政策性金融公共性的具体内容。科斯认为，在排他性制度安排下，市场也有可能提供公共物品或准公共物品，其逻辑是通过扩大厂商的经营范围使其在获得规模经济的同时，用节约出的成本提供公共品。举个例子，倘若国家希望扶持汽车制造业的发展，可以允许汽车制造商成立自己的财务公司并为消费者提供汽车消费贷款，一来消费者获得了更低的贷款利率，二来汽车制造商因提供贷款服务而间接地促进了销量的增加；汽车制造商虽然提供了低息贷款，但这并不意味着亏损，由此带来销量增加获得的好处会远远大于利息成本。从一定意义上说这就是国家通过市场行为实现某种政策性目标的方式。此外，近些年来在公共项目建设中大量采取的 BOT 模式也吸引了大量民间资本的进入，通过政府特许经营权的授予使民营资本进入以前无法涉入自然垄断行业、公共领域，这在一定程度上缓解了公共资金的压力，使政策性金融的资金投向可以更加集中于特定领域，这也必然引起政策性金融公共性具体内容的调整。

最后，是政策性金融和财政的关系。财政是国家干预经济运行最直接、最重要的方式，它通过提供公共产品、满足公共需求而具有公共性，并且也相应地有一套司法程序保障其顺利实施。从本质上讲，政策性金融的公共性与财政的公共性具有内在的一致，即二者的公共性都是源于国家的公共性，并且在实施过程中与国家权力紧密结合而具有一定的强制力。① 但这二者显然不是等价的，政策性金融具有有偿性、期限性、周转性以及增值性等特征，这些都是财政所不具有的特点，因此，二者在公共性的具体内容划分上应各有侧重。从实践来看，政策性金融更侧重民生、贸易、医疗、教育、社会保障、助贫扶贫等领域，而财政则要广泛得多，不仅涵盖了大

---

① 白钦先，张坤. 政策性金融公共性与财政公共性的比较研究 [J]. 中央财经大学学报，2014（10）.

部分政策性金融的领域，而且在基础设施建设、国防军工等方面表现得更为突出，所以说从社会公共性建设这一视角来看，政策性金融公共性的具体内容应着力于弥补、提升、优化财政公共性建设。

（二）影响政策性金融公共性的政治因素

影响政策性金融公共性具体内容及侧重点的政治因素包括利益群体的博弈以及法律对政策性金融活动的约束力。

可以说，任何政策从制度设计到落地实施都不可避免地受到不同利益集团的影响，一个运行良好的制度安排也一定是各方妥协的结果。政策性金融作为一种国家层面的顶层设计，大到相关机构的设立、立法的保障，业务范围的设定，小到每种业务执行流程、确定的利率水平、账务的处理方法等都无一例外地会受到不同利益集团的影响。例如，我国农业银行在股份制改革后理应转型为商业银行，剥离原有的政策性业务，但在实践过程中一些能够得到财政补贴、税收优惠的业务却并没有完全剥离；再如国开行的商业化转型表面上看是因为政策性金融立法的长期滞后，而背后谁又能完全否定没有相关利益集团的博弈呢？其实，这些现象不单在中国存在，国外也不例外，关键是如何降低过度博弈造成的负面影响。从国外的实践来看，通过权力结构制约、提升经济开放程度和政治包容能够在一定意义上缓解上述问题，从而使政策性金融的公共性表现得更为充分。

"社会主义市场经济本质上是法治经济"是党的十八届四中全会通过的《中共中央关于全面推进依法治国若干重大问题的决定》中明确提出的重要论断，法律制度的完善对于整个市场经济建设具有重要意义。政策性金融作为市场经济重要的组成部分，法律对其的重要意义也是显而易见、理所当然的。这里强调法律对政策性金融的重要性不仅是学理的推断，更具有现实针对意义。我国政策性金融至今运行三十年，但相关立法工作严重滞后，没有相应的法律规范，金融当局对其行为的约束也简而化之，与商业金融监管比照而行，这在世界各国也是极其罕见的。不论是在欧美、日本等发达国家还是在韩国、印度等发展中国家，各国对政策性金融普遍采取了立法优先的方式以规范其行为，政策性金融法通常在授权监督、人员任免、决策机制、会计审计、业务限定、补贴税收等多个方面严格规范政策性金融活动的具体内容，保障其公共性职能的发挥，避免其潜在的异化可能。因此，法律不仅仅是影响政策性金融公共性具体内容的一个因素，更是国家强制力确保其公共性职能发挥的重要约束机制。

五、政策性金融公共性与财政公共性的联系

（一）财政的公共性

传统的经济理论在涉及"公共性"问题时，主要研究的是财政的公共性问题。财政是以国家为主体的经济行为，是政府集中一部分国民收入用于满足公共需要的收支活动，以达到优化资源配置、公平分配及经济发展稳定和国家安全的目标，其本质是国家为实现其职能，凭借政治权力参与部分社会产品和国民收入的分配和再分配，以实现经济与社会的发展稳定、社会安全与和谐。财政具有公共性是大家普遍接受的共识。①

任何紧密相连的两个事物间都具有对立统一的关系，政策性金融公共性与财政公共性内涵上的差异是二者间个性的体现，而二者间的共性又寓于这二者的个性之中，善于从事物的个性中把握共性是马克思主义对立统一规律的灵活应用。在考察政策性金融与财政公共性这一问题时也应采取科学的认识方法，全面地分析这二者的对立统一关系。

由于政策性金融公共性的提出是近来的事，对其研究与讨论都处于初始阶段，形成的文字成果更是少之又少；即使现有的一些讨论也是在探究财政问题时附带地将其进行评述，如"合理填充补足财政直接支出和商业性融资之间的'中间地带'追求政府财力依托机制的转换及实现效率提升的倍加效应，服务于科学发展观所要求的全面、协调、可持续的统筹发展

---

① 陈共. 财政学（第六版）[M]. 北京：中国人民大学出版社，2009.

和某些战略重点上的赶超突破"。因此，笔者认为，要想使政策性金融的公共性为更多的人所接受，就必须正确梳理政策性金融的公共性与财政的公共性之间的区别与联系。

（二）政策性金融公共性与财政公共性的统一

1. 正视社会的多元性

承认社会成员间的差异性并尊重这种差异性的存在，让差异性的个体得到合理的和正义的共处。政策性金融与财政资金的配置不论是在时间、空间还是在各个产业间都具有一定的结构，这种在不同维度上对资金配置的不同正是根据资金需求主体个体差异性的客观情况所决定的。通过税率在不同产业与产业间的差异、财政补贴对不同行业的补贴力度、中央与地方财政收支政策的配合等手段可以实现财政资金在空间上的优化配置；而财政政策的扩张和紧缩，财政赤字和盈余可以实现财政资金在时间维度上的优化配置。而政策性金融通过是否对特定行业提供贷款、担保以及贷款利率的确定调整对不同产业、地区的扶持力度，通过浮动利率贷款、固定利率贷款、贷款展期、利息豁免等手段实现对不同时间维度上资金需求主体的扶持。

2. 政策性金融和财政都是以社会公共利益最大化为最高宗旨

财政的本质是国家为实现其职能，凭借政治权力参与部分社会产品和国民收入的分配和再分配所形成的一种特殊分配关系，其根本目标不仅仅局限于利润最大化或产出最大化，而是包括但不限于优化资源配置、公平分配及经济与社会发展稳定等目标的综合性目标，简而言之即社会利益最大化。政策性金融也是如此，它是在一国政府支持下，以国家信用为基础，运用各种特殊的融资手段，严格按照国家法规限定的业务范围、经营对象，以优惠性存贷利率而进行的一种特殊性的、直接或间接的资金融通行为，其最终的落脚点是贯彻、配合国家特定的经济和社会发展政策，也不是利润最大化。

3. 与国家权力、政治紧密结合

财政本身就是为国家实现其政治、经济、管理等职能而设立的收支机制，其自身的运动就是国家意志的体现，正如恩格斯在谈到征税时曾指出：

"纳税原则本质上是纯粹共产主义的原则，因为一切国家的征税权力都是从所谓国家所有制来的……国家有这种权力，国家所有制高于私有制，而国家也就成了真正的主人。"政策性金融也一样，它的存在和发展与国家、政治休戚相关，不论是其在资金筹集过程中有国家、政府为其担保，使其享有同国家信用一样的信用级别，还是其在资金使用过程中资金的投向必须服务于国家战略、政治意图，都表明政策性金融机构与包括商业性金融机构在内的普通工商事业单位在本质上是不一样的，是不以利润最大化为导向的，恰恰这一点与财政是完全一致的。

4. 收支的非平衡性

既然如上所述，政策性金融与财政都是以社会利益最大化为最高宗旨，而非利润最大化，那么其在功能实现过程中也应有内在的一致性。对于以利润最大化的企业单位而言，其追求的资金的收入大于支出，至少也应该是收支相抵，如果入不敷出，追求利润最大化的单位就难以继续维系，如不断亏损的工商企业就是难以持续经营的。而对于具有公共性、以社会利益最大化的单位而言，收支平衡就不应作为其日常经营的基本原则。在财政公共收支理论的发展过程中，就有功能财政理论替代财政收支平衡理论的趋势，即鼓励财政在经济衰退时期扩大赤字，经济扩张时期保持盈余，财政政策"逆风而动"，充分发挥其经济"稳定器"的作用；而且财政的各期收支盈余也正是通过财政手段对资源跨期配置的实现方式。既然能够允许财政在合理的时间范围内赤字与盈余，从逻辑上讲政策性金融也不应该一味地追求短期的收支平衡，允许其支出大于收入甚至在特殊情况下鼓励其支出大于收入也应是合理的，是其职能实现的必要手段。如果政策性金融机构也一味地追求收入大于支出，那必将导致政策性金融机构功能的缺失，从而与一般商业性金融别无异样。

（三）政策性金融公共性与财政公共性的区别

1. 政策性金融不具有强制性

强制性是指在一定范围内通过法律、行政法规等强制性手段加以实施的标准，具有法律属性。财政资金的收入与支出都具有明显的强制性特点，如财政资金的收入主要依靠国家对各项经济活动征收一定量的税收，尽管税收的形式多种多样，但都有相关法律根据作为征收的保障，任何形式的抗税都是一种违法行为，因此，强制性是税收的重要特征之一。而财政资金的运用也具有一定的强制性，在财政支出规模和用途的安排中，众多的公民可能会有这样或那样的意见，会有各自不同的利益诉求，但公共支出不是按照某一公民的意见作出决策，而是通过一定的政治程序作出决策并依法强制执行，在民主政治下，财政的强制性体现为财政的民主化和法制化。

与此相对应，政策性金融在实施过程中并没有像财政运行过程中那样的强制性，虽说经营业务范围有特定的选择性，在一定意义上具有"强制性"，但其与财政相比是非严格、非全面的。从政策性金融机构资金的收入来看，主要是通过公开发行债券的方式筹集营运资金，而对一级市场和二级市场上的债券购买者来说都具有独立的选择性，并没有像需要纳税那样的义务去购买政策性金融机构发行的债券；而在资金的使用过程中，尽管国家规定了特定政策性金融机构经营的特定范围，但在具体运营过程中，对指定营业范围内的客户政策性金融机构仍具有一定的自我决策能力，贷与不贷、借与不借，借贷双方都是自由地选择，与财政支出相比较少受到政策方面的直接影响。

2. 政策性金融具有有偿性

政策性金融机构在运营过程中尽管能够提供价格低廉的融资担保服务，但归根到底，它仍然是以资金的还本付息为条件的出借行为，在出借与偿还的过程中，价值的流动是双向的，政策性金融机构和获得融资的企业付出与所得是对等的。

而财政资金则具有非直接偿还性的特点，这与其强制性是相一致的，当国家向公民征税时并不负有向纳税人偿还税款的义务；同样在取得政府补助的情况下，企业只要按照取得资金的规定用途使用资金，企业也不需要偿还补助资金。对于每个个体而言，他的付出与所得是不对称的，且其所得所支是通过公共财政体系来实现的，因此，财政运行具有非直接偿还性的特点。简而言之，政策性金融资金是双向、有偿借贷，而财政资金的筹集与使用则是无偿的单方面支付。

3. 政策性金融与财政运作环境要求也不同

现代高度制度化的政策性金融与财政诞生的时间相距较远。早在原始社会，随着生产力的发展、剩余产品的出现，氏族部落联盟的分配便产生发展起来，这就是原始公共分配，即财政的原始形态。原始财政是以原始公权力为主体，以满足氏族部落和部落联盟的公共需要为目的而进行的集中性分配。国家产生以后，为了维持这种公权力，就需要公民缴纳费用——税款，于是以国家为主体的集中性分配制度——国家财政便正式产生，国家财政产生以后伴随着国家形态的发展变化，先后经历了奴隶制国家财政、封建制国家财政、资本主义国家财政和社会主义国家财政。

而现代制度化的政策性金融的产生在国外不过百余年的历史，而在我国的实践也仅仅经历了三十年。这是由于政策性金融功能的发挥要依托金融自身的发展，需要有强而有力的财政作后盾，有完善的金融制度、金融工具、金融市场、从业人员、法律法规、基础设施等一系列的物质基础和制度保障，因此，政策性金融公共性功能的发挥是晚于财政公共性职能的发挥，是生产力发展到一定水平或者经济金融发展到一定水平后产生的具有公共性职能的机制。

六、政策性金融公共性与政策性金融实践

回顾我国政策性金融这三十年的发展历程，在肯定其对社会主义现代化建设发挥了积极作用的同时也暴露出了很多问题，特别是政策性金融机构商业化倾向日趋明显，具体表现为"保本微利"的政策性业务相对减少而以追求利润的商业性业务增加，特别是近几年，某些政策性金融机构盈利性指标突飞猛进，在某些领域与商业性金融形成竞争态势，这与其特定选择性、非排他性及非利益诱导原则明显冲突，人们不禁要问：政策性金融的本质是否已经改变？是否还具有公共性特点？

（一）落实政策性金融公共性面临的主要问题

政策性金融的实践过程是政策性金融职能实现的过程，而政策性金融的职能是其本质属性的外在表现，因此，政策性金融实践过程的质量直接影响其本质的实现程度。但其反命题，即政策性金融的属性自动或必然决定政策性金融实践却是不完全成立的。之所以该反命题是伪命题，关键在于政策性金融实践的名义主体与执行主体是有差异的。如前文所述，政策性金融公共性源于国家的公共性，因而国家是政策性金融的名义实践主体并决定政策性金融的属性。但在现实生活中，国家本身并没有固定的、显性的存在形式，而需要特定的执行主体（政府机构、政策性金融机构、政策性金融机构的从业人员等）具体操作政策性金融的实践。执行主体作为政策性金融制度的代理通过调整、规范其自身行为适应既定的政策性金融制度，实现国家职能，体现公共性的存在；但与此同时个人和机构不仅被动地执行既定的政策，而且还会对制度制定具有一定的主观能动作用。由于个人和机构认识的客观局限性或出于特殊目的的考虑，制度的设定难免会与客观要求出现一定的偏差，而这种偏差一旦体现在具体的实务操作过程中就表现为政策性金融执行主体对政策性金融制度及其本质属性的偏离。此外，除了上述因素对政策性金融实践的影响，对某些具体因素的折中或让步也是实践工作中难以避免的情况。这种理论与实践的偏差是任何国家政策制定、实施过程中都难以回避的问题，而非我国政策性金融实践面对的特殊性问题。

因此，理论上看似完美的东西在实践中未必全然有效；一些实践中暴露的缺陷也未必是理论本身的问题。所以说政策性金融的实践与属性是不同层次上的概念，不能因为政策性金融实践出现了问题就对国家及政策性金融所具有的固有属性持完全否定的态度。

但是，话又说回来，国家毕竟是政策性金融的名义实践主体，这就要求国家利用其特有的强制性权力采取必要的措施尽可能地减少种种因素造成的政策偏离，除了上文提到的法律措施，还可以在财经纪律、财政监督、社会监督等方面加大改革力度。当然，实现制度完善、监督有效等都需要一定的时间，需要各项配套措施的整体落实，绝非一朝一夕的功夫。因此，不论是理论工作者还是实务工作者，都应自觉地本着实事求是的态度，在借鉴西方政策性金融实践过程中多结合我国的实际国情，让我国政策性金融在历经三十年风雨后能借着改革的东风迎来又一春。基于政策性金融的公共性视角，笔者就当前政策性金融机构改革的一些具体措施谈几点政策建议。

（二）政策性金融公共性实践的政策建议

1. 加速政策性金融立法，明晰政策性金融、财政、商业性金融的关系

改革开放以来，政策性金融机构在我国产生、发展已有三十年，但关于政策性金融机构立法却进展缓慢，至今没有一部正式颁布实施的法律规范政策性金融的发展，这在世界范围内也是非常罕见的。日本、德国、美国等一些西方发达国家在其成立政策性金融机构前都是以颁布相关法律为先导，确保政策性金融机构的健康有序发展。如今进一步的改革已是迫在眉睫，首要的便是立法工作，由于不同的政策性金融机构往往涉及的领域各不相同，有的领域间彼此差异还非常显著，因此，在尊重个体差异性的前提下"一行一法"更为有效，这也是国际惯例。此外，在立法过程中也应注重协调政策性金融与财政、商业性金融的关系，在哪些领域财政为主、政策性金融为辅，哪些领域财政为辅、政策性金融为主；哪些领域商业性金融为主、政策性金融为辅，哪些领域商业性金融为辅、政策性金融为主，从法律上划清彼此职能范围是避免当前政策性金融与商业性金融在业务上越界的根本办法，也是避免政策性金融机构间业务覆盖重叠或缺失的有效途径。以上原则是建立在承认不同资源配置机制的差异并尊重这种差异的基础之上，是在保障财政功能、商业性金融功能有效发挥前提下政策性金融介入而实现更高的社会效益，是符合公共性的内在要求的。

2. 强化政策性金融公共性，增强政策性金融的影响力

在改革开放四十余年后的今天，我国经济建设已取得举世瞩目的成就，

然而，各类社会问题也日益突出，直接影响到人民的生活质量与社会的安全稳定。这就要求我们的经济社会政策更加注重民生、民本，政策目标更应关注 GDP 以外的指标。政府职能的转变正是对这种现状的回应，改革开放前四十年，政府在很大程度上充当的是经济建设者的角色，政府在经济建设中的过度参与滋生了"寻租"、逆市场化等行为，在更加追求经济质性发展的今天，政府简政放权、从经济建设者转型为社会管理者这一职能的转变是公共性在国家战略层面最为深刻的反映。政策性金融的改革也必须与政府职能的转变保持内在的一致，服从政府职能的转变。政策性金融自身就是为追求社会效益、公共利益最大化而生的，内在的公共性可以保证其在政府职能转变过程中应承担更多的责任。但现状是政策性金融的种类与规模还十分有限，与其所应承担的责任不对称，因此，在对目前现有的三家政策性金融机构增资扩股优化发展、规范发展的同时也应适当地新建一批新政策性金融机构，如住房政策性金融机构、中国中小企业发展银行、地方城镇化基础设施开发银行、中国农业政策性保险公司等，扩大政策性金融机构影响力，积极应对当代中国更为多元社会背景下的发展与挑战。

　3. 借鉴功能财政收支理论，促进政策性金融机构收支理论的发展

　　功能财政是指政府在财政方面的积极财政政策主要是为实现无通货膨胀的充分就业水平；为实现这一目标，当国民收入低于充分就业的收入水平时，政府有义务实行扩张性的财政政策，增加政府支出和减少税收，以实现充分就业。如果起初存在财政盈余，政府有责任减少盈余甚至不惜出现赤字，坚定地实行扩张政策；反之，当存在通货膨胀缺口时，政府有责任减少政府支出，增加税收；如果起初存在财政预算赤字，就应该通过紧缩减少赤字，甚至出现盈余。功能财政思想是凯恩斯主义者的财政思想，是从反经济周期的需要来利用预算赤字和预算平衡的，而不是机械地用财政预算收支平衡的观点来对待财政赤字和财政盈余。功能财政的思想比财政收支平衡的思想更具有积极的一面，在发挥资源配置、收入分配、经济稳定等功能方面也更加有效。政策性金融机构的收支理论从某种意义上也可借鉴功能财政的思想，政策性金融机构在其发挥公共性职能是以社会效

益最大化为最终目标的，因此政策性金融机构不应该刻意追求收入大于支出，在特定条件下甚至可以允许政策性金融的支出大于收入，否则，一味地追求收支平衡或只以盈利性指标对政策性金融机构进行考核，就必然导致政策性金融机构功能的缺失，还会使其在追求收支平衡的同时与商业性金融机构产生冲突，不仅达不到提高社会整体利益的目标，反而扰乱了金融秩序，适得其反。

比　较　篇

第四章 农业政策性金融机构名称与管理模式的国际比较

一、农业政策性金融机构名称的国际比较

由于世界各国的农业发展水平、与农业相关的农村以及农民问题的复杂性各不相同，因而各国对本国农业以及与之相关的农业和农村支持的方式也不同，表现在政策性金融上，就是各国有不同的运作模式。即使是从形式上看，差别也是巨大的，但是这些差别的背后仍然隐藏着其共同的特征，那就是作为农业政策性金融机构，都与农业发展、农村发展以及农民发展有重要的关系，其核心业务也是围绕上述内容展开的。名称的差别反映了各国对农业支持的侧重点的差别，同时也反映了各国不同的历史阶段对农业的不同态度。综观世界各国的农业政策性金融机构或体系，可谓种类繁多、复杂多样、形式各异，但是我们仍然可以把它们进行分类比较。基本上有下列几种。

（一）以"体系"命名的农业政策性金融机构

有些国家的农业政策性金融体系一般是由众多机构组成的，其中有一个核心机构，其他相关机构只是作为这一核心机构的附属机构或者为执行某一项特殊政策或使命建立的，如美国的农场信贷体系和法国的农业信贷集团。前者中的农业信贷管理局（the Farm Credit Administration, FCA or Agency）是核心机构，是美国政府农业政策金融的一个独立执行机构，它负责组成农场信贷系统（the Farm Credit System）的银行、协会和相关实体

的规则制定和检查，而其中的实际业务机构大部分都在特殊法律框架（如特定的农业政策性金融法）内按照商业性原则运作，其服务对象主要是与农业有关的经济活动。后者以法国农业信贷战略联盟为核心，其前身为法国农业信贷银行，除了这些核心机构之外，还由众多的、名称各异的职能机构组成。

如此复杂的农业政策性金融体系表明这些国家在农业金融（广义）上的政策细化，同时也表明这些国家的政府对农业的重视程度和系统支持农业的思想，还表明这些国家的农业政策性金融是经过长期的探索而逐步形成的，因为一个机构可以凭借单一的政策而建立，而如此众多的机构体系的形成绝非一项政策的结果，也绝非一日之功。事实也正是如此，美国与法国的农业在世界上都是属于名列前茅的，农业产值在国民经济中的地位虽然不是很突出，但是农业的整体性社会功能却很突出，在国际谈判中我们经常看到他们在农业政策立场上的坚定性和强硬态度，这从另一个侧面反映了这些国家对农业发展的基本态度和对农业的整体认识。

（二）以"农业发展银行"命名的农业政策性金融机构

农业政策性金融机构的特定服务对象决定了其名称不可能脱离农业、农村或农民，而且一般情况下，农业政策性金融机构基本上是作为一种特殊的开发性金融机构出现的，这一点在发展中国家表现得尤其明显。所以，在众多的发展中国家的农业政策性金融机构，一般其名称都能直接表明其机构性质和职能。如印度农业和农村发展银行（National Bank for Agriculture and Rural Development）、越南农业和农村发展银行（Vietnam Bank for Agriculture and Rural Development）、加纳农业发展银行（Agricultural Development Bank of Ghana）、阿尔及利亚农业和农村发展银行（The Agricultural & Rural Development Bank）、埃及发展和农业信贷总行（The Principal Bank for Development & Agricultural Credit）、莱索托农业发展银行（The Lesotho Agricultural Development Bank）等。有些国家的农业政策性金融机构最初为另外的名称，后来又改为"农业发展银行"，如缅甸农业发展银行（Myanmar

Agricultural Development Bank）是一家政府拥有的银行，其原名为国家农业银行（State Agricultural Bank，SAB）。通过对各国农业政策性金融体制的考察，我们发现这种类型最多，尤其是在发展中国家较为普遍。在尼泊尔实际上有两家提供农业政策性金融业务的"发展银行"，二者被称为农业政策性金融领域中的"姊妹机构"，其中一家是农业发展银行（Agricultural Development Bank），另一家是小型农民发展银行（Small Farmer Development Bank）。中国的农业政策性金融机构也是以这种方式命名的，称为"中国农业发展银行"。值得指出的是，虽然许多发展中国家的农业政策性金融称为"农业发展银行"，但是它们在业务内容和运作方式上却存在着重要差别。

（三）以"农业银行""农业合作社银行"命名的农业政策性金融机构

有些国家的农业政策性金融直接表明与农业的关系，如称为"农业银行"或"农业信贷银行"，同时值得指出的是，有些国家的农业合作经济较为发达，这种特殊的农业经济组织形式对于农业发展具有特殊意义，对农业合作社的支持也就是对农业以及农民和农村的支持，所以有许多国家的农业政策性金融运作体系是以农业合作经济组织为依托或纽带的，这些国家的农业政策性金融机构就称为"农业合作社银行"，但是对于机构本身并不一定是合作性质的，而一般都是政府独资或者政府与合作社共同出资建立的农业政策性金融机构。

这些类型的农业政策性金融机构包括伊朗农业银行（Agricultural Bank of Iran）、马来西亚农业银行（Agricultural Bank Pertanian，Malaysia）、津巴布韦农业银行（Agribank，Zimbabwe）、利比亚农业银行（The Agricultural Bank of Libya）、泰国农业和农业合作社银行（Bank for Agriculture and Agricultural Cooperatives Bank in Thailand）、尼日利亚农业和合作社银行（Nigerian Agricultural & Cooperative Bank）、伊拉克农业合作社银行（The Agricultural Cooperative Bank in Iraq）、法国农业信贷银行等。实际上，我国的"中国农业银行"在计划经济时代也主要是作为"政策性金融机构"出现的，因

为当时它是以"专业银行"身份出现的，即事实上的政策性金融机构，在国有银行商业化改革以后，虽然仍沿用以前的名字，但其性质已有很大的不同，当然并不排除它在某种程度上还有非商业性业务，但从其性质上来看，它已经变成商业性金融机构。

（四）以"土地银行"命名的农业政策性金融机构

有些国家或地区则称为"土地银行"，这种把农业经营中最重要的生产资料——土地得以强调的做法早在历史上就有过。通过金融史的考察，我们发现在欧洲早期的一些资本主义国家就曾经建立过"土地银行"，包括沙皇俄国，后来在这些资本主义国家的殖民地国家也建立了以"土地银行"命名的金融机构，但需要指出的是，这种情况的金融机构还与现在有些国家或地区的"土地银行"有着本质的区别。因为早期的"土地银行"实际是以土地作为抵押品而发行货币，有时被称为"土地货币"的银行；而现在的"土地银行"则没有上述意义，而主要是为农业生产提供信贷支持的农业政策性金融机构。这种类型比较少，典型的如菲律宾土地银行（Land Bank of the Philippines），我国台湾地区也建立了"台湾土地银行"，其实台湾地区还有一家农业政策性金融机构，即台湾农民银行。

（五）以"公司"命名的农业政策性金融机构

在世界各国的农业政策性金融机构中，实际上很难看到真正政府部门意义上的机构（这种不包括那些农业政策性金融机构的管理机构，如美国的农业信贷管理局），而更多的类型是政府出资设立政策性金融机构，而这些机构则实行企业化经营，而且也讲求财务核算和盈亏核算，政府作为经营损失的承担者为这些机构的运营提供保障，在形式上这些机构也就表现为有限责任制的公司形式，无论是以"银行"命名还是以"公司"命名都是如此。只不过有些国家的农业政策性金融机构业务种类繁多，不仅提供一般意义上的银行业务，还提供诸如咨询业务、农业保险业务、农产品购销服务等，这样，这些机构从本质上讲就不是纯而又纯的"银行机构"，而变成金融超市或者业务更复杂的特殊企业。在这种情况下，这些机构称为"公司"还是可行的。

世界范围内，这种类型的农业政策性金融机构也不在少数。典型的如肯尼亚农业金融公司（Agricultural Finance Corporation，Kenya）、约旦农业信贷公司（Jordan Agricultural Credit Company）。1999 年以前，尼日利亚曾经设立了"农业和合作社银行有限公司"（Nigerian Agricultural and Cooperative Bank Limited），但是这一机构由于经营不善而到了破产的边缘，后来为了对农业部门增加信贷和便于直接控制和管理，尼日利亚联邦政府于 1999 年 12 月把已经破产的尼日利亚农业和合作社银行有限公司合并到尼日利亚人民银行（People's Bank of Nigeria，PBN），同时把家庭经济促进计划（Family Economic Advancement Programme，FEAP）进行改革组建新的尼日利亚农业合作社和农村发展银行有限公司（Nigerian Agricultural，Cooperative and Rural Development Bank Limited）。

实际上，按照英文名称日本的农林渔业金融公库（Agriculture Forestry and Fisheries Finance Corporation of Japan）也是一家公司。尤其是专门设立农业政策性保险业务机构的，更是如此，如菲律宾谷物保险公司（Philippine Crop. Insurance Corporation）等。

（六）以合作性金融机构为依托的农业政策性金融机构

有的国家是以合作社系统为依托的农业政策性金融机构，从性质上来讲，这些机构不能算是政策性金融机构，而是合作性质的机构，但是里面确实又带有政府干预、管理以及支持的重要成分，成为政府实施农业政策性金融政策的主要机构，因此这些机构又可以在某种程度上看作农业政策性金融机构。如韩国农业合作社联盟（National Agricultural Cooperative Federation，Korea），德国的雷发巽以及其他欧洲国家类似德国雷发巽的机构，如荷兰的拉博银行等。其实，上面提到的"农业合作社银行"也基本上与这种情况类似，但在运作方式上还是有差别的。

（七）以其他方式命名的农业政策性金融机构

在少数国家没有设立专门的农业政策性金融机构，但是这并不能说明这些国家不提供农业政策性金融业务，或者政府对农业政策性金融不重视。而实际上，这些国家则把农业政策性金融业务放到本国的开发性金融机构中提供，或者其他农业发展机构提供。这样可以与其他政策配套提供农业政策性金融业务，效果不一定就差。有些国家的农业政策性业务是由开发性政策性机构或者中央银行等提供的，典型的如所罗门群岛的开发银行（Development Bank of Solomon Islands）；在蒙古国农业政策性金融业务是由蒙古国农村发展促进中心（Mongolian Rural Development Promotion Center）提供的。意大利也没有专门从事农业政策性金融业务的金融机构，根据意大利银行法规定，1993年以前，只有罗马农业银行等几家专业性银行负责提供农业贷款。1994年为增加对农业信贷资金投入，在对农业信贷问题上引入竞争机制，修改了银行法。修改后的《银行法》规定，所有的银行都可以发放农业贷款，但目前仍只有几家银行发放农业贷款。意大利农业贷款实施优惠利率，这种优惠利率由国家统一制定，不同地区、不同贷款对象的贷款优惠利率水平有所不同。优惠利率与市场利率之间的利差由农业部在各地区的派出机构给予补贴。这种做法在世界范围内也较为特殊，其有效性仍有待于检验。从严格意义上讲，韩国的农业政策性金融机构也属于这种类型，因为韩国的农业政策性金融业务是由全国农业合作社联盟的金融部门提供的。

少数国家的农业政策性金融机构采取其他方式命名，一般情况下，从其名字很难看出其机构性质，但是这些机构却在行使着农业政策性金融的职能，这种情况较为少见。如阿塞拜疆农业信贷联合股份信用组织（Agro-credit Joint – Stock Credit Organization of Azerbaijan Republic）、澳大利亚的开发合作联盟（Australia's Development Cooperation Alliance）等。有的国家没有专门的机构经营，而是设立一种农业保障计划提供，这种做法主要是巴西，农民不仅可以从这个计划中得到贷款，而且那些为农民提供贷款的商业性金融机构还可以得到该计划提供的贷款保险，这一计划在巴西农业发展中也发挥了重要作用。这个计划是由巴西政府农业部、财政部、中央银行、巴西银行（国有商业银行）等组成管理委员会。政府财政每年从预算中投入一笔资金作为该计划的基金，同时参加该计划的农民要向该基金交纳一笔"附加费"（实际上相当于保险费），然后农民可以从银行得到该计划的贷款（贷款利率比一般商业银行贷款利率低一半多），同时，该计划对提供贷款的银行提供保险。实践证明，该计划的执行效果很好，有力地促进了农业发展。

二、农业政策性金融机构管理模式的国际比较

从一般意义上讲，农业政策性金融机构应该是政府的一个职能部门，因为毕竟它要执行政府的某些政策。但是通过对各国农业政策性金融机构的详细考察发现，事情并非如此简单：因为有些国家的农业政策性金融实际上在机构性质上已经有了许多重要变化。比如有的国家的农业政策性金融已经具有很强的商业性或合作性特征，有的国家的农业政策性金融机构已经归还了政府注入的资金等。总之，不同国家农业政策性金融的运行模式和组织模式已经有较大差别。应当承认这种差别是客观存在的，其原因在于各国的综合国力、发展水平以及在国际市场上的竞争地位存在差别，因此农业政策性金融模式的差别从另一个侧面也反映了其农业发展状况的差别。表现在管理模式上也十分复杂。

（一）专门的农业信贷管理局模式

前面的分析可以看出，美国的农业政策性金融体制是相当复杂的，从形式上看，这一体系就不止一家机构，而是由行使不同职能的机构形成的一个庞杂体系。复杂体系导致政府在管理时可能存在相当的难度，这主要表现在，政府必须在每个机构中都有强有力的监管力量并行使其职能；同时这些机构之间要有好的协调机制，以避免相互扯皮，但是这又谈何容易。

因此政府必须设立一个专门管理并协调这些机构之间关系的机构，同时这些机构可以基本按照企业的原则进行经营，这样就会大大降低政府的政策成本，从而有助于实现政府的政策目标。所以正是美国特殊的农业政策性金融体系就必然要求其设立单独的农业政策性金融监管机构，这在世界范围内都是罕见的，在其他政策性金融形式（如开发性政策性金融或进出口政策性金融）也是绝无仅有的，即使美国也是如此。

农业信贷管理局（the Farm Credit Administration，FCA or agency）是美国政府执行机构的一个独立机构，它负责对农场信贷系统（the Farm Credit System）内的银行、协会和相关实体的规则制定和检查，也包括对联邦农业抵押公司监督。根据当时的总统命令，该局最初创立于 1933 年。在 20 世纪 80 年代早期和中期，美国的农业金融进入了萧条时期，农业信贷也遭到金融危机的影响。1985—1987 年，国会通过了几部法律以应对当时的经济和农业条件。在经历了严重的通货膨胀和价格下降之后，80 年代中期的立法对农场信贷系统的结构和运营进行了几次重大调整，在国会的努力下导致了如下结果：农业信贷管理局（FCA）变成了一个完全独立的监管者；为保证私人融资援助提供一个有限的、临时的政府担保额度，从而加强了该系统的机构；风险资本标准被引进，该标准由农业信贷管理局决定；创立农场信贷保险基金，该基金从系统银行每年的盈余中获得融资；成立联邦农场信贷银行融资公司，由它负责系统内的证券销售。另外，该系统的机构也得到了强化。在 80 年代早期，农场信贷系统由 37 家银行和超过 1000 家借款协会组成。现在，该系统只有 6 家农场信贷系统银行和 200 多家的当地借款协会组成。80 年代末，农业开始从萧条中恢复，农场信贷系统也逐步走向健康。

该机构现在的职能是由 1971 年《农业信贷法案》授予的，该法案随后也得到修订。其使命是促进形成一个安全、稳健和竞争性的农场信贷系统。该局有一个专门的三人委员会，该委员会是根据国会上院（Senate）建议和同意并由总统任命的。总统有权指定该委员会的主席，他作为该机构的首席执行官（Chief Executive Officer，CEO）以负责对该机构的管理。该局委员会的三名成员也是农场信贷系统保险公司的委员会成员，但是后者的主席不能是农业信贷管理局的主席。通过这种权威设置就能很好地行使其职能，也能得到政府的直接管理。

从这里我们也可以看出，美国的农业信贷管理局实际上是美国政府手中的一条"纲"，由它控制着那些形形色色的职能机构，这些职能机构实际上是农业政策性金融体系中的"目"，纲举则目张，不管美国农业政策性金融体系多么复杂、多么庞大，也无论这些机构采取什么样的经营方式，它们始终是美国政府执行其农业政策的工具。

（二）政府部长兼任董事会主席模式

农业政策性金融从总体上来说是执行国家农业政策的，或者配合国家农业政策开展活动，以体现政府的政策意向，这一典型特征使农业政策性金融与政府农业管理部门存在天然的联系。几乎在所有国家都设立有专门执行农业政策的部级单位，典型的名称是农业部。鉴于此，政府一般都规定农业部与农业政策性金融机构的关系。有许多国家农业部长要么是农业政策性金融机构的最高决策者，要么是农业政策性金融机构的决策成员之一，这两种情况都很普遍。从另外的角度讲，农业政策性金融机构虽然主要执行农业政策，但是其执行政策并非下达指令或制定法规而已，更多的、一般性的业务是提供金融支持，而金融支持的资金来源大部分都是政府财政资金；也正是由于这一原因，农业政策性金融机构与本国的财政部有着密切的关系。因此有些国家为了加强对农业政策性金融机构金融行为的直接支持，一般让本国的财政部长兼任本国农业政策性金融机构的最高决策者。

有些国家的农业部长就兼任农业政策性金融机构的董事长或董事会主席。典型的例子，如摩洛哥国家农业信贷银行的董事会主席就是农业部长，根据1961年法律的规定，该银行的董事会包括11名成员，他们分别由财政部长、内务部长、经济部长、农业部长和中央银行指定；另外该董事会还有其他11名成员，他们分别代表农民、农业专业团体和农民会所（Farmers' Chamber），这些会所是由农民选举产生的，与其他类型的专业会所和团体一样，这些机构参与议会的间接选举。

有些国家是财政部长兼任农业政策性金融机构的最高决策者。典型的例子是菲律宾土地银行，其董事会主席由财政部长担任。1995 年，菲律宾对土地银行法进行了修订，增加该银行的注册资本到 90 亿菲律宾比索，同时正式确立该银行为政府财产存放处（Official Government Depositor），同时也增加该银行的董事会成员到 9 名，但董事会主席仍然由财政部长担任，副主席为该银行的行长兼首席执行官，另外 7 名成员包括农地改革部长、劳工部长、农业部长，还有两名农地改革受益人代表和两名私营部门的代表。1998 年，根据菲律宾总统、财政部的决定，该银行的注册资本增加到 250 亿菲律宾比索，在这种情况下，财政部对农业政策性金融机构的管理权限就比较大。

有的国家虽然财政部长不担任农业政策性金融机构的董事长，但是财政部是农业政策性金融机构的监管者，泰国是较为典型的：泰国农业和农业合作社银行（BAAC）是政府拥有的银行，要接受财政部的监管，其活动也仅仅被限定在为农业相关的活动提供融资。为激励该银行向农业提供融资，它享受某些优惠政策，如该银行被免除了某些税收（包括所得税）以及对存款的储备要求。

（三）内阁会议决定董事会管理模式

农业政策性金融的本质决定了其具有部分政府职能部门的性质，从这个角度讲，它本不应该有特别的监管部门，而应该像其他政府部门一样受政府直接管理，其实这种情况也是存在的，尤其是那些政府部门特色很浓的农业政策性金融机构，在这种情况下，政府往往加强其内部决策机构的权威，这一决策机构具有很强的独立性——加拿大就属于这种情况。

加拿大农业信贷公司的决策机构由内阁会议（Governor – In – Council）决定，它有权确定董事会的组成，包括董事长的任命。加拿大农业信贷公司的董事会由 12 名成员组成，除了首席执行官之外，包括主席、总经理兼首席执行官以及另外的 11 名董事，所有的董事会成员都要独立于管理层。由内阁会议任命董事会主席和总经理兼首席执行官；农业和农业食品部长在得到内阁会议同意的情况下任命所有其他董事。董事任期最长为 3 年，可以连续任命，该公司的董事会成员包括一些经营成功的基层的生产者和农业企业经营者。要成为该公司的董事会成员必须接受详细的专门教育，以满足该公司业务执行需要。从这里可以看出内阁会议的权威是如此之大。

（四）监管委员会管理模式

有些国家把监督政策性金融机构运行的权力委托给一个设在政策性机构内部的相对独立的机构来执行，这个机构与农业政策性金融机构董事会与管理层之间是监督与被监督的关系。日本农林中央金库的监管委员会制度就属于这种情况。

在日本农林中央金库法以及合作社法中规定，日本农林中央金库能够对农业合作社银行成员提供必要的指导，以重组农业合作社信贷业务，也能完成其作为一个金融机构的基本责任。为了实现这一职能，日本政府在农林中央金库设立了监管委员会，该委员会相对独立于农林中央金库的实际决策层和管理层。该委员会被授权制定有关日本农林中央金库的基本政策、重组和加强合作社信贷，处理有关农业、林业和渔业合作社的重要事宜，包括采取特殊的行动计划等。同时，董事会被授权，单个董事可以执行日本农林中央金库有关的金融责任相关的问题。董事会监督董事的业务执行情况，通过互相监督以确保该系统的正确性。除了这种相互监督，专门设计的审计委员会还要审计日本农林中央金库的业务实施情况。

从这里可以看出，实行这种制度可以有效地实行权力制衡，同时有利于日常业务监督。在这里把监督权、决策权、执行权进行了有效分离，从而在制度上保障了经营的合法性与合规性，同时能够使该机构的业务经营与政府意志保持高度一致。

（五）总统任命最高官员制度

在有些国家，由于农业政策性金融机构具有独特地位，所以政府一般都相当重视对这类机构的管理。在这种情况下，农业政策性金融机构一般是复合性质的机构，也就是它自身不仅提供农业政策性金融业务，还涉及与农业、农民以及农村发展的众多经济问题和社会问题。这种机构的多重使命性导致政府非常重视这类机构的管理，一般由国家首脑直接参与对该机构的管理。众多的情况是国家元首或政府首脑任命该机构的最高管理者。这种情况最典型的例子就是韩国。

从严格意义上来讲，韩国没有独立的、任务单一的农业政策性金融机构。因为韩国的农业政策性金融业务是韩国全国农业合作社联盟提供的，这个机构无论从名称上还是从性质上都看不出其作为农业政策性金融机构的特征，但是该机构却执行农业政策性金融机构的职能。在韩国，农业合作运动的历史悠久，农民的主观合作愿望也很强烈，而政府也倾向于扶持农业合作组织，所以韩国的农业合作经济组织得到了迅猛发展，在与农业有关的各个领域都有不同性质的合作机构，同时在不同的行政级别上也对应着不同层次的农业合作组织的联合机构。全国农业合作社联盟就是全国农业合作组织的最高机构，这一机构为基层的农业合作组织提供管理、指导和相关服务。所以在韩国形成了从上到下的农业经济合作组织，而这一结构正好为国家执行农业政策提供了得天独厚的条件，政府在执行某些农业政策时不必单独设立专门的机构行使，在很多情况下直接委托给全国农业合作社联盟完成即可。在这种情况下，政府不用担心政策的扭曲和不到位，因为这些组织本身就是农民的"自愿"组织，它们的使命就是为农民社员提供服务。在韩国，全国农业合作社联盟的主席由国家总统根据农林部长（Minister of Agriculture and Forestry）的推荐正式任命。另外，在新修订的法律中，董事会成员由过去的6名增加为19名，其中11名成员为非常任成员，由初级合作社的主席组成另外的8名成员是该联盟的专门经理。这一结构完全是"官民结合"的。

（六）农业部长任命董事会成员制度

农业政策性金融机构作为执行政府政策的工具与政府农业职能部门有着必然的联系，单就执行政策的范围来看，一般情况下前者的业务范围要远远比后者狭窄，因为前者主要是提供资金支持等金融业务，以实现政府的农业政策目标。在这种情况下，政府为了保持农业政策的协调性，一般都规定政府农业职能部门对后者的管理，如前面曾提到农业部长有时就直接担任农业政策性金融机构的最高决策者，但是在这种情况下，农业部长无权决定董事会的组成，其权力相对较小，受到其他董事会制约。而在有些国家则赋予政府农业职能部门对农业政策性金融机构相当大的管理权力，在这种情况下，农业部长不仅可以任命农业政策性金融部门的董事长，而且还任命董事会的全部成员。农业政策性金融机构实际上已经成为农业部的一个职能部门或政策工具。

这种情况以南非农业政策性金融机构最为典型。南非土地和农业发展银行法规定农业部长必须任命一个董事会以管理该银行的业务。农业部长负责关于农业、农地改革和与之相关问题的政策的制定，以及在不违背农业政策性金融法的情况下对南非土地和农业发展银行的董事会提供政策指导。法律规定土地和农业发展银行的董事会成员不能少于 7 名，也不能多于 12 名，其中董事会成员的大多数服务于非职能部门；首席执行官是该银行董事会成员之一，也是该银行的执行董事；农业部长可以任命该银行的任何其他职员作为执行董事，只要该职员一直在该银行工作；农业部长必须指定董事会的一名成员作为该董事会的主席，另一人作为副主席。

从这里可以看出，南非农业部对南非土地和农业发展银行拥有相当的控制权力，在这种情况下，政府无须再设立专门的监管机构对农业政策性金融部门进行监督，农业部本身通过对农业政策性金融部门的最高决策层的任命就实施了对后者的监管。这种做法能够有效地减少政策运行成本，使农业政策性金融的业务方向与政府的农业政策相一致。但是农业部长的权力过大可能削弱农业政策性金融机构的业务自主能力和创新能力，同时也可能使农业政策性金融机构具有浓厚的政府"官办"色彩，经营效率不一定理想，其效果有待观察。此外，"三农"问题不仅仅是经济与金融问题，也是社会政治问题，由农业部长统管涉及全社会利益的农业政策性金融机构恐不合适，也不尽得体。

第五章 农业政策性金融机构
外部关系的国际比较

一、农业政策性金融机构与政府关系的国际比较

农业政策性金融机构作为执行政府农业政策的特殊政策工具，与政府具有天然的联系，只不过由于各国农业政策性金融的发展历史、运行模式以及经营机制存在差别，其与政府之间的关系也千差万别。有些国家的农业政策性金融机构实际上是一种准政府机构（Quasi – Governmental Agency），有些国家的农业政策性金融机构已经脱离政府的控制，具有商业性或合作性气息很浓的特殊市场主体。

（一）政府作为政策性金融机构的发起人

各国农业政策性金融一般都起源于政府的直接或间接推动，而前者居多；后者则多存在于一些西欧发达国家。

美国的农场信贷系统就是由美国政府直接发起设立的。该系统创立于1916年，当时国会授权成立联邦土地银行，而且该系统也是最古老的政府发起企业（Government Sponsored Enterprises）。当确定需要另外的农业信贷时，国会在 1923 年批准成立联邦中期信贷银行（Federal Intermediate Credit Banks），在 1933 年成立合作社银行（Bank for Cooperatives, BC）从而使该系统获得了扩大。1988 年，《农场信贷法案》修订，该法案要求合并联邦土地银行（Federal Land Banks）和联邦中期信贷银行，从而形成了农场信贷银行（Farm Credit Bank, FCB）。此次立法也授权其他类型的系统机构进行合并，

包括农场信贷银行和合作社银行的合并，以及联邦土地银行合作社（Federal Land Bank Association，FLBA）或联邦土地信用合作社（Federal Land Credit Association，FLCA）与生产信用合作社的合并，从而形成农业信贷合作社。根据《农场信贷法》的规定，系统机构是美国的政策工具，它们要接受农场信贷管理局的监督、检查和管理，该局是国会成立的作为农场信贷系统的独立的联邦监管者。从这里看出，美国农场信贷系统内部的相关机构都是由美国政府通过立法方式直接发起设立的，人为构造特征相当明显。

日本农林金库也是在政府推动下设立的。它成立于1923年，是一家准政府机构（Quasi‑Governmental Financial Institution）。当时根据《农林中央金库法》由政府出资20亿日元，在中央设立了专门负责农村信用业务的农林中央金库，设立28个分库。随着农林中央金库业务的逐步发展，资金力量不断增强，1959年全部偿还政府资金后，成为民办的机构，被私有化。日本农林金库是日本最大和最卓著的银行之一，其资金来源主要是吸收农村存款，服务对象原则上限定在农协系统内部作为会员的农户和农业团体，且不以营利为目的。

发展中国家的农业政策性金融机构一般成立比较晚，几乎全部都是在政府的推动下成立的。菲律宾土地银行1963年根据《农业土地改革法案》建立，目的是为那些对小土地所有者转卖农业不动产和分销活动以及农业承租人购买土地提供融资。当时的注册资本为15亿菲律宾比索，创始资本为2亿菲律宾比索。

（二）政府设立专门的管理机构

有些国家的农业政策性金融机构实际上是多种机构的一个系统复合体，而这些系统复合体中包含众多的机构，机构之间实行职能分工，各司其职，互相之间不具有管理监督作用，而是处于平行的关系。在这种情况下，为了协调各种机构之间的关系，顺利实现政府的政策意图，就有必要设立一个具有监督管理职能的政府部门以发挥上述职能。这种情况以美国较为典型。

美国农业信贷管理局是美国政府执行机构的一个独立机构，它负责组成农场信贷系统的银行、协会和相关实体的规则制定和监督工作，也包括对联邦农业抵押公司的监督管理。该局最初创立于 1933 年，现在的职能是根据 1971 年《农业信贷法》授权的。其使命是促进形成一个安全、稳健和竞争性的农场信贷体系。农业信贷管理局有一个专门的三人委员会，作为该机构的首席执行官，以负责对该机构的管理。农业信贷管理委员会的三名成员也是农场信贷系统保险公司的委员会成员，但后者的主席不能是农业信贷管理局的主席。像美国这样单设专门的农业政策性金融管理部门的情况在国际上也比较罕见。

(三) 政府部门负责人担任农业政策性金融机构的主要负责人

农业政策性金融机构在执行国家农业政策时，必然涉及一些相关业务部门，具有重要关系的部门一般包括：财政部，具有财力支持作用；农业部或土地管理部门，具有专业的指导作用；中央银行，具有融资支持的作用。鉴于这种考虑，国家可以指定这些部门的负责人担任农业政策性金融机构的负责人，以便为农业政策性金融机构执行任务提供方便。这种情况以菲律宾土地银行的情况较为典型。菲律宾土地银行成立时的董事会除主席以外有 4 名成员，其中包括当时的土地管理当局，也就是现在的农地改革部的部长，还有 1 名优先股东，它接受菲律宾中央银行 (BSP) 的监管，对所有的经营活动、财产等都实行免税政策，也免除对中央政府支付各种现金和红利。当时的农业信贷管理局 (Agricultural Credit Administration, ACA) 负责为农民合作社和小型农民提供信贷援助。1965 年，菲律宾确定了土地银行的章程，建立起银行的组织框架和经营方针，1966 年成立托管人委员会 (Board of Trustees)，并由财政部长担任主席。

(四) 政府对农业政策性金融机构实行特殊政策

农业政策性金融机构作为一种特殊的机构，一般都不以营利为目的，但是各国的农业政策性金融机构又都无一例外地实行企业化经营。在这种情况下，必须对农业政策性金融机构实行某些特殊政策，以增强其生存能力，这是减轻财政负担，提高农业政策性金融机构积极性的一种措施，也是变相对农业提供支持的一种途径。有些国家的农业政策性金融机构本身就是建立在合作经济基础之上的。各国一般都对合作经济组织实行优惠政策，以支持这种特殊的经济组织形式，从而最终起到支持农业的目的。比较常见的优惠政策一般包括免税政策和融资支持政策。

各国农业政策性金融机构一般都享受减税或免税政策，如菲律宾土地银行、泰国农业和农业合作社银行以及一些以合作经济为基础的农业政策性金融机构等。各国政府一般都给予本国的农业政策性金融机构一些融资支持政策，以增强其资金实力。比较典型的做法是提供财政支持，或以政府的名义发行债券，或者中央银行提供再贷款。泰国农业和农业合作社银行则享受一种特殊的融资支持政策，即政府规定各商业银行必须把其存款的一部分投资在农业领域，而为了降低运营成本，商业银行的普遍做法是把这个比例的资金委托给泰国农业和农业合作社银行。泰国银行（泰国的中央银行）要求所有的商业银行至少把其存款的 20% 投资在农业上，既可以直接投个人，也可以通过泰国农业和农业合作社银行来实现。而商业银行大都选择了后一种方式，这为该银行提供了大量稳定的资金来源，与这些存款相关的盘活和服务成本都是由商业银行承担的，而不是由泰国农业和农业合作社银行承担。

（五）部分具有政府部门的性质

有些国家的农业政策性金融机构具有很强的政府部门性质，也就是除具有经营职能外，还具有一定的管理职能。这种管理职能实际上对其执行职能起到了辅助作用。这种情况很类似于美国的信贷管理局模式，事实上，菲律宾土地银行的部分职能就是包含了以前的菲律宾农业信贷管理局的职能。

1982 年对农民提供金融援助的一体性方法改革，也就是废止原来的农业信贷管理局，其职能全部转移给菲律宾土地银行。1987 年，创立了农地改革最高委员会（Presidential Agrarian Reform Council，PARC），作为综合农地改革计划的最高决策和协调机构，以确保对农地改革提供有效及时的服务，同时建立农地改革基金（Agrarian Reform Fund，ARF），其暂定资金总量为500亿菲律宾比索，款项来自资产私有化信托（Asset Privatization Trust）和优良政府最高委员会（Presidential Commission on Good Government），菲律宾土地银行对土地所有者提供的援助包括三个方面：投资信息和咨询援助、负责转换菲律宾土地银行农地改革债券和以政府资产为基础发行的政府股票、交易菲律宾土地银行发行的农地改革债券。1988年，菲律宾政府扩大了农地改革的范围，包括所有的公共和私有农业用地以及其他适合农业用的公有土地，允许对土地所有者支付25%～35%的现金，其余款项以10年期农地改革债券支付（相当于91天财政债券的收益）的决定，同时把菲律宾土地银行正式确定为农地综合改革计划的金融中介机构。1990年，把属于农地改革部（Dept. of Agrarian Reform）所属的在农地综合改革计划下的决定土地估价和对所有土地补偿的权力转移给了菲律宾土地银行。同时，菲律宾土地银行建立了地区土地估价和土地所有者补偿办公室（Land Valuation and Landowners Compensation Offices，LVLCOs）以执行土地估价和土地补偿工作。可见菲律宾土地银行本身承担了相当部分的政府职能。事实上，日本的农林中央金库也具有政府部门的性质，在日本的相关法律中就规定，日本农林金库是一家准政府金融机构。

有些国家的农业政策性金融机构发展得比较成熟，离政府的距离也相对较远，具有很强的相对独立性，这些机构已经看不见其政府部门的性质。那些建立在合作经济基础之上的农业政策性金融机构就属于这种情况。比较典型的就是德国的雷发巽中央合作银行。韩国的全国农业合作社联盟也是作为韩国农业合作社的代表和一个非政府组织形式出现的。

二、农业政策性金融机构与合作金融机构关系的国际比较

农业政策性金融机构作为执行农业政策的特殊部门或机构，在执行具

体业务时通常会遇到一个比较尖锐的矛盾，就是服务对象的分散性与业务运行成本之间的关系。如何处理好这个矛盾实际上也能影响农业政策性金融机构的生存与否。而农民合作经济组织的出现为解决这一问题提供了条件。事实上，无论是发达国家还是发展中国家的农业政策性金融机构无不与本国的农业合作经济组织有着千丝万缕的联系，而这种联系本身就是克服上述矛盾的具体表现。农业政策性金融的这种独特性在其他政策性金融身上是没有的，比如开发性政策性金融组织或者进出口政策性金融组织等。

（一）农业政策性金融机构本身就是合作性经济组织

有些国家的农业政策性金融机构本身就是合作经济组织。而其中，又包括具有单一金融服务职能的机构和具有复合功能的机构。前者如西欧国家的一些合作性质的农业政策性金融机构；后者比较典型的是韩国的农业政策性金融机构。

韩国的农业政策性金融机构包括全国农业合作社联盟（The National Agricultural Cooperative Federation，NACF）和全国渔业合作社联盟（Central Fishing and Fishery Cooperation，CFFC）。这两个联盟本身不只具有金融功能，而是包含供销职能、生产职能的综合性合作经济组织。其中，全国渔业合作社联盟是渔业合作社的联合组织，1962 年 4 月 1 日成立，目的在于改善渔民生活条件，提高海产品加工的带动生产率。中央联合会和各渔业合作社通过其信贷部为渔民地力政府机构、非营利机构提供银行服务，专门为渔民和有关企业融通资金，并充当政府机构和其他金融机构的代理人，其资金来源有公众存款、从政府和韩国银行借款等。全国农业合作社联盟是地区性农业协同组合的中央组织，在韩国，农业协同组合又称农业合作社，是农民自愿组成的互助组织。根据 1961 年《农业协同组合法》在原农业协同组合和韩国农业银行合并的基础上建立起全国农业合作社联盟，作为农业合作社联合的中央机构，全国农业合作社联盟的建立和业务活动均得到政府的大力支持，它与日本、法国等其他国家农业合作社的一个重要不同之处在于它的全国系统不是自下而上逐级联合形成的，而是自上而下由政府的推动与支持层层建立的全国农业合作社联盟，实际上充当了政府政策性金融机构的角色。全国农业合作社联盟及其成员合作社建立的目的是加强其成员农民的社会和经济地位以及平衡本国经济的发展。在过去的40年中，该联盟通过执行其不同的业务活动，一直支持农民、农村社区和农业，如产品交易和生产要素供给、金融和信贷、保险业务以及扩充和指导服务等。在2000年6月1日，以前的全国农业合作社联盟、全国牲畜合作社联盟（National Livestock Cooperative Federation，NLCF）以及全国高丽参合作社联盟（National Ginseng Cooperative Federation，NGCF）合并成了现在的新的全国农业合作社联盟，从而为进一步促进成员农民的利益和权利提供了稳固的组织基础。为此，该联盟将把工作的焦点设定在改善农业交易、提高韩国的农业竞争力以及为成员农民建立一个非凡的服务体系上。

有些国家的农业政策性金融机构是建立在农业合作经济基础之上的，其主要特征：农业合作经济组织参与农业政策性金融机构的股份；农业政策性金融不提供或很少提供零售性业务，而是通过对农业合作经济组织的支持实现其职能；农业政策性金融机构与农业合作经济组织之间具有相对独立性。这种情况以日本的农林中央金库最为典型。农林中央金库是日本农业、林业和渔业的合作社系统的中央银行。它从合作社成员那里可以得到持续的资金供应。农林中央金库通过对各种金融产品进行投资而执行高效率的和有弹性的资产管理策略。其经营建立在全球的规模上。通过这些活动挣得的利润被持续地返还给其成员。日本的农业合作社十分复杂，包括地方农民、渔民和林业业主的农业合作社、渔业合作社和林业合作社，这些合作社再组成高一层的地方性组织，最后整个结构由国家级的组织所覆盖。这些机构发挥专门的业务职能，包括顾问职能、购销职能、融资职能和互助保险服务（农业合作社和地方性林业合作社协会联盟不提供这些金融职能）。三层合作社体系通过资本认购、管理、业务联系和在日本经济中占有的重要地位而形成一个紧密的体系。日本农林中央金库作为合作社的中央银行，通过合作社体系提供贷款，并且获得合作社和地方合作社联盟的资金。日本农林中央金库在整个合作社体系中扮演着资金供给的中介和进行调剂余缺的职能，并为其他的国家级联盟提供融资。农业合作社银行是由农业合作社（JA）、信农联（Shinnoren）和农林中央金库组成的集团的一个特殊称谓，所有这些机构都是农业合作社银行的成员，它们统一经营，以增加效率为最终目标。2001 年 1 月，农业合作社银行成员基于相关法律形成了"农业合作社银行基本政策"，这项政策的目的在于创造一个稳健的合作社信用体系，以使其成为一家更受信任的和为顾客提供更好服务的金融机构。这些政策作为其行动的指南，已经得到其成员的一致同意。基于这些政策，其成员将会追求更加统一的业务经营以增加其竞争能力和提高其信誉。为了使合作社金融系统正常运行，合作社银行系统总部已经在日本农林中央金库内部成立。

（二）农业政策性金融机构起源于农业合作金融机构

西欧国家的许多农业政策性金融机构起源于合作金融组织。只不过后来经过发展演变，政府赋予了其农业政策性金融的职能。其中以法国的农业信贷银行最为典型。

法国农业信贷银行形成于 19 世纪末期，主要是为农民提供一些融资工具，这些工具是为解决农民的特殊需要，主要是提供长期贷款以及灵活期限的贷款。在开始的时候，该银行首先是从基层建立起的，当时主要采取了互助信贷公司（Mutual Credit Company）的形式，受到法国政府的支持。该银行在 1967 年获得财务上的独立性，1988 年从政府监管中解放出来。法国的农业政策性金融体制也是建立在合作金融基础之上的，与合作金融一起，呈现出"金字塔"结构，处于最上层的就是法国农业信贷银行。

（三）农业政策性金融机构通过合作经济组织完成其职能

为了减少农业政策性金融机构的运行成本，有些国家的农业政策性金融机构在提供政策性业务时是通过对农业合作经济组织的支持实现的。这种情况包括两种：一是全部业务都通过农业合作经济组织来实现，二是部分业务通过合作经济组织来实现。

韩国的农业政策性金融机构基本上都是通过合作经济组织来实现的。据统计，政府对农业发放的低息政策性贷款，90%以上是通过中央会及各级农协转贷给农民的；韩国农业协同组合起初是由中央、市（县）、基层农协三级组织构成的，后来韩国政府又将三级组织改为两级组织，市（县）级农协改为中央会的派出机构，目的是减少中间环节，加强全国联盟与基层农协的联系，并按经济区域重新设置基层农协，减少数量，扩大规模，朝着综合性方向发展。目前，基层农协有1500多个，全国90%以上的农户加入了农协。可以看出，在这种情况下，前提条件是绝大多数农民是农业合作社的社员，否则，将有一些非社员农民难以得到政府的农业政策性金融业务支持。

印度国家农业和农村发展银行也是通过邦合作银行以及合作社完成其部分业务的。经过印度储备银行的批准，国家农业和农村发展银行的再融资可以对邦土地开发银行、邦合作银行、地区农村银行（Regional Rural Banks，RRBs）、商业银行（Commercial Banks，CBs）以及其他由印度储备银行批准的金融机构提供资金支持。投资信贷的最终受益人可以是个人、合伙企业、公司、邦政府拥有企业或合作社；生产性信贷一般直接给个人提供。国家农业和农村发展银行对短期合作社组织（州合作社银行、区域中心合作银行、农业信贷初级社）提供的信贷业务包括：（1）短期谷物和其他贷款；（2）中期转换贷款；（3）投资目的的定期贷款；（4）生产和交易目的的融资；（5）通过州合作社银行为邦手摇织机发展公司的营运资本融资。对产业合作社、森林劳动合作社和农村工匠提供的融资；该银行为邦合作银行提供再融资便利，然后由它再为产业合作社（不包括纺织工）、森林劳动合作社和农村工匠提供融资，有资格获得这种贷款的活动包括乡村、村舍和小规模的初级产业合作社的生产和交易活动以及商品的制造、加工和销售活动，还包括小规模的林产品的收购和交易活动等，贷款利率对高级社（Apex Societies）来说为7.5%，对初级社（Primary Societies）来说为7%。对邦合作银行和地区农村银行提供的非计划性中期贷款，有资格的活动是不包括在自动再融资计划（Automatic Refinance Scheme，ARS）下的由该行信贷政策批准的22种农业生产活动，贷款期限一般为3~5年，利率为7%。

（四）农业政策性金融机构针对合作经济的支持计划

合作经济组织在某些国家的农业生产中发挥着重要作用，如何实现对农业合作经济的支持也是政府农业政策的重要组成部分。政府建立农业政策性金融机构以后，可以通过两个渠道对农业合作经济组织提供支持：一是对各种各样的非金融合作经济组织提供支持，如各种生产合作社及供销合作社等；二是对农村合作金融组织的支持，如合作银行、信用合作社等。

在印度，农业政策性金融机构就是通过这两种渠道对农民提供支持的。在印度的农村信贷体系中，合作性金融结构（Cooperative Banking Structure）占有独特的地位，合作性金融机构已经存在大约一个世纪，而且现在已经获得了极大的发展。自从其诞生起，就在短期和长期信贷方面发挥了关键的作用，推动了农业和农村的发展。多年来，它们一直是农业和农村信贷领域的主要金融机构，有其巨大的网络、广泛的覆盖面和对偏远地区的触及等优势。虽然有些商业银行自从国有化以来也进入农村地区，开设了许多分支机构，地区农村银行也已经建立起庞大的农村分支网络，但合作社一直发挥着重要作用。特别是有些小的聚居区，合作社没有竞争者，不能被取代。这些机构存在的原因在于：它们为农民、工匠所有，它们以促进储蓄和互助为目标。印度政府在1999年4月成立了分析合作信贷系统以及提出加强其措施的工作小组，在印度储备银行一名高官的领导下展开工作。该委员会为政府提出了如下建议：增强合作银行的资金来源，减少政府对合作社的控制，给予它们最大限度的自主权，使其真正成为"成员推动"的机构；根据合作社法的要求，使其像专业组织一样有健全的管理体制，通过经营各种产品达到分散化经营；合作银行必须采取必要的措施以确保其生存能力，同时采取措施使那些有潜在生存能力的合作银行进行重新调整；在农业和农村发展银行建立合作社复原和发展基金，在邦一级建立互助基金（Mutual Assistance Fund）；在合作银行的恢复过程中政府要给予必要的支持；增加合作银行方面的透明度和信息披露规范。

三、农业政策性金融机构与商业性金融机构关系的国际比较

从功能上看，一国的金融体制包含商业性金融和政策性金融。二者在不同的领域有不同的比例和发展空间。一般情况下，商业性金融占据主体地位，而政策性金融起到辅助作用，但是在有些领域也并非如此，比如在农业保险领域，事实上占据主体地位的是农业政策性保险。如何处理好政策性金融与商业性金融的关系也是政府在制定政策时必须考虑的因素之一。在农业金融领域，政策性金融与商业性金融基本上存在以下几种关系。

（一）商业性金融机构作为政策性业务的中介

有些国家的农村金融体制呈现出多元性，既有农业政策性金融，也有商业性金融，还有合作性金融。农业政策性金融考虑到运行成本问题，完全可以把商业性金融和合作性金融作为自己的代理人或中介实现其支持农业的目的。

以印度为例，经过印度储备银行的批准，国家农业和农村发展银行的再融资可以对邦土地开发银行（State Land Development Banks，SLDBs）、邦合作银行（State Cooperative Banks，SCBs）、地区农村银行（Regional Rural Banks，RRBs）、商业银行（Commercial Banks，CBs）以及其他由印度储备银行批准的金融机构提供资金支持。投资信贷的最终受益人可以是个人、合伙企业、公司、邦政府拥有企业或合作社；生产性信贷一般直接给个人提供。该银行对商业银行的再融资便利包括两个方面：（1）为投资目的的长期信贷；（2）为纺织合作社和州手摇织机发展公司提供营运资本融资。

（二）　商业性金融机构与农业政策性金融机构相互参股

在一些商业性比较浓厚的农业政策性金融机构中，这些机构不仅在业务上相互参与，而且在资本形态上也相互渗透。这种渗透的目的是，商业性金融可以借助农业政策性金融的客户基础和特殊政策，政策性金融机构可以借助商业性金融的资金实力和营销网络。二者在互相参股的基础上实现"共赢"的目的。在这方面，法国农业信贷集团是比较典型的。

法国农业信贷集团是以法国信贷银行战略联盟（Credit Agricole S. A.）为核心的一个网络体系，包括法国农业信贷银行战略联盟、地区银行、全国农业信贷联盟（FNCA）、附属机构以及全球网络。该集团是一个主要从事零售金融业务的领航者，它通过其巨大的网络体系为 1600 万客户提供服务，总共 7230 个分支机构。除提供一些基本的金融服务外，法国农业信贷集团还为客户提供广泛的金融服务和保险产品，该集团在公司金融业务、投资银行业务、资本市场以及国际业务等方面有突出的表现，目前已经在多个国家开展业务并设立机构。该集团在资产管理和私人金融市场方面获得快速的发展，同时该集团正在构建其欧洲发展战略（European Dimension）。为了实现这一战略目标，它正在大量收购网络银行的权益资本，这些银行在其本国市场上能够发展得较好，而且还与其他大的金融集团展开多方面的合作。法国农业信贷银行战略联盟的股票从 2001 年 12 月 14 日开始挂牌交易，这显示了该集团逐步增长和进一步发展其所有业务线以及追求其战略目标的雄心。在这个信贷集团中，法国农业信贷银行战略联盟对里昂信贷银行持有 90% 多的股份，对地区银行持有 25% 的股份，而地区银行对地区银行权益控股公司持有 100% 的股份，地区银行权益控股公司对法国农业信贷银行战略联盟持有 51.5% 的股份。

（三）　政策性金融机构成为商业性金融机构的代理人

一般情况下，政策性金融机构把商业性金融当作自己的代理人，而很少出现反过来的情况。但是，这并非不可能，在特殊情况下，农业政策性金融机构会成为商业性金融机构的代理人。应该说这种情况是比较例外的。

泰国政府为引导商业银行向农业提供融资支持。泰国银行（泰国的中央银行）要求所有的商业银行至少把其存款的20%投资在农业上，既可以直接投入，也可以通过泰国农业和农业合作社银行来实现。而商业银行大都选择了后一种方式，这为该银行提供了大量稳定的资金来源，而与这些存款相关的盘活和服务成本都是由商业银行承担的，而不是由泰国农业和农业合作社银行承担。

（四）小额信贷成为农业政策性金融的一部分

小额信贷是一种比较特殊的融资方式。这种融资方式存在的最终原因在于，借款人受到经营能力、经营规模的限制不需要大额的贷款业务，而却需要一些机动灵活的小额贷款。但是这种需求并不一定得到满足，即使在利率比较高的情况下也是如此。比如一些从事批发性业务或者规模比较大的金融机构一般不愿意提供这种业务，原因是小额贷款业务的平均成本要远远高于其他业务的边际成本。在这种情况下，需要一些小型金融机构或者农业政策性金融机构提供这种业务。目前，理论界仍然没有对小额信贷性质的界定，事实上这种业务是一种介于政策性业务和商业性业务之间的业务。有些国家的农业政策性金融已经开始尝试提供这种服务。

在发展中国家中，印度政府就建立了一种被称为"地区农村银行"的农村金融组织，印度农业政策性金融机构就对地区农村银行提供支持，而地区农村银行则提供一些小额信贷业务。印度政府认为，尽管合作社和商业银行对农村提供了大量的信贷，但是调查发现，大部分穷人一般不能得到信贷和其他金融服务，为了对穷人提供低成本的金融服务，一种新式银行就在农村建立起来，这就是地区农村银行（RRBs），其目的是为农村人口中的那部分弱势群体（Weaker Sections）提供金融服务。1975年刚开始经营的时候只有6家地区农村银行，到2001年3月31日为止，全国共有100家地区农村银行在500个区域经营，网络分支机构达到14313个（这不包括一些零星的小分支和临时性的柜台）。其分支机构数占所有商业银行总网络分支机构数的 37%。

　　泰国农业和农业合作社银行业开始尝试提供部分小额信贷业务。从 1998 年开始，泰国农业和农业合作社银行在德国技术服务局的帮助下，已经实施了针对极端贫困客户的小额信贷计划试验工作。2000 年末，泰国农业和农业合作社银行已经确定了 406 名微型贷款客户，他们中的大多数是妇女。南非土地和农业发展银行也提供微型贷款（小额贷款）。该银行为那些从事小型农业企业经营而不能从其他金融机构获得贷款的农民提供微型贷款，该银行认为小额贷款能够有助于农民形成良好的借款记录，以为日后获取大额贷款提供基础。

第六章 农业政策性金融机构组织与治理模式的国际比较

一、农业政策性金融机构组织模式的国际比较

由于不同国家农业经营的状况具有较大差别，所以它们在选择农业政策性金融的组织模式方面也存在重大差别：综观世界各国的农业政策性金融的组织模式，可谓千差万别。我们通过研究发现，不同的国家有不同的组织模式，这一点在发达国家之间表现得相当明显。由于发展中国家建立的农业政策性金融体制较晚，资本实力严重受到制约，所以发展中国家的农业政策性金融组织模式一般为总分模式，典型的就是总分行模式，而且机构比较单一。

(一) 独特的多元机构设置模式

在前面的国别比较中我们看出，美国的农业政策性金融体系是相当复杂的。这种复杂性主要表现在以下两个方面：(1) 机构的非单一性。在美国的农业政策性金融机构中，除了美国农业信贷管理局作为监管机构以外，我们很难找到其他机构中哪一个是主体或主导机构，因为这些机构各司其职，各自行使不同的功能。(2) 机构之间不存在交叉关系。这一点不像其他国家，如法国的农业政策性机构，复杂的机构群之间存在交叉持股的现象。而美国的农业政策性金融体系中，不同性质的机构仅仅具有业务关系，一般不具有监督和被监督、管理和被管理的关系。

美国的农业政策性金融体系的多元机构中典型机构主要有四类：

（1）系统机构。这些机构是根据联邦法令创立且受其管制的，是联邦政府关于进一步执行有关扩大对农业生产者的信用支持和对其有益的政府政策工具（见表6-1），这些机构的类型也十分复杂，形式多样，功能各异。（2）系统实体机构。系统实体机构主要有三家，包括联邦农业信贷银行融资公司、农场信贷系统金融援助公司和联邦农业抵押公司：它们的主要职能是为上述系统机构提供某一特定方面的服务。（3）其他服务性机构。（4）农场信贷系统保险公司。这一公司与上述机构的关系类似于美国的联邦存款保险公司与一般商业性存款机构的关系，所以农场信贷系统保险公司本质上是一家存款保险公司，其目的是为系统机构的融资业务提供信用支持。

表6-1　系统机构数量变动情况

时间	银行			协会				合计
	FCBs	ACBs	BCs	ACAs	PCAs	FLCAs	FLBAs	
1998年1月	6	1	1	60	64	31	48	211
到2002年1月变动	0	0	-1	21	-54	-12	-48	-94
2002年1月	6	1	0	81	10	19	0	117
到2003年1月变动	-1	0	0	5	-10	-6	0	-12
2003年1月	5	1	0	86	0	13	0	105

注：FCBs：农场信贷银行；ACBs：农业信贷银行；BCs：合作社银行；ACAs：农业信贷合作社；PCAs：生产信用合作社；FLCAs：联邦土地信贷合作社；FLBAs：联邦土地银行合作社。

美国农业政策性金融机构的多样性是以美国强大的经济实力为背景的，同时，这种多样性背后所隐藏着的正是美国政府对农业"无微不至"的关怀，政府对农业的态度从这些复杂的机构上可以略见一斑。

（二）总分行模式

大部分发展中国家的农业政策性金融机构都是单一型金融机构，且实行总分行制度。也就是国家在总体上只设立一家政策性金融机构，由其全权处理本国的农业政策性金融业务。另外，这种模式的组织形式，就是在总行设立各种职能的部门，然后在地区设立分支机构，分支机构中的职能部门与总行具有对应关系，另外，不同国家还根据本国的具体情况，在不同级别的政府行政区域设立级别不同的分支机构。典型的如前面提到的泰国农业和农村发展银行、菲律宾的土地银行等。

此外，摩洛哥国家农业信贷银行也属于这种类型。（1）该银行在总行设立了行使各种职能的总部部门。包括两个总部处，即监管处和法律事务处，附属于董事长办公室，另外还有一名顾问和一名审计师协助董事长工作。副董事长对总部业务部门和地区分支机构的日常经营拥有广泛的权力，在董事长缺席的情况下可以代表董事长。其他在副董事长领导下的总部职能部门包括贷款理事会、贷款回收网络理事会、计划和预算理事会、金融资源和国际金融交易理事会、人力资源和设备理事会、信息理事会、会计和回收理事会、培训和继续交易理事会、交易和公共事务理事会。（2）地区机构设置。有遍布全国的地区机构，其中每个地区机构负责几个省的事务，其执行机构包括四个层次：省分行、地区银行、金融事务处和季节性窗口（办公室）。省行和地区银行主要承担农业贷款活动、金融服务，包括吸收存款和开设储蓄账户；而事务处仅处理常规的金融服务，当然不包括农业贷款。从地理分布上来说，地区银行构成了人事金字塔的基础，它们遍布所有的各种规模的村落。省行负责监督地区银行和事务处，并在其所在地区代表总部与当地政府打交道。季节性窗口是一些临时性的职能部门，它们主要在农忙季节时的借贷期间开放，负责收集贷款申请，并在一周之内与最近的地方银行一起完成贷款程序，并支付批准的贷款，这可以节省一些农民到地方银行办事的旅行费用和麻烦。

中国农业发展银行也基本上属于这种类型，包括总行、省分行（一级分行）、地区分行（二级分行）以及县支行四级。这种设置模式与中国的农业政策性金融业务的狭窄性有关，因为中国的农业政策性金融主要提供粮棉油收购贷款，基本不直接与农民打交道。

（三）农业合作社中央银行模式

由于农业的自然性特征，所以农业政策性金融业务在不同地区就会有不同的形式和内容，这一点是客观存在的。所以那些自然条件差别较大的国家一般在设立农业政策性金融体制时都会考虑到这一因素。也正是由于这一特征，农业政策性金融在设立分支机构时就会遇到一些问题，到底是应该按照行政区划设置还是按照农业经济区域设置。由于农业政策性金融本身具有政府支持的色彩，所以从地区利益角度考虑，任何一个区域都不想错过这样的"廉价"金融资源，但是中央政府从整个国家的角度考虑问题时就会有所侧重，有些地区的农业可能根本不需要政府扶持，或者需要的量很少，此时便没有必要设立分支机构，而把业务重点集中到那些需要政府大力扶持的地区。农业政策性金融的"优惠性"与地区利益协调是任何一个国家在设立政策性金融机构时都会遇到的一个问题。然而这一问题在那些农业合作经济得到巨大发展的国家却迎刃而解了，因为这些国家实际上只设立一家独立的农业政策性金融机构，这些机构基本上不设立分支机构，而是直接对合作经济组织提供政策性金融支持。由于农民普遍是合作金融组织的会员，所以对农业合作经济组织的支持也就是对农民的支持。世界上有很多国家，如欧洲的一些国家、日本等都实行这种制度。

日本的农林中央金库是作为农业合作社的中央银行而存在的。日本在地方一级的农业（广义上）合作社基本上包括三类：地方农民、渔民和林业业主分别组成农业（狭义上）合作社、渔业合作社和林业合作社。这些合作社再组成高一层的地方性合作组织。最后整个结构由国家级的组织所覆盖，这些机构发挥专门的业务职能，包括顾问职能、购销职能、融资职能和互助保险服务职能等。三层合作社体系通过资本认购、管理、业务联系和在日本经济中占有重要地位而形成一个紧密的体系。日本农林中央金库作为这些合作社的中央银行，通过合作社体系提供贷款，并且获得合作社和地方合作社联盟的资金。日本农林中央金库在整个合作社体系中担任资金供给的中介和进行调剂余缺的职能，并为其他国家级农业联盟提供融资。

（四）上官下民的"金字塔"模式

前面提到，欧洲国家由于具有较为发达的合作经济，所以农业政策性金融实际上是以合作金融组织为载体的，这一点虽然在欧洲以外的国家也存在，如日本和韩国，但是欧洲大部分国家的合作经济组织的自然发展特征尤其明显，而后者则具有典型的人为干预特征。西欧国家的农业政策性金融与农业合作金融的合作经历了一个长期的历史过程，早在19世纪末期就已经产生了这一萌芽，是在其他政策性金融尚未产生的情况下就已经存在。这表明政府对农业政策性金融的功能和组织形式有较早的思考和认识，起码它们已经认识到农业生产的分散性和政府对这一产业支持的通道应该在什么地方。这是它们着力发展农业合作经济的最主要根源，实际上农业政策性金融是作为它们整个农业合作经济战略发展的一部分。

在此仅介绍法国农业政策性金融的组织模式，其他西欧国家基本类似法国的情况。法国的农业合作金融属于典型的"金字塔"模式，这一点在其文件中也已经表明。（1）早在19世纪90年代，也就是在1894年，法国就已经着手筹建"金字塔"的基础。当时有官员就给议会提交议案，建议形成一个法律框架，根据协会的标准章程以创建合作性质的农业信贷公司。这一建议得到议会的响应，随即实施，通过了最初的《组建法》（Founding Act），根据这一法律成立了农业信贷公司，后来演变成"地方银行"（Local Banks）。该法在范围上是适中的，不提供任何金融优势，即便如此，因为农业政策性金融主要解决农业资金的可得性问题，所以其仍然属于非市场行为，是典型的政策性金融机构。到1897年，根据真正的互助主义传统，新建的银行本来应该是自我融资的（Self‐financing），但是为了对开始提供保证，这些银行得到了政府基金的最初注入。政府在政策性金融最初成立时就发挥了决定性的作用，先是从法律上支持，紧接着就是从资金上支持，从而使政策性更得以体现。当时得到总额4000万法郎的赠予，且政府每年至少有200万法郎的资金配给，所有这些资金都由法兰西银行（法国中央银行）提供。（2）1989年建立起"金字塔"的第二层：当时根据第二部《组建法》，创立了"农业信贷地区银行"（Caisses Regionales de Credit Nicole），也就是地区银行（Regional Banks），这些地区银行就是把已经建立的地方银行聚集在一起，这些银行也是在法国政府的积极支持下建立起来的新银行，它们负责分配政府的贷款（Advances），当时一共建立了9家地区银行。（3）1920年，建立起了"金字塔"的最高层，根据1920年8月5日的法律，建立了全国农业信贷办公室（Office National du Credit Agricole），它是一个公共部门中央机构（Public Sector Central Body），作为一个整体负责监督和协调机构的金融活动，该机构在1926年改为全国农业信贷银行（Caisses National de Credit Agricole）。这样整个法国农业信贷银行最终形成，从这里也可以看出，在法国农业政策性金融体制的形成过程中，一直有政府干预的特征。虽然在后来的大半个世纪中法国农业信贷银行经历了数次重要变动，但是其组织形式基本保持着原来的"金字塔"结构，这种结构已经很好地适应了法国农业的发展。同时我们也看到法国农业政策性金融的建立是"自下而上"逐步形成的，具有典型的自然构造之特征。

（五）依附于农业合作经济组织的模式

农业合作经济组织的形成与农业分散性特征具有重要关系，而政府建立农业政策性金融机构又面临着政策成本和收益的选择问题。也正是基于这种考虑，许多国家的农业政策性金融与农业合作经济组织有着千丝万缕的联系。即使这样，其形式也有很大的差别。前面提到的法国的农业政策性金融、日本的农业政策性金融都与本国的农业合作经济组织有着重要关系，但是组织模式又存在着明显的差别。而后起的韩国情况则又有差别，韩国的农业政策性金融不是建立单独的农业政策性金融机构，像日本或法国那样，而是把整个农业政策性金融体制内涵于或者说是"嫁接"于本国的农业合作经济组织上面，从表面上看，我们既看不出这种机构的金融性质，也看不出其政策性性质，但是这一机构的某些职能部门却行使国家的农业政策性金融职能。

韩国的农业政策性机构是全国农业合作社联盟。该联盟及其成员合作社建立于1961年，目的是加强其成员农民的社会和经济地位以及平衡本国经济的发展。在过去的40年中，该联盟通过执行其不同的业务活动，一直支持农民、农村社区和农业，如交易和供给、金融和信贷、保险业务以及扩充和指导服务。2000 年 6 月 1 日，以前的全国农业合作社联盟、全国牲畜合作社联盟以及全国高丽参合作社联盟合并成了现在的新的全国农业合作社联盟，从而为进一步促进成员农民的利益和权利而提供了稳固的组织基础。这一变化主要是为适应日益变化的国际环境和本国的对外经济政策变动。自 1995 年世界贸易组织发起创立以来，韩国农业和全国农业合作社联盟的处境已经变得越来越艰难。农业市场越来越自由化，由于粮食消费的下降，农业经营的盈利能力变得越来越弱。然而该联盟将尽其最大努力以提高国际竞争力并有效地解决农民的需要问题。为此，该联盟将把工作的焦点设定在改善农业交易和提高韩国的农业竞争力以及为成员农民建立一个非凡的服务体系上面。

二、农业政策性金融机构法人治理结构的国际比较

通过对各国农业政策性金融体制的研究发现，绝大多数国家实行公司法人治理模式，这种模式的一般结构是监督决策职能和业务经营职能分开。通常董事会发挥决策监督职能，而管理层负责业务经营职能。选择这种模式看来是有普遍规律的，虽然有些国家的农业政策性金融的政府性质比较强，但是作为一种提供政策性业务的机构，事实上并不适合采用政府机关式的运营模式。各国基本采取公司治理模式的出发点都是一样的，就是能够对业务运行情况有一个整体的把握和监督，而公司制度的选择本身是适合这种需要的。尽管如此，不同国家的治理结构中还是稍有差别的，这种差别反映了各国的文化传统以及政治制度的不同。

（一）监督机构独立于董事会之外的模式

有些国家在董事会之外还设置了特别的监督机构。这种情况以日本农林中央金库最为典型。

在日本农林中央金库法中规定，日本的农林中央金库在董事会之外另

设三个专门委员会：授权代表委员会、监管委员会和审计官审计委员会。这种设立实际上是强化了决策职能和监督职能。监管委员会被授权制定有关日本农林中央金库的基本政策，重组和加强合作社信贷业务，有关农业、林业和渔业合作社的重要事宜，包括采取特殊行动计划等。在日本农林中央金库法以及合作社法的要求下，日本农林中央金库能够对农业合作社银行成员提供必要的指导，以重组农业合作社信贷业务，也能完成其作为一个金融机构的基本责任。为了实现这一职能，同时董事会被授权，单个董事可以执行日本农林中央金库有关的金融责任相关的问题。董事会监督董事的业务执行情况，通过互相监督以确保该系统的正确性。除了这种相互监督，审计人员还要审计日本农林中央金库的业务实施情况。

此外，韩国的全国农业合作社联盟也基本实行这种治理模式，但也有些细微的差别。该联盟的最高管理机构、代表大会、审计官都与董事会平行，然后董事会主席又与合作社监管委员会平行共同对业务职能领导和监督。根据 1999 年颁布的《统一农业合作社法》（the Unified Agricultural Cooperative Law）的规定，全国农业合作社联盟把自身分成了三个独立的业务管理部门：交易和供给管理部、牲畜管理部和金融与保险部。在这种管理体制下，每一个管理部的首席执行官都被授予独立的权力，包括管理资金、人事和收入与损失的权力。全国农业合作社联盟的董事会包括主席、3 名首席执行官和 27 名成员。其中，2/3 的成员都是成员合作社的主席。为了提高董事会的决策能力，该联盟已经任命了 7 名专业性的非执行董事。董事会每月举行一次会议。审计官同时是该联盟的副主席，可以参加董事会和陈述其意见。

（二）监督机构内置于董事会领导之下的模式

有些国家的农业政策性金融机构在设置治理模式时，把监督职能设置于董事会领导之下，这种设置模式实际上增大了董事会的权力，有助于对各种相关事务进行统一协调。法国农业信贷战略联盟、加拿大农业信贷公司、南非土地和农业发展银行以及印度农业和农村发展银行等都属于这种模式。

法国农业信贷战略联盟把指导和监督职能（Guidance and Oversight）与经营和管理职能（Management and Administration）分开，前者由董事会主席行使，而后者由首席执行官行使。2002 年，为了进一步实现其对公众的承诺，该联盟建立了审计和风险管理委员会（Audit and Risk Committee）与补偿委员会（Compensation Committee），都是由该联盟董事会成员组成的。在成功收购法国里昂信贷银行之后，在首席执行官的建议下，董事会采纳了对该联盟的组织结构进行调整的建议。其中总经理委员会（the General Management Committee）是由首席执行官、两名副首席执行官和新组成的集团的执行委员会的 17 名委员组成的。

加拿大农业信贷公司的董事会负责监督公司的管理和经营，目的是保证该公司的最佳利益和维护加拿大政府的长期利益。董事会的责任在加拿大农业信贷法案和金融管理法案中有明确的规定；除了首席执行官以外，董事会的组成成员完全独立于管理层；两名常务副总经理也要求参加每次的董事会会议，另外，高级管理小组中的另两名成员也要轮流参加董事会会议，然而董事会要保证每次会议的独立性，无论是高级管理小组成员在场还是不在场。作为战略计划制订过程的一部分，董事会决定加拿大农业信贷公司的总体战略计划，并经常检查该公司的战略性经营目标以及公共政策职能；董事会还要批准该公司的公司计划——包括财务计划和年度报告；董事会还要批准首席执行官的年度目标规划。董事会下设各种委员会：审计委员会、人力资源委员会、公司治理委员会、养老金委员会。其中审计委员会由 5 名成员组成，全部是董事会成员，且独立于管理层，该委员会还与加拿大审计署合作。

南非土地和农业发展银行，通常称为土地银行，是一家半国营性单位，它与农业和土地事务部有着工作业务关系（Working Relations）。银行的董事会要向管理该银行的农业和土地事务部长汇报工作，银行的财务报表每年都要接受审计署的审计，同时要经过农业和土地事务部长上呈国会（Parliament）。银行的董事会共有 11 名董事，其中有一名首席执行官、一名主席和副主席。另外，该银行下设 4 个专门的委员会，受董事会领导，它们是审计委员会、主席委员会、财务和信贷委员会、薪酬委员会。

印度农业和农村发展银行的董事会由 14 名董事组成：这些人当中有一名来自帕拉瓦拉自然及社会科学研究教育学院（Pravara Institute of Research and Education in Natural and Social Science）；一名来自印度储备银行，任副行长；一名来自国家牛奶开发委员会；一名来自财政部经济事务局的金融处；一名来自农业部农业和合作局；一名来自印度农村发展部；一名来自果阿地区农业局；一名来自泰米尔地区农业局；一名来自阿萨姆邦农业局。农业和农村发展银行设有三个委员会分别是：执行委员会、顾问委员会和贷款项目批准委员会。执行委员会有 6 名成员，顾问委员会有 14 名成员，贷款项目批准委员会有 7 名成员。

（三）董事会下设管理委员会模式

有些国家的农业政策性金融机构在董事会以下设管理委员会，而管理委员要接受总裁的领导，这以摩洛哥国家农业信贷银行最为典型。摩洛哥国家农业信贷银行的最高管理层包括董事会、管理委员会和总裁（Director General）。在这一结构中总裁具有相当的权力。

摩洛哥国家农业信贷银行的董事会主席是农业部长。根据 1961 年法律的规定，该银行的董事会包括 11 名成员，他们分别由财政部长、内务部长、经济部长和农业部长和中央银行指定的成员组成。另外，该董事会还有其他的 11 名成员，他们代表农民、农业专业团体和农民会所（Farmers' Chamber，这些会所是由农民选举产生的，与其他类型的专业会所和团体一样，这些机构参与议会的间接选举）等。管理委员会由 8 名成员组成，接受总裁的领导。与董事会成员的任命相同，其成员也分别由财政部长、内务部长、经济部长和农业部长和中央银行指定。该会议应董事长的要求或 3 名成员的要求即可以举行，其决议通过实行多数票原则。该委员会可以得到董事会的常务授权，批准某些大额贷款项目和处理某些应该由董事会处理的重要问题。国家农业信贷银行的总裁在财政部长和农业部长的联合推荐下，由国王任命，其职权的解除也要经过同样的程序。总裁虽然不是一名正式任命的董事会成员，但他可以作为一名顾问参加董事会的所有会议，并参加除了他本人有关问题的所有问题的讨论。根据对其授权的情况，他是该银行的首要人物。因此，总裁对该银行的经营有充分的权力，对外部的人员或机构而言，总裁就代表该银行。他还有为了确保该银行的权力而采取预防性行动的权力、签订合同和购买一些流动性资产的权力。总裁还享有广泛的人事权力，如任命、提升、增加工资、培训行动、免除职务以及其他方面。他还享有该银行财务活动的决定权，包括支出和收入的控制等。总裁既可以通过他本人，也可以授权其他人行使其权力。

三、农业政策性金融机构附属机构的国际比较

由于农业政策性金融服务内容的广泛性，导致其在运营过程中经常遇到自身机构不能适应需要的情况，比如一些担保措施、抵押措施、筹集资本、咨询培训等工作，这些工作一般不适合自身机构完成，因此需要建立一些专门的机构完成这些专门性的工作。在这种情况下，有些国家的农业政策性金融机构就建立起了一些附属机构。

（一）多类型附属机构

有些国家的农业政策性金融机构实际上是一些不同类型机构组成的复合体，在这些复合体中，有些机构在所有制性质以及控制管理上都有所不同，各种机构的功能也差别较大。这种情况以美国的农场信贷系统最为典型。美国农场信贷系统实际上是一个由执行核心业务和附属业务组成的金融与非金融机构群。处于核心地位的是不同性质的银行，这些银行分为三种类型：（1）5家农场信贷银行（Farm Credit Banks, FCBs），这些银行为81家农业信贷合作社（Agricultural Credit Association, ACAs）提供贷款资金。（2）13家联邦土地信贷合作社（Federal Land Credit Associations, FL-CAs），其中农业信贷合作社提供短期、中期和长期贷款，而联邦土地信贷

合作社提供长期贷款。（3）一家农业信贷银行（Agricultural Credit Bank，ACB），该银行有 1 家农场信贷银行的管理权，而且对 5 家农业信贷合作社提供贷款资金，还可以对所有的农业、水产和公共设施合作社提供各种类型的贷款，而且被授权为美国的农业出口提供融资，也为农场主拥有的合作社提供国际金融服务。

除了上述核心机构以外，还有三类附属性机构，这三类附属性机构的性质也不一样。有些机构在所有和控制关系上完全属于农场信贷系统。它们包括：（1）联邦农业信贷银行融资公司。该公司是一个由系统银行拥有的实体，它交易那些银行为筹集贷款资金而卖出的证券。（2）农场信贷系统财务援助公司，该公司是根据 1987 年的《农业信贷法》组建的，1988 年正式注册登记。它通过买进系统机构发行的优先股方式为该系统提供必要的资本，系统机构根据农场信贷系统援助委员会的授权获得金融援助。（3）联邦农业抵押公司，它为农业固定资产和农村房屋抵押提供一个二级市场，也为本金和利息的快速支付提供保证，还为农场主部分担保证券以及经营性贷款和农村企业、社区开发贷款以及美国农业部担保的某些贷款提供担保支持。

有些机构在所有和控制性质上不属于农场信贷系统，而只是配合其完成任务，这些机构又包括两类：第一种类型是一些服务性公司（Service Corporations），也受农业信贷管理局的监督和管理，这些服务公司是根据 1971 年《农业信贷法》以及后来修订的法律成立的。它们包括：（1）Agvantis，Inc. 该公司为附属于 Farm Credit Bank of Wichita 的协会提供技术性和其他支持性服务。（2）波多黎各农业信贷财务公司。（3）农业信贷租赁服务公司，该公司为那些有资格的借款者提供设备租赁服务，包括农业生产者、合作社以及农村公共部门。（4）农场信贷金融合伙人有限公司。（5）农场信贷系统建筑协会，该机构为农业信贷管理局总部以及地区办公室的工作人员的房屋提供购买、管理和维修服务。第二种类型是一家专职的信贷系统保险公司，也就是农场信贷系统保险公司（the Farm Credit System Insurance Corporation）是根据 1987 年《农业信贷法》成立的。农场信贷系统保险公司是一家政府控制的公司，为了重新树立农场信贷系统在金融一体化中的信誉，国会创立了该保险公司。

（二）非金融性附属机构

有些国家的农业政策性金融机构本身包含的业务职能相当广泛，金融职能只是其中主要职能的一部分，在这种情况下，这种机构的业务就更为广泛。因此，为了配合其主要业务的完成，就有必要建立一些附属机构，这些机构一般是一些非金融机构。这些情况一般出现在一些以合作社为依托的农业政策性金融机构的国家，比如德国、荷兰和韩国等，其中韩国的情况比较典型。韩国全国农业合作社联盟的附属机构和下属公司包括多种类型，有学校、报社、生产性公司、销售性公司、贸易公司、旅游公司、期货公司等。

具体来讲，韩国全国农业合作社联盟的附属机构和下属公司包括：（1）农业合作社学院（Agricultural Cooperative College），是由全国农业合作社联盟于1962年建立的，目的是为农村合作社和农村社区的发展培养所需要的人才。（2）《农业新闻报》。该报纸创刊于1964年，为农民的利益发声，而且通过这家报纸也能够使农民提供政策建议。（3）南海化学制品公司，该公司最初建立于1974年，是由韩国化学制品总公司（Korea General Chemical Corporation）和美国农业公司（U.S. Agrico）各投资75%和25%设立的。（4）韩国农业合作社营销有限公司（Korea Agricultural Cooperative Marketing, Inc., KACM），该公司建立于1995年，注册资本63亿韩元，是全国农业合作社联盟进行市场营销改革的一部分。（5）韩国农业合作社贸易有限公司，该公司专门负责出口社员的农产品，同时也进口必要的农业生产要素，建立于1990年，是全国农业合作社联盟建立的第一家公司，目的是迎合经济全球化和世界市场的开放，注册资本为20亿韩元。（6）旅游公司，该公司建立于1991年，其资本有12亿韩元，该公司通过主办一些到发达国家农业的培训计划引进农业技术。（7）期货公司（the NACF Futures Corporation），该公司是一家完全由全国农业合作社联盟拥有的公司，创立于 1997 年，注册资本为 10 亿韩元。期货公司业务的主要目的是防止国内原材料和农产品的价格不稳定性，确保全国农业合作社联盟投资的各种金融产品获得较好的收入，对韩国国内资本市场的健康发展作出贡献，通过分散经营而成为一家提供综合金融服务的集团。（8）韩国合作社农业有限公司（Korea Coop - Agro Inc.），该公司是全国农业合作社联盟于 1995 年建立的一家附属公司，投资总额为 50 亿韩元，其目的是降低农业生产成本和提高韩国国产水果的质量。

（三）金融百货公司式附属机构模式

有些国家的政策性金融机构为了扩大其营销范围、影响和知名度，建立了多种类型的附属机构，而且这些机构主要是一些金融性的附属机构。这样做的主要原因是，其注册企业类型为银行，在国内实现混业经营制度下，几乎所有的金融业务都可以在其服务范围之内，这样就可以建立一种类似"金融百货公司"的模式，以充分发挥范围经济效应。这种情况以法国农业信贷银行最为著名，它所提供服务的范围之广在各国农业政策性金融机构中也是罕见的。

法国农业信贷银行有一些专门从事广泛业务领域的附属机构，这些机构能使该集团从规模经济和法国农业信贷日益增强的商业实力中受益，而且也能给客户提供综合配套服务和产品。不仅如此，通过这些网络形成的分销渠道提供"定制的产品和服务"，也能扩大该联盟的销售业绩、增强其未来发展空间以及采用统一的商业方法。目前附属机构从业务侧重点上来看主要包括批发性金融以及国际金融类、证券经纪类、私人银行类、期货期权类、资产管理类、雇员储蓄计划类、财务服务类、人寿保险类、财产和事故保险类、消费者信贷类、租赁类、托收类、房地产类、支付体系类等，所以附属机构几乎从事一切金融与保险业务，从而使该集团成为真正意义上的金融百货公司。

（四）单一型附属机构模式

有些国家的农业政策性金融机构为了完成某一项特殊的任务，而永久性或临时性地建立了一些附属机构，一般情况下，这些机构类型比较单一，职能也比较独特，与其主要业务的关系距离较远。这种类型在发达国家和发展中国家的农业政策性金融机构中普遍存在。

日本农林中央金库就成立了一种称为农林基金的公司（the Norinchukin Foundation，Inc.）。为庆祝日本农林中央金库纽约分支机构建立 10 周年，日本农林中央金库在 1994 年创立了农林基金有限公司。该基金的目标是保护自然、教育儿童和促进文化活动以改善人们的生活质量，该基金每年都专门为一些非营利组织组织的慈善、环保、教育和文化活动提供捐献。

泰国农业和农业合作社银行为了支持农民客户，建立了销售农业合作社（the Agricultural Cooperatives for Marketing）和泰国农业有限责任公司（Thai Agri – business Company Limited），以为客户提供农业生产工具、农业生产原料（如肥料、种子）以及合作社社员的消费品，同时也为他们销售农产品提供帮助。该银行的最终目标是加强农业综合企业的基础设施，以至于农民能够充分地依赖农业职业作为其生活的主要收入源泉。

印度农业和农村发展银行为了促进本国合作信贷机构的发展也设立了合作社发展基金（Cooperative Development Fund），以改善这些机构的基础设施。基金的本金共有 1 亿卢比，是从农业和农村发展银行的盈余中提取的，到 2002 年 3 月 31 日为止，该基金余额达到 10.3 亿卢比。该基金主要用于支持基层合作信用机构的发展以盘活其资金，进行人力资源开发以取得更好的工作效果和改善其生存能力，同时使合作社系统得到改善；对改善功能效率进行某些必要的项目研究。

第七章 农业政策性
金融机构立法的国际比较

他山之石，可以攻玉。从国际上的实践来看，发达国家如美国、法国、日本，发展中国家如印度、泰国、菲律宾等，在成立农业政策性金融机构之前，都是坚持立法先行原则，先制定农业政策性金融法，然后再根据法律的规定建立农业政策性金融机构，从一开始就确保了农业政策性金融机构依法经营、监督机构依法监督。虽然中国的国情农情与上述国家相比具有一定的不同之处，但从农业政策性金融机构的一般属性上来看，国外农业政策性金融机构在立法及利用专门法律规制农业政策性机构运作方面所形成的经验，对我国农业政策性金融立法具有重大的参考意义。

本章从以下三个方面展开论述：一是从立法的级别上来看，国际上农业政策性金融基本上都是采取法律的形式，这既体现了对农业政策性金融在一国整个金融体系中地位的肯定，也体现了对通过法律的手段确保农业政策性金融稳定运行的重视。二是就立法的内容来说，国外农业政策性金融法涵盖农业政策性金融机构职能定位、业务范围、资金来源、资本金拨补、治理结构、风险管控、监督机制、财税支持等方面，既有组织结构等方面的明确规定，同时也对业务经营作出了规范，可以说是其组织法与业务法的融合贯通及有机统一。三是就立法的稳定性来讲，由于农业政策性金融机构的业务范围不是一成不变的，而是必须根据国家战略调整和农业农村经济发展环境的变化适时动态调整，这就决定了对其进行规范的农业政策性金融法也必须随之进行动态调整，确保法律的适用性。这是农业政策性金融立法最为鲜明的特征。

一、"一行一法" 的基本原则

法律是一个社会中最基本、最重要的行为规范，一个国家如果失去了法律的制约，就会变得异常混乱，从而这个社会也面临着倾覆的命运，这在古今中外是已经被证明了的。法律为社会主体的行为提供了一个基本框架，法律的作用既有约束也有保护，实际上，保护与约束是统一的，并行不悖的：在那些农业政策性金融体制起源比较早、发展得比较完善的国家，从一开始就已经产生了专门的农业政策性金融立法，同时随着形势的不断发展变化，法律也随之调整和修订。

美国是世界上农业政策性法律相对健全且立法比较早的国家。除农业的一些相关规定外，美国还专门制定了农业投入和农业信贷方面的法律如《农业信贷法》《中间信贷法》《农场贷款法》《农作物贷款法》《取消农场抵押赎回权法》等。同时，1911 年国会通过了《联邦农业信贷法》，成立了联邦土地银行；1923 年通过了《农业信贷法》，成立了联邦农业中期信贷银行；1933 年通过了《农业信贷法》，成立了合作社银行，《美国联邦农业完善和改革法》对农业投入和农业信贷作出专门规定：美国的农业信贷法案自 1916 年以来已经经历了大约 10 次调整，最早的是 1916 年《农场信贷法》(*Farm Credit Legislation*)，1933 年通过了《农业信贷法》在 1927 年、1947 年、1961 年、1971 年、1978 年、1982 年、1985 年、1987 年和 1996 年等进行了若干次的修订和补充。美国的农业政策性金融体制发展成今天如此庞杂而又精巧的体系，并非一日之功，而是经历了大约一个世纪的发展历程。在这个过程中，农业政策性金融的每次大的改革和调整一般都是法律先行。1929 年伴随着证券市场大危机，事情一步一步地变得更加糟糕，导致成千上万的农场主实施了抵押品的赎回权，实际上最终已经切断了农场信贷系统向农业融资的能力。在这种情况下，三个主要的农业法案随之颁布，这导致对重新组建农场信贷系统的希望大增。第一个是 1929 年的《农业交易法》，这部法律有助于稳定农产品价格，以及为农业合作社发展提供融资。

在 1933 年国会通过了另外两部关键的法律，它们影响了农场信贷的未来。一个是《紧急农业抵押法》，该法为土地银行重新获得资本 1.89 万美元，而且降低利率以应付大危机；再一个是《农场信贷法》，该法最重要的结果是改组了联邦中期信贷银行，并且通过当地的生产信贷协会为农场主和牧场主建立了一个新的生产信贷系统，根据这部法律还为合作社创立了 13 家专门的银行。

在发展中国家，有相当数量的国家有专门的农业政策性金融法律：印度国会在 1981 年通过了《国家农业和农村发展银行法》，1982 年 6 月 12 日，其国家农业和农村发展银行随之成立。法律规定，国家农业和农村发展银行是一个最高再融资机构，它有权负责农业和印度农村地区的经济活动的信贷领域的政策、计划和经营等所有重大问题。在其相关法律的导言中规定，"提供并管理那些为促进和发展农业、小规模产业、村舍和乡村产业、手工业、其他农村工艺、其他农村地区的相关经济活动的信贷和其他便利，其目的是促进农村的整体发展，确保农村地区的繁荣以及解决与此相关的问题"。这种定位反映了印度政府对这一机构的重视，同时也反映了国家农业和农村发展银行的政策性。泰国农业和农业合作社银行建立于 1966 年，当时就颁布了专门的农业政策性金融法律，随后又在 1976 年、1982 年和 1992 年经过了三次修订，但在这个方面没有多大改变。该银行自 1994 年以来就提议对该法律进行第四次修正，以使其能够扩展贷款的范围，从而更符合泰国农民的现代需要。但是，由于政府的更迭以及新宪法的确立等原因这一进程几次被打断，最后于 1998 年在泰国总理川·立派领导的政府帮助下，该银行法律的修订工作才终于结束，最后由国王签字批准，于 1999 年 2 月 24 日以政府公报的形式发布实施。修订这部法律的原因是十分明确的，因为泰国农业与农业合作社银行对农民、农民协会和农业合作社提供的贷款是不足的，其对农业相关的贷款活动的范围也是相当狭窄的，所以，该银行的目标框架应该扩大，以使其能为更广泛的活动提供金融援助，从而提高农民的收入和生活质量，并鼓励农民与私营企业进行联合投资。

二、清晰界定业务边界

各国均通过立法的形式，对农业政策性金融机构的设立目的、定位及业务范围作出明确界定①，既确保了各农业政策性金融机构依法运营，也保证了监督主体依法对其进行监督。

美国农产品信贷公司设立的目的是防止农产品价格大幅度下跌，稳定、支持和保护农场收入和价格，保证食物、饲料和纤维等农产品能够持续不断地均衡供给，并协助对这些农产品进行有序地分配。目前的主要业务包括农场基建贷款、生产贷款、资源环保项目贷款、提供担保等。②

日本农林渔业金融公库设立的目的是执行政府不同时期的农业产业政策，向难以从其他金融机构获得贷款的农林渔业者和食品产业者提供长期低息贷款，以解决农业特定时期的突出矛盾，提高农林渔业生产能力，实现农业发展的阶段性战略目标。目前的主要业务包括农业及农业基础设施建设贷款、长期低利率林业贷款、环境保护和阻止全球变暖领域贷款、渔业贷款、山地复兴贷款、食品配送系统改良贷款等。③

印度国家农业和农村发展银行是开发性金融机构，设立的目的是为农业和农村工业生产建设提供短期、中期、长期的贷款，全面满足农业信贷需要。目前的主要业务：一是以贷款或预付款的方式向农村金融机构提供资金支持；二是向各邦政府提供直接贷款，用于发展较大的农业基础设施和基本建设项目，如兴修水利、推广使用农业机械、土地开发、农村道路、农村教育和医疗卫生等；三是试点开展各种推广性和开发性活动以及制度建设的各项措施；四是通过基金方式提供贷款，如国家农村贷款长期运作基金、国家农村贷款（稳定）基金、农村基础设施发展基金、短期合作社与农村银行贷款（STCRC）（再融资）基金；五是通过内部积累，包括税后

---

① 白钦先，谭庆华. 政策性金融立法的国际比较与借鉴 [J]. 中国金融，2006（6）：57.
② 美国农产品信贷公司法，第五章。
③ 日本政策性金融法，第三章第11条。

利润分配，向依法成立的各种商业基金及发展基金等投资。[1]

泰国农业和农业合作社银行设立目的是直接或间接地向农业部门提供信贷，是为泰国农民、农民团体和农民合作组织提供金融支持，其贷款必须用于农业和农业相关活动，客户必须是农民或农民家庭成员，包括中小农业生产者或者农民协会或供销社成员。目前的主要业务：一是直接或通过农业合作社和农民组织，为农民提供生产、加工、运输及市场营销等方面的贷款；二是特殊的政府项目贷款，如 1993 年获批向农民提供包括小作坊等的农业相关贷款，2006 年获批向非农业贷款，其比例不允许超过贷款总额的 20%。[2]

三、明确划分贷款业务性质

美国农产品信贷公司、日本农林渔业金融公库专司农业政策性金融业务，没有商业性业务。

印度国家农业和农村发展银行业务有政策性和商业性之分。该行的再融资业务不以营利为唯一目的，但基本上是在货币市场运作，可以认定为商业运营。如果中央政府希望该行以低于规定利率向农民提供农作物短期贷款、向地方银行发放贷款，就会为银行提供利差补贴。另外，还向邦政府提供贷款，主要用于关键基础设施建设。其贷款规模分配和利率水平每年由中央政府和中央银行确定。这可以认定为政策性业务。

泰国农业和农业合作社银行贷款业务分为政府政策性贷款和一般贷款。政策性贷款包括非正式债务重组计划和农业收入保障计划等。为了便于单独进行成本控制和绩效评估，两类贷款分别采用公共服务义务账目和一般业务账目两套记账系统。两种业务的比重没有严格规定，主要取决于政府政策意愿和实际需求情况。

---

① 印度国家农业和农村发展银行法，第 17～21 条。

② 泰国农业和农业合作社银行法，第二章第 10 条。

四、明确资金来源

各行的筹资渠道多元，包括资本金、政府财政资金、央行和其他机构借款、吸收存款、市场化融资等。

美国农产品信贷公司的资金来源主要包括资本金、从财政部及其他机构借款和发债。联邦政府提供了 1 亿美元资本金。所需贷款资金既可从财政部借款，也可向私人及其他借贷机构借款，一次性借款可高达 300 亿美元。经财政部长批准可通过发行债券等方式获得资金。

日本农林渔业金融公库的资金来源主要包括财政借款、政府担保债券、FILP 机构债券借款以及政府注资等。日本央行不参与公库的筹资活动。

印度国家农业和农村发展银行的资金来源主要包括资本金、国家农村信贷基金、发行债券、吸收存款、捐赠款项等。其中，中央政府对所发行债券进行担保。同时，要求各金融机构在农村组织存款的 60% 必须用于农村，各商业银行贷款余额的 18% 必须用于农业，10% 必须用于弱势群体，如果达不到上述目标，必须将差额部分转存到印度国家农业和农村发展银行，或购买其债券。

泰国农业和农业合作社银行的资金来源主要包括资本金、吸收存款、发行债券、土地基金、政府和个人的捐款、从地方政府和国外贷款。其中，中央政府从地方政府和国外的贷款予以担保，担保额不超过银行资本金、储备和结余收入的 12 倍。同时，要求各商业银行必须将存款的 13% 用于农业贷款，商业银行县域分支机构必须将存款额的 20% 贷给农民，如果达不到上述比例，必须将差额部分存于泰国农业和农业合作社银行，构成该行的资金来源。

五、明确风险补偿机制

美国农产品信贷公司免缴联邦、州及地方所得税。日本农林渔业金融公库免缴所得税、印花税、不动产购置税、车辆购置税和特殊土地持有税。印度国家农业和农村发展银行免缴所得税、附加税和其他任何关于收入、利润和收益方面的税收，接受捐赠也不需要缴税，其利润用于充实有关基金。泰国农业和农业合作社银行免缴营业税和所得税，其利润用于充实有关基金，农民以土地作抵押品申请贷款免缴土地金。

美国农产品信贷公司可以获得政府低息贷款。日本农林渔业金融公库如果从财政借款的利率高于贷款利率，所产生的利息倒挂差额由政府以财政补贴形式弥补。另外，如果贷款出现损失，还可获得政府"农林渔业振兴基金会"的利息补偿。印度国家农业和农村发展银行运用的以世界银行农业贷款为主的外资，由印度政府统一承贷，外汇风险由国家承担。政府给印度国家农业和农村发展银行按7%～8%的优惠利率计息，后者在贷中如有倒挂情况，由政府给予补偿。泰国政府通过预算安排、购买股本等方式对泰国农业和农业合作社银行提供资金援助，还对其支持的一些政策性项目和特别项目进行政府贴息。

六、实行有别于商业性金融机构的差别监督模式

在监督架构及监督主体方面，美国农产品信贷公司隶属于农业部，受国家货币审计署监管。日本农林渔业金融公库由大藏省（财政部）监管。同时，从2003年起，在业务方面接受日本金融厅监督检查。印度国家农业和农村发展银行接受印度储备银行监管，实行不同于普通商业银行的监管标准，每年须向议会呈交年报和审计后的财务报表，接受议会下属有关委员会的执法检查。泰国农业和农业合作社银行由财政部直接管理，主要接受财政部的监管，并受中央银行监督。

各农业政策性银行的资本充足率普遍都高于本国商业银行或者银行业平均水平。美国农产品信贷公司没有资本充足披露要求。日本农林渔业金融公库2010年3月末资本充足率为12.8%。普通银行法不适用于公库，公库的资本充足率要求与商业银行不同。印度国家农业和农村发展银行资本充足率远

高于央行规定的9%，2010年6月末，资本充足率达24.95%，而大部分商业银行为3.01%~14.36%。泰国农业和农业合作社银行2009年末资本充足率为13.81%，低于同期商业银行16.49%的平均水平，但高于部级条例规定的最低8.5%的要求。该条例符合泰国银行指导原则和巴塞尔协议条款。

各银行资本金补充以财政注资为主。各银行资本金补充基本上都是依靠财政注资。美国农产品信贷公司注册资本1亿美元，全部由国家出资，营业资金由国库全额拨付，政府通过资产划拨出资，已全部认缴完毕。该公司以注册资本量为准向财政部支付利息，在制定利率标准时，财政部长可结合本公司经营情况决定。日本农林渔业金融公库的资本金全部由财政划拨，由经济发展资金和土地改良事业促进资金两部分组成，总额为3111.37亿日元。同时，根据业务发展需要，可以通过财政预算增加资本金。印度国家农业和农村发展银行资本金已从成立之初的10亿卢比增加到现在的200亿卢比，主要来自中央银行利润和财政部注资，其中中央银行占70%，财政部占30%。泰国农业和农业合作社银行资本金由财政部每年补充20亿泰铢，不含财政部用收到的股息购买新股（平均每年10亿泰铢）的注资。另外，还通过向小股东客户（包括农民和农业合作社）出售股份，获得注资。

总之，从国外农业政策性金融立法及其所规范的内容来看，有三个明显的特征。一是从立法的级别上来看，国际上农业政策性金融基本上都是采取法律的形式，这既体现了对农业政策性金融在一国整个金融体系中地位的肯定，也体现了对通过法律的手段确保农业政策性金融稳定运行的重视。二是就立法的内容来说，国外农业政策性金融法涵盖农业政策性金融机构职能定位、业务范围、资金来源、资本金拨补、治理结构、风险管控、监督机制、财税支持等方方面面，既有组织结构等方面的明确规定，也对业务经营作出了规范，可以说是其组织法与业务法的融合贯通及有机统一。三是就立法的稳定性来讲，由于农业政策性金融机构的业务范围不是一成不变的，而是必须根据国家战略调整和农业农村经济发展环境的变化适时动态调整，这就决定了对其进行规范的农业政策性金融法也必须随之进行动态调整，确保法律的适用性。这是农业政策性金融立法最为鲜明的特征。

第八章 农业政策性 金融机构资产项目的国际比较

2016 年，中国农业发展银行委托本课题组对具有典型代表性的 20 个国家和地区农业政策性金融机构资产项目的比较，深入分析了当前世界范围内农业政策性金融机构在资产规模、资产结构及资产质量方面的异同，系统地论述了农业政策性金融机构资金运用的基本情况，为我国农业发展银行找准自己在国际同行中的位置及进一步深化改革提供了经验与借鉴。

一、资产概念的界定及样本的选取

资产是指由会计主体过去经营交易或各项事项形成的、由会计主体拥有或实际控制的、预期会给会计主体带来经济利益的资源，其通常列报在资产负债表的左侧，表示资金的运用情况。农业政策性金融机构是进行独立收支、核算的特殊公共法人，[①] 具备会计主体的基本特征，因而通过对其披露的财务报告进行分析，特别是对资产负债表中资产项目的分析可以在很大程度上反映农业政策性金融机构资金运用情况。本章通过对世界范围内具有典型代表性的 20 个国家和地区农业政策性金融机构资产项目的比较分析——具体包括资产规模、资产结构及资产质量三个方面综合地反映了当前世界范围内农业政策性金融机构资金运用的基本情况，为我国农业政策性金融机构进一步深化改革提供了借鉴。

本章比较对象样本的选取涵盖了亚洲、欧洲、美洲、非洲四大洲，既

---

① 白钦先，张坤. 中国政策性金融廿年纪之十辨文 [J]. 东岳论丛，2014 (11).

包括典型发达国家如日本、韩国、法国等国的农业政策性金融机构，还包括发展中国家如印度、俄罗斯、南非等国；既考察了经济规模较大的国家如美国、中国，还考察了经济规模相对较小的国家如越南、尼泊尔、津巴布韦等。从总体上而言，样本具有综合性和代表性。具体数据的获取主要是以各机构在其官方网站公布的年报为主。

二、农业政策性金融机构资产规模的国际比较

（一）农业政策性金融机构资产绝对规模的比较分析

资产规模是衡量农业政策性金融机构"体量"的重要指标，在很大程度上决定了其发挥公共性职能能力的大小。从绝对规模来看，被考察的 20 家农业政策性金融机构中规模最大的是法国农业信贷集团，其资产规模达 19160.47 亿美元，资产规模最小的是津巴布韦农业有限银行，其资产规模为 1.24 亿美元；中国农业发展银行资产规模为 4760.92 亿美元，是资产规模第三大农业政策性金融机构。20 个国家和地区农业政策性金融机构资产规模如图 8 - 1 所示。

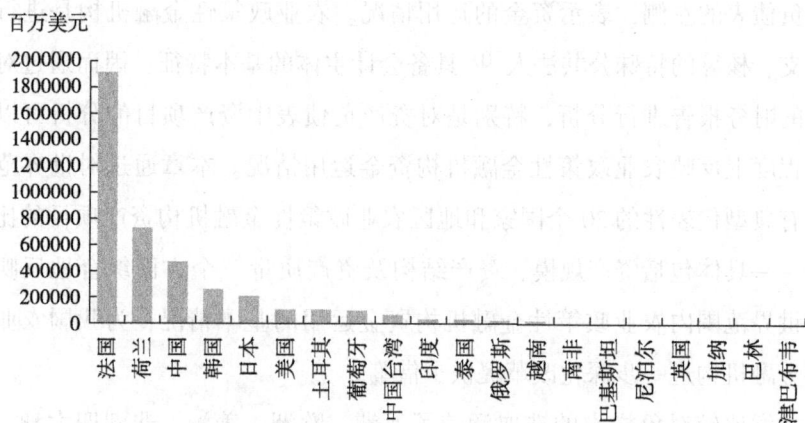

图 8 - 1　20 个国家和地区农业政策性金融机构资产规模

法国农业信贷集团始于 1920 年"国家农业信贷管理局"的设立，随后又改称为"国家农业信贷金库"，1947 年改为现在的称谓，是半官方的农业信贷机构。其之所以能够成为最大的农业政策性金融机构不仅是因为经历了近百年的历史积淀，更重要的是近年来金融业混业经营的趋势与国际化、多元化经营战略选择加速了这一进程。从称谓上就可以看出，该政策性金融机构确切地说应该是政策性金融集团，它不仅包含中央一级的法国农业信贷战略联盟，还包括 39 家区域银行以及 2489 家地方银行；不仅开展广泛的银行零售业务，控股了 25% 的全国区域性银行，还广泛涉及金融资产管理、保险、消费信贷、金融租赁等，欧洲第三大资产管理公司东方汇理资产管理公司、农业信贷保险、农业信贷私人银行等都是其旗下控股子公司。另外，法国农业信贷集团不仅在法国本土经营，还通过控股收购、设立全资子公司的方式在欧洲、非洲等其他国家拓展业务，意大利的加里帕尔马银行、佛里乌利亚德里亚人民银行、埃及农业信贷银行也是法国农业信贷集团的子公司。可以说，法国农业信贷集团是目前农业政策性金融发展史上经营时间最长、最多元化、效益最好的农业政策性金融机构。

而排在第二的荷兰农业合作银行集团，又称为拉博银行集团，其经营历程在很大程度上是法国农业信贷集团在荷兰的翻版，其前身是荷兰农业信用合作社，主要从事农业、农业机械和食品工业等行业的金融交易；该集团目前也广泛开展金融混业经营与国际化、多元化战略经营，涉足保险、租赁、资产评估、私人银行、风险投资等多个领域，并在全球 37 个国家设有 1516 个分支机构。法国农业信贷集团与荷兰农业合作银行集团是欧洲发达国家农业政策性金融机构的典型代表，它们不仅在规模上具有相似性，而且在资产结构与资产质量方面也有很多相似性，下文将进一步展开。

中国农业发展银行资产总规模为 31422.1 亿元，折合 4760.92 亿美元，是第三大农业政策性金融机构。值得注意的是，与法国、荷兰政策性金融实务机构相比，我国的政策性金融实务机构是非集团、非混业、非跨国的单一型、间接型、面向国内的政策性金融机构，换句话说，是非集团化运营的政策性金融机构中规模最大的实体。通过上文的阐述我们可以看出，法国、荷兰农业政策性金融实体是拥有众多控股子公司的集团化运营金融实体，其拥有的众多子公司涉及金融行业各个领域，子公司份额在整个集团中占有不可忽略的比重，并且其业务范围涉及国内和国际两个方面；而我国的农业发展银行显然与前两者有着显著差异，在组织形态上是实行总分行的单一银行制，虽然近一两年来农发行也开始尝试在其旗下设立一些基金组织，但其规模和发展程度与金融集团还相去甚远，另外，农发行的定位也是以服务国内农业发展为主的间接型金融实体，在国际业务的开展及直接融资领域都严格受到限制的。[①] 事实上，我国的农业发展银行也是发展中国家农业政策性金融机构的典型代表，与印度国家农业和农村发展银行、南非土地银行、越南农业银行等发展中国家农业政策性金融机构具有很大程度的相似性。

（二）农业政策性金融机构资产相对规模的比较分析

另外，从相对规模来看，即以各国（地区）农业政策性金融机构资产规模与该国（地区）农业年产值的比值为划分标准如表8－1所示。

表8－1　20个国家和地区农业政策性金融机构资产规模与农业年产值比例表

机构名称	荷兰	法国	葡萄牙	韩国	中国台湾	日本	巴林	土耳其	泰国	越南
相对比例	4631.27%	3984.04%	1866.87%	800.99%	439.34%	379.37%	200.40%	166.46%	77.54%	73.65%
机构名称	中国	美国	俄罗斯	南非	尼泊尔	印度	加纳	津巴布韦	英国	巴基斯坦
相对比例	50.00%	44.05%	32.04%	27.83%	12.74%	10.37%	6.53%	6.23%	3.53%	2.40%

这20个国家和地区的农业政策性金融机构可以划分为三种类型：一是以荷兰、法国、葡萄牙为代表的欧洲发达国家或地区农业政策性金融机构，其资产规模是其农业年产值的10倍以上；二是以韩国、日本、中国台湾为代表的亚洲发达国家或地区农业政策性金融机构，其资产规模是其农业年产值的1～10倍；三是以泰国、越南、中国等发展中国家或地区为

① 李扬. 中国金融发展报告（2005）［M］. 北京：社会科学文献出版社，2005.

代表的农业政策性金融机构，其资产规模是其农业年产值的 1 倍以下。从相对规模这一标准来看我们可以发现，越是发达的国家或地区，农业政策性金融机构相对规模越大；而相对规模越大就越有可能、有能力为当地农业的发展提供更有力的支持。① 需要特别说明的是表 8 - 1 中美国和英国是政策性金融机构资产规模与农业年产值比率也在 1 倍以下，而显然这两个国家并非发展中国家，究其原因，本章所统计的美国农场联合信贷银行仅是美国农业政策性金融体系——美国农场信贷体系的其中一环，其整个体系还包括农场信贷保险公司、联邦农业抵押公司、联邦农业信贷银行融资公司等，如果将这些机构的资产统一纳入统计范围，其总资产与农业产出的比例将远大于 44.05%，保守估计也应在 1 倍以上；而英国农业政策性金融机构——英国农业支付署可以说确实是个特例，是这 20 个国家和地区中唯一一家正规的官方机构，并且其仅经营一年内短期支付计划，并不像其他机构一样经营一年以上长期性项目，因此其规模也就小得多，实属特例，故加以说明。

三、农业政策性金融机构资产结构的国际比较

（一）对资产项目进行分类的标准

各国和地区农业政策性金融机构不仅在资产规模方面有显著差异，在资产结构上也大不相同。由于各国和地区采取的会计准则和相关披露制度存在一定差异，因而各国和地区农业政策性金融机构所披露的年报其详细程度差异较大，甚至会计科目也不完全一致，所以本章进一步的分析建立在对相关披露事项的重新归类汇总基础上，具体来说，将农业政策性金融机构的资产分为四大类：现金资产、贷款及贴现资产、持有的有价证券、固定资产及其他。

---

① 贾康，孟艳. 政策性金融演化的国际潮流及中国面临的抉择 [J]. 当代财经，2010（12）.

现金资产是指各农业政策性金融机构持有的变现能力极强的流动性资产，它主要用于保障金融机构的流动性以及满足缴付中央银行准备金。我国农发行对该事项的披露采用了"现金及银行存款""存放中央银行款项""存放同业款项""拆出资金"四个列报事项予以说明，而在其他国家或地区在对现金资产的披露过程中还采用了"现金及现金等价物"（Cash and Cash Equivalent）、"中央银行款项"（Central Bank Funds）、"流动性资产"（Liquid Assets）、"银行间及货币市场事项"（Inter Bank and Money Market Items）、"同业拆借"（Due from Banks）等事项予以说明。

贷款及贴现是各农业政策性金融机构持有的最主要的经营性资产，包括各种期限、各种风险的信贷资产及贴现资产。我国农发行将其列报在"发放贷款和垫款"事项下，而其他国家和地区则采用"客户贷款及贴现"（Loans and Advances to Consumers）、"借出贷款"（Loans Borrowed）、"机构贷款及贴现"（Loans and Advances to Institute）、"消费者贷款及贴现"（Loans and Advances to Customers）、"贷款及票据贴现"（Loans and Bills Discounted/Bills and Loans）等项目列报。

持有的有价证券包括股权类资产、债权类资产及衍生金融资产，各国和地区对该类资产的披露详尽程度差异最大，且列报事项的详细程度往往同其持有的该类资产比例呈正相关。我国农发行对该事项的披露仅通过"买入返售金融资产"项目予以披露，而其他国家和地区还通过"交易性金融资产"（Financial Assets Held for Trading）——以公允价值计量且其变动直接计入当期损益的金融资产、"可供出售金融资产"（Available for Sale Financial Assets）——持有目的尚未明确的金融资产、"股权投资"（Investment Property）——意图长期持有的股权类投资、"持有至到期投资"（Held to Maturity Financial Assets）——意图长期持有的债券类投资、"对冲衍生工具"（Hedging Derivative Instruments）——用于风险管理的衍生金融工具等多个项目进行披露。

固定资产及其他是各国或地区农业政策性金融机构用于办公经营的固定资产、在建工程、由税收差异造成的递延所得税资产等项目的归集，我国农发行将其列报在"固定资产""在建工程""其他资产""递延所得税资产"项下，除此之外，其他国家或地区的农业政策性金融机构还有"无形资产"（Intangible Assets）、"土地使用权"（Land Use Right）等项目列报。

（二）农业政策性金融机构资产结构差异分析

以上述四大资产分类为基础，笔者绘制了20个国家和地区农业政策性金融机构资产结构百分比图，按照贷款及贴现资产比重由高到低的顺序排列，如图8-2所示。

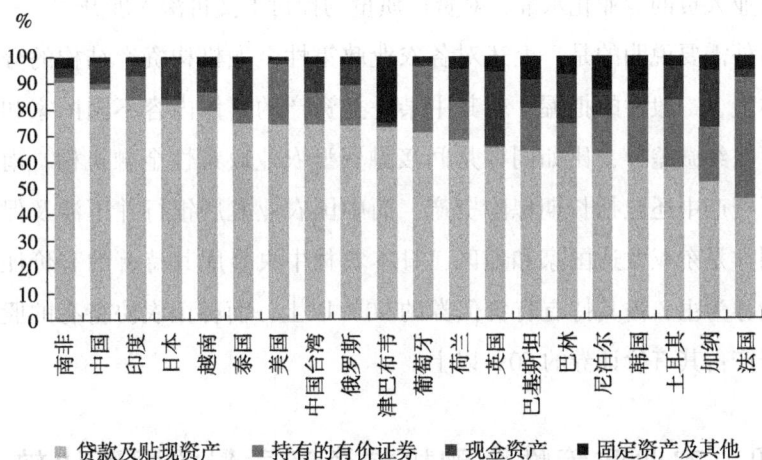

图 8-2 20个国家和地区农业政策性金融机构资产结构百分比

通过资产结构百分比图我们可以看出，20家农业政策性金融机构所持有的最主要资产是贷款及贴现资产，除法国农业信贷集团外（45.95%），其他19家该类资产的比重均在50%以上；贷款及贴现资产比重最高的三家农业政策性金融机构是南非土地银行、中国农业发展银行、印度国家农业和农村发展银行，其贷款及贴现资产比重分别为90.54%、87.57%、83.63%；而有价证券比重最高的三家农业政策性金融机构分别是法国农业信贷集团、土耳其农业银行、葡萄牙储蓄信贷银行，其有价证券所占比重分别为45.56%、26.08%、25.03%。上述这组数据表明，当前世界范围内农业政策性金融机构对农业、农村的扶植仍以发放贷款、票据贴现为主，特别是在发展中国家和地区间接融资具有绝对主导地位；而在欧洲金融发展程度较高的国家和地区，金融混业成为大的发展趋势，政策性金融机构也开始逐步涉足直接融资领域，一方面通过一级、二级有价证券市场进行股权、债券、衍生品的交易实现资产经营多元化，利用衍生类金融头寸实施风险补偿管理，另一方面通过兼并、收购、设立子公司的方式广泛控股，迅速扩张资产规模，形成农业政策性金融集团。这方面做得比较成功的是法国农业信贷集团，其通过有价证券的交易在很大程度上实现了信贷资产的套期保值，当然，这在很大程度上取决于一国（地区）金融发展程度及相关从业人员的专业化水准，对资产质量的探讨下文再深入展开。

另外需要说明的是，上述对各农业政策性金融机构资产结构的分析是从整体上、一般性的把握，就其中某一类资产的具体内容不同国家和地区之间存在细微差异，比如同样是间接融资型农业政策性金融机构，南非土地银行资产中还包括长期保险资产，而中国农业发展银行并不涉及保险业务；同样是东亚发达国家和地区，日本农林中央金库其持有的有价证券以政府债券为主，占其持有有价债券的90%以上，而韩国农协持有的股权类交易资产占其有价证券的50%以上。

四、农业政策性金融机构资产质量的国际比较

对各国农业政策性金融机构资产质量的研究，笔者拟从以下三个方面展开，首先从整体上考察农业政策性金融机构资产减值损失率，然后分别就信贷及贴现资产的盈利能力、周转能力进行比较研究。

（一）农业政策性金融机构资产减值损失率比较分析

所谓资产减值损失，是指因资产账面价值高于其可收回金额而造成的损失，主要用于核算固定资产、在建工程、长期股权投资、持有至到期投资、贷款、应收款项等经营性项目的减值情况，在利润表下"资产减值损失"项目列报。需要特别注意的是，对于以公允价值进行计量的交易性金

融资产，其公允价值与账面价值的差异是单独通过"公允价值变动损益"来核算的，这是因为后者较前者而言价值波动的成因、频率更多地受到市场因素的影响，而且金融机构持有交易类金融资产的目的往往也是出于利用交易性金融资产的"公允价值变动损益"抵补各类经营性资产的"资产减值损失"。我们这里考察的资产减值损失是针对所有资产的账面价值与实际价值的差异，是广义的资产减值损失，是报表中"资产减值损失"与"公允价值变动损益"相抵后的净资产损失。笔者在统计了 19 个国家和地区农业政策性金融机构资产减值损失额与资产总值后得出各机构资产减值损失率（英国农业支付署对资产减值情况未作披露），如图 8 - 3 所示。

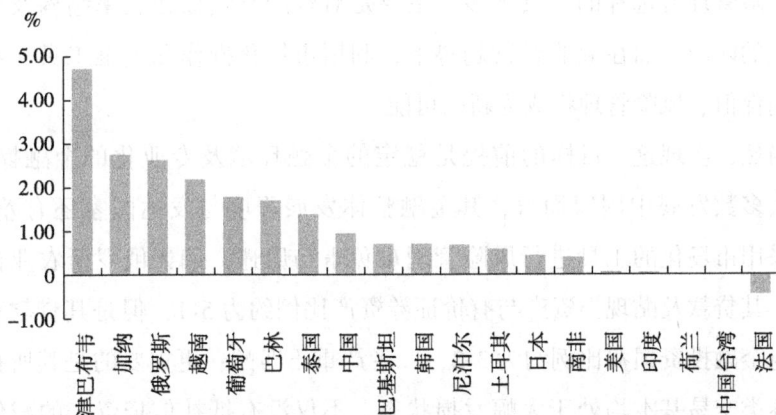

图 8 - 3　19 个国家和地区农业政策性金融机构资产减值损失率

通过图 8 - 3 我们可以看出，资产减值率最高的是津巴布韦农业有限银行，其资产减值率为 4.72%，资产减值率最低的是法国农业信贷集团，其资产减值率为 - 0.46%，意味着本期资产损失转回大于本期资产减值损失，我国农发行资产减值损失率为 0.95%，处于国际同业中等水平。

法国农业信贷集团是唯一一家资产减值率为负的农业政策性金融机构，这需要我们重点关注。上文曾提到法国农业信贷集团是跨国混业经营金融集团，它通过金融原生工具与衍生工具交易对相关资产进行风险管理，有效地运用市场化操作对所持信贷资产风险头寸进行套期保值，大大降低了经营风险。根据法国农业信贷集团2014年年报"风险成本"（Cost of Risk）披露，该集团在2014年经营性资产净减值共计27.88亿欧元；而同年交易性金融资产及可供出售金融资产公允价值变动损益净收益为90.34亿元，完全覆盖了经营性资产造成的资产减值损失，并且还有盈余。

笔者认为，这种成熟的风险管理机制对于农业政策性金融机构未来发展具有积极意义：金融是高风险行业，农业在某种意义上是"看天吃饭"的行业，不确定性强，所以说农业金融更是不确定性强、风险大的行业，这就导致农业政策性金融机构所面临的经营性风险要远大于一般工商类金融机构，其进行风险管理的必要性更强。在过去金融分业经营的背景下，银行风险管理可选择的工具不多，主要是对资产与负债在利率结构及期限结构上的匹配，而在混业经营趋势下，利用市场化操作和金融工具交易进行套期保值、风险管理将成为新的可能。

当然，实现这一目标的前提是稳定的金融环境及专业化的金融操作，对于大多数发展中国家而言，其金融整体发展程度与发达国家还有差距，贸然采用市场化的工具进行风险管理难免事与愿违，例如俄罗斯农业银行集团，其贷款及贴现类资产与有价证券资产比例约为5:1，但是其贷款利息收入与金融投资损益比例约为3:2，二者严重不匹配；更重要的是其所持有的证券类交易基本均处于大幅亏损状态，不仅没有抵补信贷资产的减值损失，反而导致原本还处于盈利状态的信贷资产在加上证券交易资产后整体资产严重亏损。对于农业政策性金融机构而言，一方面要保障公共性职能的发挥，另一方面又要顾及自身的可持续发展，其理想的状态应该是信贷资产的低盈利或低亏损通过证券交易及风险管理进行有效抵补，而俄罗斯农业银行集团恰恰相反，这值得整个政策性金融业借鉴、反思。

（二）农业政策性金融机构信贷及贴现资产税前利润率比较分析

我们重点关注一下各国（地区）农业政策性金融机构的信贷及贴现资产，毕竟对于所有农业政策性金融机构而言信贷及贴现资产是其最主要的资产，也是目前金融发展阶段条件下政策性金融机构扶持农业发展的主要手段。将信贷及贴现资产从总资产中单独列出予以研究可以剔除其他资产或事项对间接融资业务的影响，能够最大限度地反映一国（地区）农业政策性金融机制发挥作用的力度。

信贷及贴现资产税前利润率等于税前利息净收入除以信贷及贴现资产总值，对于农业政策性金融机构而言，该指标衡量的是信贷及贴现资产的盈利能力，而对于农业政策性金融的服务对象而言，是借贷资金的税前成本。该项指标的高低直接体现出农业政策性金融机构支农扶农的力度，20个国家和地区农业政策性金融机构信贷及贴现资产税前利润率如图 8 - 4 所示。

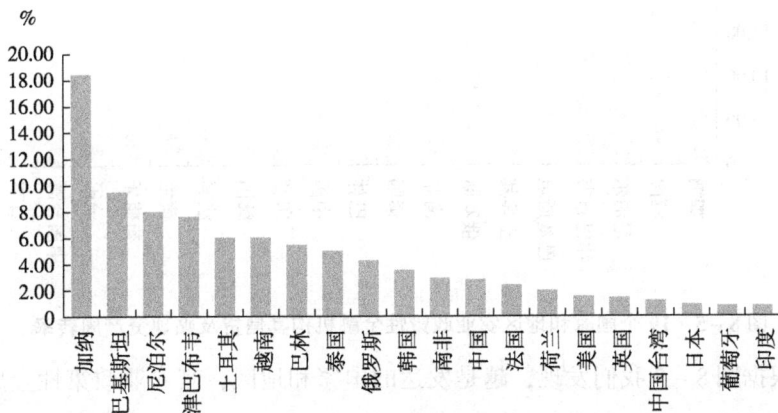

图 8 - 4 20 个国家和地区农业政策性金融机构信贷及贴现资产税前利润率

根据图 8 - 4 我们可以看出，越是发达的国家和地区，该项指标越低，那就意味着农业政策性金融服务的需求者所承担的资金成本越低。这 20 家农业政策性金融机构中，加纳农业发展有限银行贷款及贴现资产的税前利润率最高，为 18.48%，印度国家农业和农村发展银行该项指标最低，为 0.84%，中国农业发展银行该项指标值为 2.78%，处于国际同业中下游位置，这表明我国农业政策性金融机构在支农资金的成本上相对低廉。

信贷及贴现资产的周转率等于利息收入除以信贷及贴现资产总值，该项指标衡量农业政策性金融机构信贷及贴现资产的营运能力，该指标越低，表明相关资产周转速度越慢，其信贷资产中长期信贷的比重越大，对于农业政策性金融的服务对象而言，就意味着更有可能得到中长期资金贷款。20家农业政策性金融机构中，由于英国农业支付署仅经营一年内短期资金拨付，并不涉及长期融资，因此其周转率指标奇高，达508.50%，是一个特例，剩下19家农业政策性金融机构其信贷及贴现资产周转率，如图8-5所示。

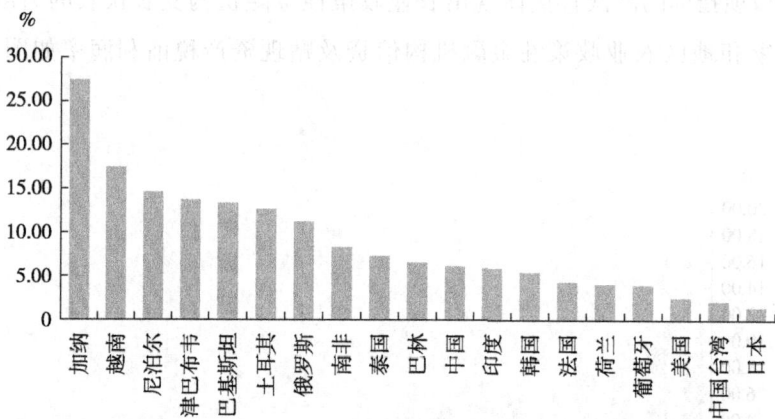

图8-5 19个国家和地区农业政策性金融机构其信贷及贴现资产周转率

根据图8-5我们发现，越是发达的国家和地区，其农业政策性金融机构信贷及贴现资产的周转率越低，这就表明其越有可能为其服务对象提供更多的中长期贷款。在这19家农业政策性金融机构中，信贷及贴现资产周转率最高的同样是加纳农业发展有限银行，为27.41%；该指标最低的是日本农林中央金库，仅为1.59%；中国农业发展银行该指标为6.34%，同样处于国际同业中下游水平，说明我国农业政策性金融机构在支农资金的期限上相对较长。

综上所述，从整体上而言，发达国家和地区的农业政策性金融机构不论是在规模上还是在支农贷款的优惠性及期限性上都要优于发展中国家和地区；我国农业发展银行在规模上属于国际同业中较大规模，但从支农信贷的优惠性及期限性上还有进一步提升的空间。因此，未来中国农业发银行的改革不仅要注重规模上的扩张，更要注重支农服务的质量，提升贷款的优惠性及贷款期限的持久性。

五、结论与政策建议

通过上文从资产规模、资产结构与资产质量三个方面对各国和地区农业政策性金融机构的比较，可以为我国农业发展银行进一步深化改革提供借鉴与指导，特别是在扩大资产规模、优化资产结构、保障资产质量方面具有重要意义。

首先，我国农业发展银行与发达国家和地区农业政策性金融机构从资产规模上相比还有较大差距，特别是在考虑到中国作为世界第一大农业大国时，这一问题表现得更为突出。只有足够大的资产规模才能为相关机构充分发挥政策性金融职能提供保障，才能使政策性金融制度实现普惠式发展、普及每个需要金融扶持的个体。因此，在未来稳步扩大农业政策性金融机构的规模是保障农业政策性金融职能发挥的基本前提。

其次，进一步优化农业政策性金融机构的资产结构，在以信贷资产为主要资产的基础上适度持有一定规模的股权资产、债券资产和衍生资产，以丰富和优化资产结构。从西方发达国家和地区农业政策性金融机构近些年的实践来看，有越来越多的政策性金融机构开始逐步涉及传统上较少涉及的直接金融市场，这一变化对未来农业政策性金融机构及政策性金融制度的发展影响意义深远，主要体现在以下三个方面：第一，政策性金融机构在货币市场通过短期金融资产交易获得投资收益，丰富了传统上以利息收入为主导的单一收入结构，提升了自身营运资产的周转率和收益率；第二，政策性金融机构通过少量金融衍生工具交易对其持有的原生性金融资产或负债进行套期保值，规避了价格风险，提升了自身风险管理的能力；第三，更为重要的是通过持有政策性金融机构的子公司、联营企业、合营企业等关联方股权实现定向扶持，反映在农业政策性金融机构资产结构上即表现为长期股权投资资产项目从无到有、从少到多，这一方式有可能成为未来农业政策性金融机构发挥公共性职能的新方式。

最后，保障农业政策性金融机构资产质量是维持其自身可持续发展的底线。一方面，政策性金融制度本身以"强位弱势"群体为服务对象的基本定位决定了政策性金融机构资产，特别是信贷资产的质量较商业银行而言是有差距的；另一方面，农业受季节因素影响，不确定性强，要"看天吃饭"，这造成了农业这一产业自身的脆弱性，上述这两方面因素综合导致了农业政策性金融机构其面临的经营风险要远大于一般商业银行，具体表现为资产计提的资产减值损失率高于一般商业银行。在一些发展中国家和地区，过高的资产减值损失已严重限制了农业政策性金融机构的可持续发展，一个最直接的后果就是农业政策性金融机构总资产和净资产负增长。尽管如此，笔者在此仍未使用"提升资产质量"这种说法，这是由于保障政策性金融机构其公共性职能的发挥应当允许"政策性亏损"的存在，也暗含了对政策性金融机构商业化倾向的担忧与防范。因此，保障农业政策性金融机构资产质量是维持其自身可持续发展的底线，也是保障政策性金融制度公共性职能发挥的红线。

第九章 农业政策性金融机构负债及所有者权益的国际比较

本章通过对具有典型代表性的 20 个国家和地区农业政策性金融机构负债及所有者权益的比较，深入分析了当前世界范围内农业政策性金融机构在负债和所有者权益在规模、结构及质量等方面的异同，系统地论述了农业政策性金融机构资金来源的基本情况，为我国农业发展银行找准自己在国际同行中的位置及进一步深化改革提供了经验与借鉴。

一、负债、所有者权益概念的界定及样本的选取

负债是指会计主体过去的交易或者事项形成的、预期会导致经济利益流出会计主体的现时义务；所有者权益是指会计主体资产扣除负债后由所有者享有的剩余权益。负债及所有者权益通常列报在资产负债表的右侧，其表示资金的来源情况。农业政策性金融机构是进行独立收支、独立核算的特殊政府机构或特殊公共法人，[1] 具备会计主体的基本特征，因此通过对其披露的财务报告进行分析，特别是对资产负债表中负债及所有者权益项目的分析可以在很大程度上反映农业政策性金融机构资金来源情况。本章通过对世界范围内具有典型代表性的 20 个国家和地区农业政策性金融机构负债及所有者权益项目的比较分析——具体包括负债及所有者权益规模、负债及所有者权益结构、负债的质量三个方面，综合反映了当前世界范围内农业政策性金融机构资金来源的基本情况，为我国农业政策性金融机构

---

① 白钦先，张坤. 中国政策性金融廿年纪之十辨文 [J]. 东岳论丛，2014（11）.

进一步深化改革提供了借鉴。

本章比较对象样本的选取涵盖了亚洲、欧洲、美洲、非洲四大洲，既包括典型发达国家和地区如日本、韩国、法国等国的农业政策性金融机构，还包括发展中国家和地区如印度、俄罗斯、南非等国；既考察了经济规模较大的国家如美国、中国，还考察了经济规模相对较小的国家和地区如越南、尼泊尔、津巴布韦等。从总体上看，样本具有综合性和代表性。具体数据的获取主要是以各机构在其官方网站公布的年报为主，以 2014 年最新数据为主，但个别国家和地区由于披露事项更新缓慢或技术条件受限采用了 2013 年或 2011 年的数据。

二、农业政策性金融机构负债及所有者权益规模的国际比较

（一）农业政策性金融机构负债及所有者权益的绝对规模比较分析

负债及所有者权益规模与资产规模比较就如同一枚硬币的正反两面，资产反映资金的运用情况，负债及所有者权益反映资金的来源情况，因此，从整体上而言，为匹配资金运用的规模，资金来源必须具备"相当"的量。从绝对规模上来看，法国农业信贷集团是负债规模最大的农业政策性金融机构，其负债规模达 18164.35 亿美元，荷兰农业合作银行紧随其后，其负债规模为 6892.41 亿美元，中国农业发展银行也以 4642.38 亿元的负债规模位列第三，而津巴布韦农业有限银行仅以 1.24 亿美元的规模成为 20 家农业政策性金融机构中负债规模最小的农业政策性金融机构。负债规模最大和最小之间相差了 14600 倍，可谓相差悬殊。在所有者权益规模方面，法国农业信贷集团及荷兰合作银行仍分别以 996.12 亿美元、435.18 亿美元稳居前两名，但中国农业发展银行却没能进入前三，以 118.55 亿美元位居第六，被韩国农协、日本农林中央金库、土耳其农业银行赶超，这也表明虽然从总体上而言资产规模越大

负债和所有者权益规模就越大，但也并非完全绝对，这还涉及二者间比例的问题，各国（地区）可能不尽相同。正如图 9－1、图 9－2 所示，图 9－1 是以负债规模由大到小排列的 20 个国家和地区农业政策性金融机构负债规模直方图，图 9－2 同样是以由大到小的顺序对 20 个国家和地区农业政策性金融机构所有者权益规模进行排列的直方图，通过比对我们可以清晰地看出，随着负债规模的减小，所有者权益规模也在逐步减小，但在中等规模的农业政策性金融机构当中，这二者间的比率关系不再稳定，这表明负债及所有者权益相对规模有较大变化，需要我们进一步予以关注。

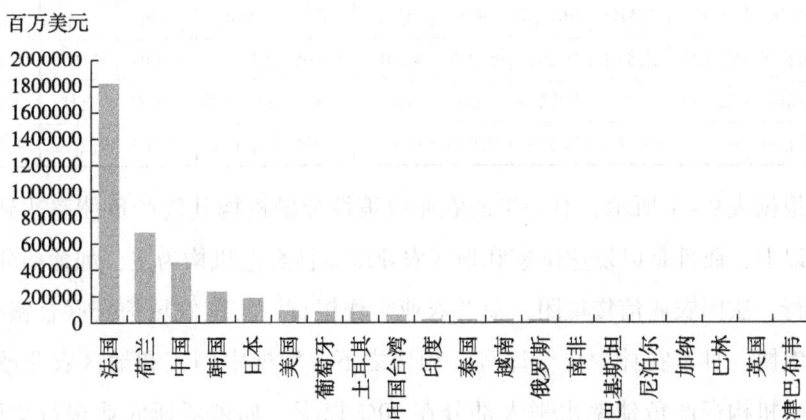

图 9－1　20 个国家和地区农业政策性金融机构负债规模

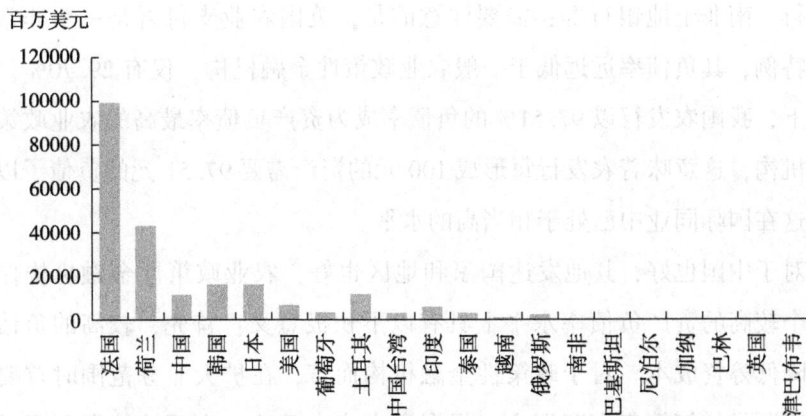

图 9－2　20 个国家和地区农业政策性金融机构所有者权益规模

（二）农业政策性金融机构负债及所有者权益的相对规模比较分析

负债及所有者权益的相对规模是指二者间的比例关系，通常用于衡量负债及所有者权益比例关系的指标包括资产负债率、权益乘数、净财务杠杆率等，本章使用资产负债率这一指标：资产负债率 = 负债/资产总值，具体结果如表 9 - 1 所示。

表 9 - 1　20 个国家和地区农业政策性金融机构资产负债率汇总

机构属国	中国	葡萄牙	中国台湾	越南	法国	荷兰	韩国	美国	日本	泰国
资产负债率	97.51%	95.84%	95.26%	95.24%	94.80%	94.06%	93.58%	93.14%	92.27%	91.04%
机构属国	俄罗斯	土耳其	津巴布韦	加纳	印度	南非	巴基斯坦	尼泊尔	巴林	英国
资产负债率	89.67%	88.47%	84.30%	84.06%	83.18%	83.10%	78.12%	72.24%	56.50%	29.70%

根据表 9 - 1 所示，有一半的农业政策性金融机构其资产负债率达到了 90% 以上，而且是以发达国家和地区农业政策性金融机构为主，如葡萄牙信贷银行、法国农业信贷集团、荷兰农业合作银行、美国农场信贷联合银行、韩国农协、日本农林中央金库等；相比之下，发展中国家和地区农业政策性金融机构资产负债率水平大部分在 90% 以下，如俄罗斯农业银行集团、津巴布韦农业有限银行、加纳农业有限发展银行、印度国家农业和农村发展银行、南非土地银行等；需要注意的是，英国农业支付署是一个非常特殊的特例，其负债率远远低于一般农业政策性金融机构，仅有 29.70%。相比之下，我国农发行以 97.51% 的负债率成为资产负债率最高的农业政策性金融机构，这意味着农发行每形成 100 元的资产需要 97.51 元的负债予以支持，这在国际同业中已处于相当高的水平。

对于中国也好，其他发达国家和地区也好，农业政策性金融机构保持在一个较高的资产负债率水平上具有以下积极意义：首先，较高的负债率能够降低筹资成本。对于政策性金融机构而言，在扩大业务范围时首要解决的问题是如何筹集配套资金，根据资本成本理论，内源性筹资即通过利润留存提取公积金的方式是筹资成本最低的融资方式，因此，内源性筹资往往是放在优先考虑的地位，然而对于政策性金融机构"保本微利"的特点而言，通过逐年的资本积累想要在短时间内应付业务活动的大幅扩张往往是杯水车薪，因此，为保障相关公共性职能的发挥及相关业务的拓展，外源性融资成为政策性金融机构获取长期资金来源的重要渠道。外源性融资又包括债权性融资和股权性融资，前者较后者不仅具有弹性，而且更重要的是债权性融资成本往往也较股权性融资成本低，特别是在中国当前环境下，希望通过中央注资的形式扩大资本规模绝非易事，也不可能成为常用手段。其次，负债具有"税盾"的作用，根据税法规定，利息费用可以税前扣除，但是股利不得税前扣除，而且在股利分配过程中还要支付一定的所得税，因此，允许政策性金融机构维持在较高比例的负债水平能够有效发挥"税盾"作用，从而对政策性金融机构而言也是一种变相的支持。①

当然，较高的资产负债率也意味着政策性金融机构面临的流动性风险是较高的，股权融资不需要到期偿还，因而没有清偿风险，但债权融资不同，必须到期还本付息，如果资金安排不合理或自身经营不利，往往容易导致清偿风险的爆发，特别是在整个经济环境下行压力增大、通货紧缩背景下，较大规模的负债将意味着债务人将要承担更多的实际经济利益流出。因此，在后危机时代，全球经济复苏缓慢的大背景下，发展中国家和地区较发达国家和地区而言采取了相对保守的策略，其资产负债率基本维持在90%以下也是必要的。

三、农业政策性金融机构负债及所有者权益结构的国际比较

（一）农业政策性金融机构债务融资结构的比较分析

上文指出，大多数农业政策性金融机构依靠对外负债进行外部融资，这是政策性金融的共性特点，但是考虑到各国（地区）情况和各国（地区）

---

① 李扬．中国金融发展报告（2005）[M]．北京：社会科学文献出版社，2005．

农业政策性金融机构经营的特点，不同国家和地区的农业政策性金融机构对外负债的结构具有较大差异。另外，受各国（地区）会计准则差异的影响，相关负债项目披露及其表述也有一定的差异。因此，笔者在对各国（地区）负债披露项目进行辨析的基础上将对外负债分为发行债券、吸收存款、市场拆借和其他方式四个类别进行进一步研究。

发行债券是指各国（地区）农业政策性金融机构通过一级市场向投资者（主要是机构投资者）发行金融债券，通常该类债券同国债一样享有主权信用，因此风险水平较低、利率水平也较低，对于农业政策性金融机构而言是一种低成本负债方式。我国农业发展银行对该类负债的披露通过"应付债券"项目予以列报披露，其他一些国家和地区还有采用"发行债券"（Bonds Issued）、"债务发行及其他借款"（Debts Issued and Other Borrowed Funds）、"发行市场债券"（Marketable Security Issued）、"公司金融债"（Corporate Debt）等报表项目进行披露。

吸收存款是指各国（地区）农业政策性金融机构同商业银行一样吸收个人或企业的负债，我国农发行将该项事项通过"吸收存款"项目列报披露，其他一些国家（地区）还有采取"消费者账户"（Customer Accounts）、"储蓄存款"（Deposit/Deposits from Customers）、"消费者资金"（Customer Resources）等项目披露。

市场拆借是指农业政策性金融机构在本国（地区）货币市场通过拆借系统向本国（地区）中央银行、商业银行或其他非银行金融机构筹集负债资金，这种拆借往往是经常的、短期头寸拆借，对于大多数国家（地区）的农业政策性金融机构而言这种拆借所形成的负债余额相对整个负债规模来讲比例是较低的。我国农发行对该类负债余额的披露通过"向中央银行借款"及"同业及其他金融机构存款款项"两个项目进行列报披露，其他一些国家还有采取"银行拆借"（Bank Lending）、"向政府或央行借款"（Borrowings from the Government and State Bank）、"央行资金"（Resources of Central Bank）等项目列报披露。

其他负债主要包括与经营事项相关的"应付利息"、与税收相关的"应交税费""递延所得税负债",与未决事项相关的"预计负债"、与套期保值相关的"交易性金融负债"等,总的来说这些类型的负债规模都很小,也不构成农业政策性金融机构资金来源的主要途径,因此统一纳入其他负债进行讨论。在上述对农业政策性金融机构负债分类的基础上,结合各国(地区)农业政策性金融机构对其负债规模及构成的相关披露,我们可以得到20个国家和地区农业政策性金融机构负债结构图,如图9-3所示(按照应付债券占负债比率从高到低的顺序依次排列)。

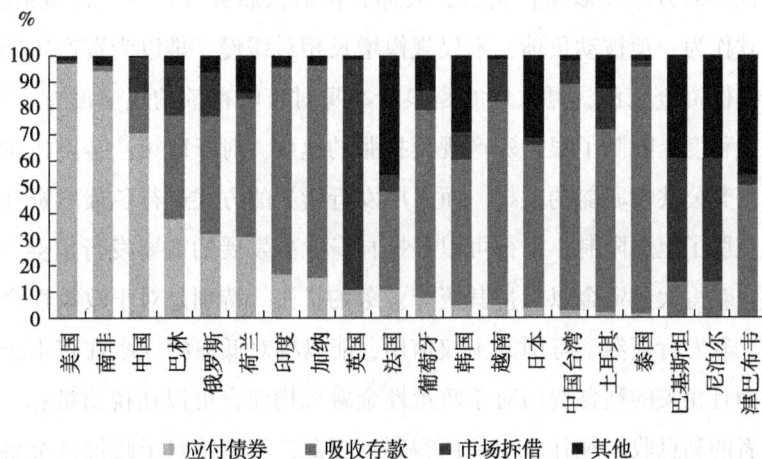

图9-3　20个国家和地区农业政策性金融机构负债结构

通过图9-3我们可以看出,不同国家和地区的农业政策性金融机构负债结构具有较大差异。大体而言可以分为两类,一类是以吸收存款为主要负债的农业政策性金融机构,如泰国农业和农业合作社银行、中国台湾土地银行、加纳农业发展有限银行,其吸收存款占负债总额的比率分别为93.51%、85.54%和80.65%,事实上从图9-3可以看出有超过一半以上的农业政策性金融机构其吸收存款占负债总额的比率达50%以上,也就是说,目前世界范围内仍有大量的农业政策性金融机构像传统商业银行一样依靠揽储来支撑相关资产的扩张。另一类则是以发行债券为主要负债的农业政策性金融机构,如美国的农场信贷联合银行、南非土地银行和中国农业发展银行,这三家机构应付债券占负债总额的比率分别为97.52%、94.13%和70.70%,而相比之下巴基斯坦农业有限银行、尼泊尔农业发展银行应付债券占其负债的比率都在1%以下，津巴布韦农业有限银行根本不依赖发行债券获取负债资金。

在过去的几十年间，商业银行经营管理理论经历了从被动负债论到主动负债论再到资产负债综合管理理论的三个发展历程，这一理论的变迁也体现了商业银行在经营管理过程中对风险的应对从传统的一味规避到主动出击应对的过程。事实上，这一经营理念的变迁对于政策性金融机构而言也应具有启发意义：从目前世界范围来看，只有少数的一些农业政策性金融机构采取依靠发行债券的方式获取负债资金，大部分仍旧依靠吸收存款进行负债融资。吸收存款作为一项被动负债，不仅规模增长相对缓慢，难以为资产短期内迅速扩张提供资金来源，更重要的是银行本身对吸收存款的规模没有主导权，这在很大程度上限制了银行资产规模扩张的速度，对于政策性金融机构而言就限制了其公共性职能的发挥。而采用发行债券的方式进行负债融资在很大程度上克服了上述限制，银行可以根据自身业务发展的需要发行债券，进而在短期内获得大量资金以支持其资产业务的扩张。特别是对于政策性金融机构而言，其发行债券享有国家主权信用，能以相对低廉的成本在资本市场上融资，而且相关的利息费用对于政策性金融机构而言可以在税前抵扣，回报给投资者的利息收入往往也免征所得税。因此，不论是对于政策性金融而言还是对于投资者（金融消费者）而言都比传统的存贷模式有吸引力。

（二）农业政策性金融机构所有者权益结构的比较分析

所有者权益是资产扣除负债后由所有者享有的剩余权益，根据所有者权益形成的来源，可以将所有者权益进一步分为股本和留存收益两部分，其中股本是相关机构成立时所有者的最初投入，我国《会计准则》规定其通过"股本"或"实收资本"列报披露①，有的国家和地区还通过"股权

① 严格意义上讲，相关机构成立期初投入资本还可能在"资本公积——股本溢价"项下反映，以反映实际缴付的金额超过股本金额部分；但在实务中"资本公积"项下还包括"资本公积——其他资本公积"，以反映相关资产或负债以公允价值计量且其变动不计入当期损益而计入"资本公积——其他资本公积"，待处置相关资产或负债时再从"资本公积——其他资本公积"转出计入当期损益的金额变动。本章简化处理该问题，认为"资本公积"项不包括"股本溢价"。

资本"（Share Capital）、"注册资本"（Chartered Capital）、"所有者权益"
（Shareholder's Equity），"缴付资本"（Paid – in Capital）等项目列报；留存
收益则是经营过程中累计未分配收益之和，我国会计准备规定其通过"资
本公积""盈余公积""未分配利润""一般风险准备"等项目进行列报披
露，其他一些国家和地区还有采用"信用风险准备"（Credit Risk Reserve）、
"利润留存"（Retained Earnings）、"重估储备"（Revaluation Reserve）、"法
定公积"（Statutory Reserve）、"可供出售资产储备"（Available – for – Sale
Reserve）、"留存基金"（Reserve Funds）、"未分配利润"（Unallocated Re-
tained Earnings）等项目列报披露。

　　基于上述分类，20 个国家和地区农业政策性金融机构所有者权益结构
如图 9 –4 所示。

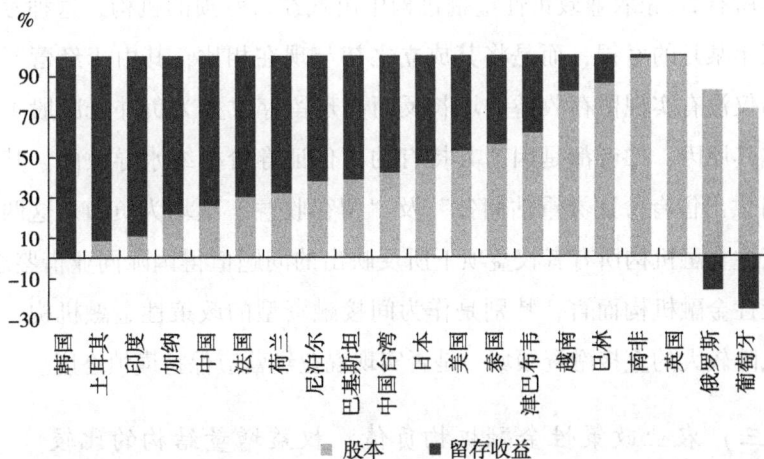

图 9 –4　20 个国家和地区农业政策性金融机构所有者权益结构

　　结合图 9 –2、图 9 –4 我们可以看出，各个国家和地区农业政策性金融
机构不仅所有者权益规模有较大差异，而且所有者权益的结构也不尽相同。
一些国家和地区的农业政策性金融机构通过利润留存、提取公积金的方式
使得所有者权益增加，这些机构包括韩国农协、土耳其农业银行、印度国
家农业和农村发展银行，其留存收益占所有者权益的比率分别为 99.30%、
91.24% 和 89.02%，我国农业发展银行该项指标也达到 74.44%，属于国际

同业中的较高水平。与此相对应的是，还有一些国家和地区其所有者权益主要是成立之初的资本投入，在后续过程中利润留存规模不大，如南非土地银行、巴林发展银行和越南农业银行，这几家银行股本占其所有者权益的比率分别为98.23%、85.73%和82.35%；需要特别注意的是英国农业支付署，该机构的资本占所有者权益的比率达到99.68%，几乎没有留存收益，这是由于英国农业支付署是20家农业政策性金融机构中比较特殊的一家，其本身就是英国政府下的政府职能部门，比我们平时理论上所认为的政策性金融机构是准政府机构或特殊公共法人来得更彻底，可以说其完全不强调盈利性，仅以承担政府转移支付职能为最高宗旨，当然，其日常经费支出属于政府开支，故而也不需要进行盈利活动和相关利润的留存。另外，还有俄罗斯农业银行集团与葡萄牙储蓄信贷银行也比较特殊，这两家银行是所有20家农业政策性金融机构中出现经营亏损的机构，这种亏损不是指某年某月的亏损，而是将其成立之初与现在相比，其由于经营不利的原因不仅没有实现留存收益的增长反而出现留存收益为负并抵减股本的状况，究其原因，二者都是因为其持有的有价证券价格缩水导致的，其列报的"可供出售有价证券重估储备"及"留存收益"项均为负值。这两家农业政策性金融机构所有者权益项下所反映出的问题值得国际同业借鉴思考，对政策性金融机构而言，特别是作为间接融资型的政策性金融机构，是否参与风险较大的直接融资领域、是否实现混业经营应保持谨慎态度。

（三）农业政策性金融机构负债、权益增量结构的比较

上文对农业政策性金融机构负债及所有者权益的比较都是基于特定时点的比较，即"存量"的比较，下面我们用动态分析的视角比较"存量"在不同时点的变化，即"流量"的比较——农业政策性金融机构每年资产的扩张是由负债及所有者权益扩张所驱动的，分析三者增量结构关系比单一比较存量更能反映出农业政策性金融机构资产扩张过程中对负债融资和所有者权益融资的依赖程度。在此，我们考察了2014年较2013年各家农业政策性金融机构资产增加规模和负债增加、所有者权益增加之间的比率关

系，由于未收集到巴基斯坦农业有限银行、荷兰农业合作银行、津巴布韦农业有限银行和越南农业银行 2014 年的最新数据，故以 2013 年或 2011 年的数据代替之。分析结果如图 9 - 5 所示。

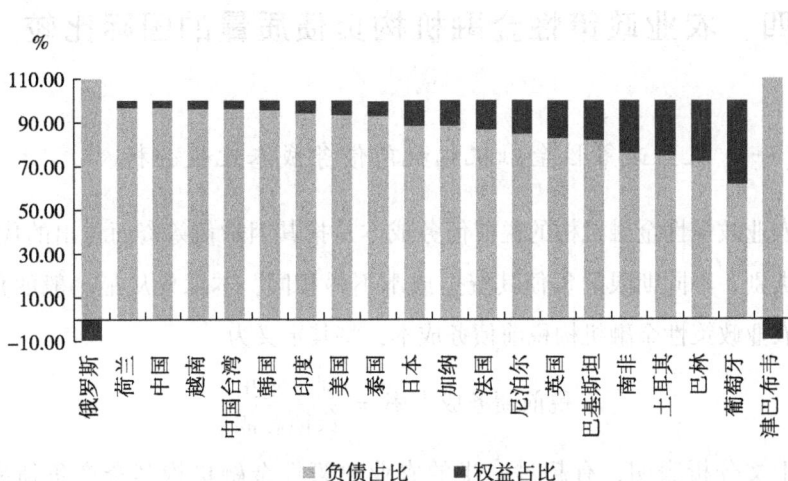

图 9 - 5　20 个国家和地区农业政策性金融机构资产驱动结构

根据图 9 - 5 所示，20 家农业政策性金融机构中有 15 家农业政策性金融机构其负债增量占其资产驱动结构的 80% 以上，特别是俄罗斯农业银行集团 2014 年虽然其所有者权益规模减少了 297 亿卢布，但其负债规模较上年增加 2748 亿卢布，致使其资产规模增加 2451 亿卢布，负债增量占其资产增量的 112.15%，成为唯一一家该项比率超过 100% 的农业政策性金融机构；另外，这一比率也大大超过了其 89.67% 的资产负债率，这表明其当年的筹资结构与其现有的权益负债结构有较大区别。我国农业发展银行 2014 年较 2013 年资产规模增加 5195 亿元，对应的负债规模增加 5052 亿元、所有者权益增加 143 亿元，负债增量占资产增量的 97.25%，与农发行 97.51% 的资产负债率基本持平，可见，我国农发行的筹资结构相对稳定。还有一家比较特殊的农业政策性金融机构是津巴布韦农业有限银行，该银行 2013 年负债规模较上年增加了 338.2 万美元，然而资产规模不仅没有增加反而减少了 388.6 万美元，由此导致权益规模减少 726.8 万美元，成为唯一一家资产和负债规模呈反向变动的农业政策性金融机构，这一变化也导致其资产负债率在短期内大幅变化，即由 2012 年的 79.09% 迅速上升至 2013 年的 84.30%。

四、农业政策性金融机构负债质量的国际比较

（一）农业政策性金融机构税前债务成本比较分析

农业政策性金融机构的税前债务成本是指其因举债筹资而付出的代价，不同类别、不同期限的负债其资金成本不尽相同，本章仅从最一般的角度考察农业政策性金融机构税前债务成本，将其定义为

$$税前债务成本率 = \frac{利息支出}{负债总额}$$

上文分析表明，有超过一半的农业政策性金融机构其资产负债率达 90% 以上，可以说负债的税前债务成本在很大程度上决定了一国农业政策性金融机构的总体筹资成本，即加权平均资本成本（WACC），因此，有必要对各国（地区）农业政策性金融机构税前债务成本进行详细分析。根据上述的定义式，本章选取的 19 个国家和地区农业政策性金融机构税前债务成本率直方图如图 9 − 6 所示[①]。

通过图 9 − 6 可以看出，税前债务成本率最高的三家农业政策性金融机构是越南农业银行、南非土地银行和俄罗斯农业银行集团，其税前债务成本率分别为 9.53%、6.24% 和 5.91%；税前债务成本率最低的三家农业政策性金融机构分别为日本农林中央金库、中国台湾土地银行、美国农场信贷联合银行，其税前债务成本率分别为 0.69%、0.84%、0.84%，均不超过 1%；我国农业发展银行税前债务成本率为 3.20%，属于国际同业中游水平。从整个排名结果来看，越是发达的国家和地区，其农业政策性金融机

① 英国农业支付署在其披露的年报中未就利息费用充分披露，故未能获取相关数据；另外，该机构其资产负债率仅为 29.7%，与资产负债率达 90% 以上的农业政策性金融机构相比，其税前债务成本对加权平均资本成本的影响较小，故图 9 − 6 中未列出英国农业支付署的税前债务成本率。

%

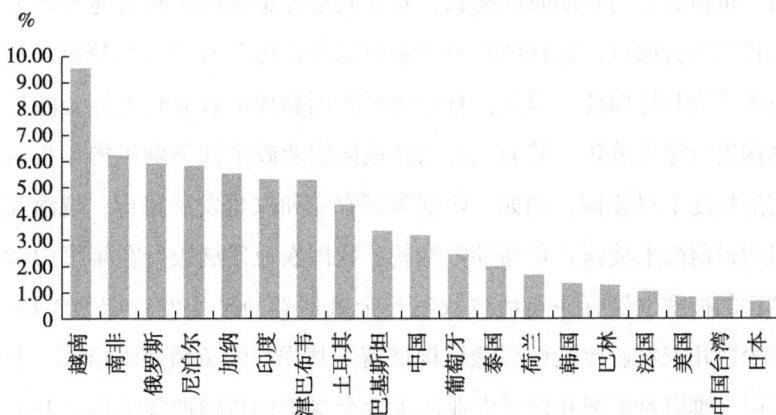

图9-6 19个国家和地区农业政策性金融机构税前债务成本率

构税前债务成本率越低——几乎所有的发达国家和地区农业政策性金融机构其税前债务成本率都在3%以下，而大部分发展中国家和地区农业政策性金融机构该项指标都达到了5%以上。笔者认为，这一方面是因为发达国家和地区较发展中国家和地区而言资本相对充裕，因此，宏观环境上决定了资本的边际报酬率相对较低；另一方面则是因为各国和地区政策性金融机构的信用等级和国家主权信用挂钩，发达国家和地区较高的信用评级致使这些国家和地区的农业政策性金融机构在国际市场发行债券时可以享有较低的利率水平。以上两点原因对于发展中国家和地区农业政策性金融机构而言应具有一定的启示意义：发展中国家和地区农业政策性金融机构可以充分利用国家主权信用的优势向国际市场进行筹资，而不必过度拘泥于国内市场，特别是对于那些国内资金成本相对较高的农业政策性金融机构而言更具有借鉴意义。事实上，这种做法在一些国家和地区的农业政策性金融机构已有所实践，如韩国农协，其不仅在本国市场进行融资业务，还在中国、日本、美国、新加坡、中国香港、印度尼西亚、巴拿马等金融市场开展广泛的融资、担保等业务。

（二）农业政策性金融机构负债期限结构的比较分析

农业政策性金融机构负债的期限结构是影响其偿债能力的重要因素，总体而言，负债的平均到期时间越长，农业政策性金融机构越有能力涉入投资期限较长的经营项目，越有可能为"强位弱势群体"提供长期贷款，从而有效地发挥其公共性职能，因此，有必要对各国和地区农业政策性金融机构的期限结构进行深入分析。然而，各国和地区农业政策性金融机构年报对该事项披露的程度不尽相同，例如，印度国家农业和农村发展银行、越南农业银行等机构目前尚未披露其负债期限结构；我国农业发展银行在年报中对负债期限结构的披露也仅有一句话"农发行金融债券的平均发行期为3.69年"；而只有少数几家农业政策性金融机构披露了其详细的负债期限结构。考虑到上述原因，难以对各国和地区农业政策性金融机构负债期限结构展开全面系统比较，因而本章仅选取了三家具有典型代表性、规模相对较大且与我国农发行具有一定可比性的农业政策性金融机构对其负债期限结构进行深入分析，这三家机构分别为日本农林中央金库、南非土地银行和美国农场信贷联合银行。

日本农林中央金库在其年报中对负债的期限结构划分为六个档次，并对其作了如下披露，如表9－2所示。

表9－2　日本农业中央金库2014年负债期限结构

单位：百万日元，%

到期日	1年内	1~3年	3~5年	5~7年	7~10年	10年以上	合计
数额	79104627	1994023	1353170	688	1387791	98216	83938515
百分比	94.24	2.38	1.61	0.00	1.65	0.12	100

根据表9－2的信息我们可以看出，对于日本农林中央金库而言，绝大部分负债属于流动性负债，即一年内到期负债；而长期负债虽然占整体负债规模的比例不高，但最长期限可达10年以上，这在众多农业政策性金融机构中是比较少见的。另外，从其构成结构上看，其1年内到期负债以吸收存款、回购协议、短期信托基金为主；而1~5年到期的中长期负债以应付债券为主，而超过5年以上的到期负债则以长期机构性借款为主。可见，对于日本农林中央金库而言不同的借款期限同其借款方式具有显著相关关系。

南非土地银行对其负债期限结构的披露划分为七个档次，并对其作了如下披露，如表9－3所示。

表9－3　南非土地银行2014年负债期限结构

单位：千兰特，%

到期日	3个月内	3~6个月	6~9个月	9~12个月	1~5年	5年以上	开放式赎回型	合计
数额	10895104	4531016	2918074	4322249	8649323	890358	536760	32742884
百分比	33.27	13.84	8.91	13.20	26.42	2.72	1.64	100

根据表9－3所披露的信息，南非土地银行1年内到期的流动负债占其负债总规模的70%左右，低于日本农林中央金库；1~5年到期的中长期负债占负债总额的26.42%，远高于日本农林中央金库的3.99%。另外，值得关注的是南非土地银行还采用了类似于可赎回基金式的负债融资模式，即相关负债没有明确到期期限，可能随时赎回，也可能长期存在，该类债务融资方式在具有较大灵活性的同时也给偿债带来一定的不确定性，所以这种债务融资方式也仅占债务总量的1.64%。

美国农场信贷联合银行对其负债期限结构的披露划分为六个档次，相关披露如表9－4所示。

表9－4　美国农场信贷联合银行2014年负债期限结构

单位：百万美元，%

到期日	1年内	1~2年	2~3年	3~4年	4~5年	5年以上	合计
数额	28408	18226	12110	3945	3229	13654	79572
百分比	35.70	22.91	15.22	4.96	4.06	17.16	100

根据表9－4所披露的信息，美国农场信贷联合银行其1年内到期的流动负债仅占负债总额的35.70%，远低于日本农林中央金库的94.24%和南非土地银行的69.23%，这就使得其长期负债占其总负债规模的比率均高于前两者，具体而言：中长期负债（1~5年）约占负债总额的47.15%，高于前两者的3.99%、26.42%；长期负债（5年以上）占负债总额的17.16%，高于前两者的1.77%、2.72%。美国农场信贷联合银行的这种负债结构就为其经营长期农业贷款提供了资金基础，在某种程度上也反映出其支农扶农的力度是强而有力的。

五、结论及政策建议

通过对上述三家农业政策性金融机构负债期限结构的分析可以为进一步优化我国农业发展银行负债期限结构提供一定的借鉴与参考。首先，我国农业发展银行负债的平均期限为 3.69 年，是国际同业中以中长期负债为主的农业政策性金融机构，而且这种中长期负债也主要是以发行金融债券的方式进行融资，在这一点上与美国农场信贷联合银行具有高度相似之处，可以说，稳定的长期负债结构为农业政策性金融机构开展与之匹配的长期信贷业务提供了良好的基础。[①] 其次，拓宽资金来源渠道，如通过机构借款获取 5 年以上甚至 10 年以上的资金来源，为农业政策性金融机构开展水利建设、基础设施建设等农业开发性业务提供基础，从目前我国农发行经营现状来看，对该类业务的涉及面还相对不足，优惠债务融资的期限结构可能是走出这一困境的必经之路。[②] 最后，扩大长期负债比率也意味着债务融资利息成本将会上升，由此带来的风险必须通过优化资产项目得以实现，做到资产和负债在期限结构和利率结构上的综合匹配。

[①] 贾康，孟艳. 政策性金融演化的国际潮流及中国面临的抉择 [J]. 当代财经，2010 (12).

[②] 由曦，曲艳丽. 政策性金融再定位——专访中国人民银行行长周小川 [J]. 财经，2015 (8).

第十章 农业政策性
金融机构财务指标的国际比较

本章拟对各国农业政策性金融机构的主要财务指标进行国际比较研究。具体内容安排如下：第一部分主要为阐述财务指标的选取和分析框架，第二部分为实际数据比较分析，第三部分则给出主要结论及相关政策建议。

一、财务分析基础——杜邦模型

财务报表分析是以财务报表为主要依据，采用科学的评价标准和适用的分析方法，遵循规范的分析程序，通过对经济组织的财务状况、经营成果和现金流量等重要指标的比较分析，从而对经济组织的经营情况及其绩效作出判断、评价和预测。财务报表分析包含的内容主要有财务能力分析、财务结构分析、财务预算分析、财务信用和风险分析、财务总体与趋势分析等。财务报表分析在实践中形成的操作方式和方法比较多，如杜邦分析法、沃尔综合评价法、比较分析法、趋势分析法等。

本章拟采用杜邦分析法为基础对各国农业政策性金融机构主要财务指标进行分析研究。杜邦分析法是利用主要财务比率之间的内在联系，对考察的经济组织财务状况和经营成果进行综合评价的方法。该分析体系以权益净利润率（也称净资产收益率）为龙头，以总资产净利润率和权益乘数为分支，重点介绍经济组织获利能力及杠杆水平对权益净利润率的影响，以及相关指标间的相互关系。因其最初由美国杜邦公司成功应用，所以得名。本章之所以采用杜邦分析法作为分析工具，主要是出于对相关数据可得性的考虑，因为杜邦分析法所需要的主要财务指标：净利率、销售收入（对于金融机构而言包括利息收入和非利息收入）、资产总值、权益总值等可以直接从各机构的年报中获取，不需要再进行数据的二次加工、调整，避免了人为主观因素对数据的影响；此外，如果采取其他分析法，需要进一步区分"经营性资产、金融性资产""经营性负债、金融性负债"及"经营性损益、金融性损益"，而各国会计准则在区分"经营与金融"时采用的标准略有差异，由此可能造成比较研究的系统性误差，而且工作量也因此大大增加。所以综合考虑上述因素，本章采用杜邦分析法作为研究方法。事实上，杜邦分析法能够从整体上综合反映考察对象的经营财务状况并且操作相对简单易行，因而受到广大财务分析工作者的欢迎，其普及程度也是各分析法中较高的。

权益净利润率是净利润与股东权益的比率，它反映每1元股东权益赚取的净利润，可以衡量企业的总体经营绩效，其公式表达为

$$权益净利润率 = \frac{净利润}{股东权益} \tag{1}$$

权益净利润率类似于经济学概念上的投资报酬率，它反映的是股东真正投资下去的资金一年可以带来的报酬水平，是每一期"产出"与"投入"的直接比值，因此，从本质上而言是对"资本逐利性"的衡量标准。值得一提的是，在以往的一些研究中有学者采用"净利润/资本"这一指标来衡量"资本逐利性"，其所使用的"资本"来源于财务报表中的"实收资本"（或"股本"）科目，严格来讲这是不对的。因为"实收资本"（或"股本"）科目反映的是企业最初设立时股东的净投资额，而随着经营的持续，用不同年份的净利润与最初的投资额去比在时间上不配比，它没有考虑到每年的净利润留存事实上也是企业所有者对企业进行的滚动净投资，也就是经济学上所谓的"资本积累"过程，而这一过程在会计上可以反映在"盈余公积"和"未分配利润"项下。"盈余公积""未分配利润"与"实收资本"（或"股本"）、"资本公积"共同构成所有者权益，因此使用净利润比所有者权益（权益净利润率）更加科学合理。

权益净利润率不仅可比性强，而且具有综合性。就我们的常识而言，要想提高投资回报水平（提高权益净利润率）可采取的途径有很多，如采取高价销售策略、薄利多销策略或适度借债，利用别人的钱为自己挣钱，这是日常生活给我们的直观印象。那么从学术研究的角度而言其道理又是什么呢？其实，用规范的学术语言描述上述三种策略分别为提高盈利能力、提高营运能力、提高财务杠杆，而衡量这三种能力的财务指标分别为销售净利润率、总资产周转率、权益乘数；所以权益净利润率的公式可以进一步表达为如下：

$$权益净利润率 = \frac{净利润}{销售收入} \times \frac{销售收入}{总资产} \times \frac{总资产}{股东权益}$$

$$= 销售净利润率 \times 总资产周转率 \times 权益乘数 \qquad (2)$$

其中：

$$销售净利润率 = \frac{净利润}{销售收入} \qquad (3)$$

$$总资产周转率 = \frac{销售收入}{总资产} \qquad (4)$$

$$权益乘数 = \frac{总资产}{股东权益} \qquad (5)$$

"销售净利润率"衡量盈利能力，是对利润表的概括；"销售收入"在利润表的第一行，"净利润"在利润表最后一行，两者相除可以概括全部经营成果；"权益乘数"衡量财务杠杆水平，是资产负债表的概括，表明资产、负债及所有者权益之间的比例关系，可以反映最基本的财务状况；"总资产周转次数"衡量营运能力，把利润表和资产负债表联系起来，使权益净利润率可以综合反映整个企业经营成果和财务状况。

结合本章实际情况，适用于各国农业政策性金融机构财务指标比较分析的杜邦分析的基本框架如图 10 - 1 所示。[①]

---

① 总资产净利润率＝净利润/总资产＝（净利润/销售收入）×（销售收入/总资产）＝销售净利润率×总资产周转率。

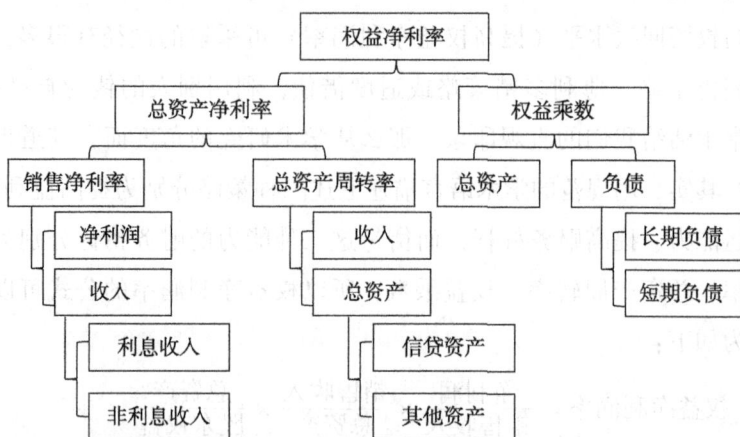

图 10 – 1 政策性金融机构财务指标杜邦分析结构

该体系是一个多层次的财务比率分析体系。各项财务指标可以在每个层次上与本企业历史或同业财务比率比较,比较之后向下一级分解。逐级分解逐步覆盖农业政策性金融机构经营活动的每个环节,以实现系统、全面评价企业经营成果和财务状况的目的。

第一层次的分解,把权益净利润率分解为销售净利润率、总资产周转率和权益乘数,这三个比率在各国农业政策性金融机构间可能存在显著差异,通过对差异的对比可以观察我国农业政策性金融机构与世界其他国家农业政策性金融机构经营战略及财务政策的不同。

分解出来的销售净利润率和总资产周转率可以反映特定机构的经营战略。根据农业政策性金融机构公共性及侧重社会综合效益的基本定位来看,理论上讲其盈利指标——销售净利润率应该较商业性金融机构低,以符合其"保本微利"的特性。[①] 另外,销售净利润率的高低还受政策性金融机构收入结构的影响,即利息收入与非利息收入的比率,这一因素在下文实际数据的比较分析中详细展开。而总资产的周转率则体现了相关机构的经营效率,其取决于资产结构中长期资产和短期资产的比例

———————————

① 白钦先,王伟. 科学认识政策性金融制度 [J]. 财贸经济, 2010 (8).

关系，对于金融机构而言，信贷资产的周转率很大程度上决定了这一比率。

分解出来的权益乘数可以反映企业的财务政策。在总资产净利润率不变的情况下，提高财务杠杆可以提高权益净利润率，但同时也会增加财务风险，特别是对金融机构而言，高杠杆经营是其主要经营风险之一，如何有效利用财务杠杆一直是理论界与实务界所长期关注的焦点问题。针对商业性金融机构财务杠杆的限制国际上逐步适用了巴塞尔协议Ⅰ、Ⅱ、Ⅲ，而此一轮政策性金融机构改革也有学者提出政策性金融机构也应逐步适用巴塞尔协议的规范，对这一问题的思考也将在下文中通过结合数据分析详细展开。

二、盈利能力、营运能力、财务杠杆比较分析

本章选取了 20 个世界范围内具有典型代表性国家或地区的农业政策性金融机构作为比较研究对象，涵盖了亚洲、欧洲、美洲、非洲四大洲，既包括典型发达国家或地区如日本、韩国、法国等国的农业政策性金融机构，还包括发展中国家或地区如印度、俄罗斯、南非等国；既考察了经济规模较大的国家或地区如美国、中国，还考察了经济规模相对较小的国家或地区如越南、尼泊尔、津巴布韦等。总体而言，样本具有综合性和代表性，基本上能够反映农业政策性金融同业在世界范围内的发展现状。具体数据的获取主要是通过各机构在其官方网站公布的年报获取，从其历年披露的资产负债表及利润表中可以查询到相关原始数据，在最后的参考文献中列示了相关年报资料。至于数据的时效性，本书尽可能以各机构披露的最新年报为依据，主要是 2014 年或 2013 年会计年度数据，但个别国家或地区由于披露事项更新缓慢或受研究技术条件无法获取等因素的影响采用了 2012 年或 2011 年的数据。相关机构的主要财务原始数据以表格的形式给出，如表 10 – 1 所示。

表10-1 20个国家和地区农业政策性金融机构主要财务指标

英文名称	中文名称	年份	货币单位	资产总值	贷款余额	权益总值	销售收入	利息收入	净利润
Agribank	越南农业银行	2011	百万越南盾	556269883	440895421	26491809	29446914	26727323	2187673
Agricultural Development Bank Limited	尼泊尔农业发展有限银行	2014	千尼泊尔卢比	93815620	61762568	16266909	2764120	2334725	534534
Agricultural Development Bank of China	中国农业发展银行	2014	亿元	31422.1	28313.51	782.4	775.71	765.26	143.04
Agriculture Development Bank Limited	加纳农业发展有限银行	2014	千加纳塞地	2156740	1124139	343815	327847	308137	47865
Agricultural Bank of Zimbabwe Limited	津巴布韦农业有限银行	2012	千美元	127778	83779	26715	10909	10477	-5571
Babobank Group	荷兰合作银行	2013	百万欧元	674139	460202	40037	22107	19756	2012
Bank for Agriculture and Agricultural Cooperatives	泰国农业和农业合作社银行	2013	百万泰铢	1338525	970630	107015	72198	67051	9891
CaixaGeral de Depósitos	葡萄牙储蓄贷银行	2013	千欧元	93835993	63375793	4922234	3618837	2994443	-1090514
Co-Bank	美国农场信贷联合银行	2014	千美元	107428401	80382497	7369663	2198782	2074611	904270
Credit Agricole Egypt	埃及农业信用社	2011	埃及镑	25640074	11348447	2002652	2251655	1818199	308040
Credit Agricole S. A.	法国农业信贷集团	2014	百万欧元	1029000	—	101000	15853	—	2756
Land Bank of South Africa	南非土地银行	2014	千兰特	40548549	36711573	7617762	3272299	3120531	311464
Land Bank of Taiwan China	中国台湾土地银行	2014	百万新台币	2516269	1868479	119207	47173	43313	9436
National Bank for Agriculture and Rural Development	印度国家农业和农村发展银行	2014	千卢比	2545741607	2128943650	428218556	154423298	130910498	18602514
NH Financial Group	韩国农协	2014	百万韩元	315714239	187258471	20284546	12854022	10539649	804487
Rural Payments Agency	英国农业支付署	2013	千英镑	512690	—	360396	1705129	—	4742
Russian Agricultural Bank Group	俄罗斯农业银行集团	2013	百万卢布	1670764	1261046	226608	161893	152591	729
the Norichukin Bank	日本农林中央金库	2014	百万日元	945497	199357	72318	13404	10337	4045
Zarai Taraqiati Bank Ltd.	巴基斯坦农业有限银行	2013	百万卢比	148448	95312	32483	17855	12943	3377
Zirrat Bank	土耳其农业银行	2014	百万拉里	247600	141915	28540	18357	18165	4051

(一) 农业政策性金融机构权益净利润率比较分析

在原始数据的基础上，结合公式 (1)，可以得出 20 个国家和地区农业政策性金融机构权益净利润率的数值，并按照由高到低顺序排列如表 10 - 2 所示。

表 10 - 2　20 个国家和地区农业政策性金融机构权益净利润率

机构名称	中国农业发展银行	埃及农业信用社	土耳其农业银行	加纳农业发展有限银行	美国农场信贷联合银行	巴基斯坦农业有限银行	泰国农业和农业合作社银行	越南农业银行	中国台湾土地银行	日本农林中央金库
权益净利润率	18.28%	15.38%	14.19%	13.92%	12.27%	10.40%	9.24%	8.26%	7.92%	5.59%
排名	1	2	3	4	5	6	7	8	9	10
机构名称	荷兰合作银行	印度国家农业和农村发展银行	南非土地银行	韩国农协	尼泊尔农业发展有限银行	法国农业信贷集团	英国农业支付署	俄罗斯农业银行集团	津巴布韦农业有限银行	葡萄牙储蓄信贷银行
权益净利润率	5.03%	4.34%	4.09%	3.97%	3.29%	2.73%	1.32%	0.32%	-20.85%	-22.15%
排名	11	12	13	14	15	16	17	18	19	20

根据统计可以看出，20 个国家和地区农业政策性金融机构权益净利润率最高为 18.28%，中位数为 5.31%，最低为 - 22.15%；[①] 我国农发行以 18.28% 高居榜首。事实上，在 2013 年、2012 年同样的指标农发行更是分别达到了 22.11%、28.70%，尽管经历了三年连续回落，但我国农发行在权益净利润率这一指标上还是远远高于国际同业水平；另外，2014 年我国农业银行的权益净利润率为 17.38%，这表明我国农发行总体投资回报水平与作为商业性银行的农业银行是大致相同的。如此之高的权益净利润率可以充分证明未来我国农发行改革的空间还是非常大的——因为权益净利润

---

① 本文在考察相关指标的平均水平时采用了中位数指标而没有采用平均值，目的是避免样本中极端值对平均水平的影响。

率本质上而言是投资报酬率，同时反映政府设立此类机构所能容忍的最低报酬水平，所谓的"保本微利"，其"微利"用这一指标来衡量再合适不过；如果以国际同业平均水准来看，我国农发行从18.28%降到5.31%还有相当大的改革空间，这就意味着未来农发行可以提供更低的贷款利率水平、更长的贷款期限或降低财务杠杆以减少自身财务风险，这些措施均有利于其公共性职能的持续、有效发挥。当然，正如前文所述，权益净利润率的高低只是对考察对象整体经营绩效的概括，它由企业盈利能力、营运能力及财务杠杆共同决定，因此，还需要更为深入细致的分析。

（二）农业政策性金融机构销售净利润率比较分析

在原始数据的基础上，结合公式（3）可以得出20个国家和地区农业政策性金融机构销售净利润率的数值，并按照由高到低的顺序排列如表10-3所示（对于金融类机构其销售收入包括利息收入和非利息收入）。

表10-3　20个国家和地区农业政策性金融机构销售净利润率

机构名称	美国农场信贷联合银行	日本农林中央金库	土耳其农业银行	中国台湾土地银行	尼泊尔农业发展有限银行	巴基斯坦农业有限银行	中国农业发展银行	法国农业信贷集团	加纳农业发展有限银行	泰国农业和农业合作社银行
销售净利润	41.13%	30.18%	22.07%	20.00%	19.34%	18.91%	18.44%	17.38%	14.60%	13.70%
排名	1	2	3	4	5	6	7	8	9	10
机构名称	埃及农业信用社	印度国家农业和农村发展银行	南非土地银行	荷兰合作银行	越南农业银行	韩国农协	俄罗斯农业银行集团	英国农业支付署	葡萄牙储蓄信贷银行	津巴布韦农业有限银行
销售净利润	13.68%	12.05%	9.52%	9.10%	7.43%	6.26%	0.45%	0.28%	-30.13%	-51.07%
排名	11	12	13	14	15	16	17	18	19	20

根据统计数据来看，20个国家和地区农业政策性金融机构销售净利润率最高为41.13%，中位数为15.69%，最低为-51.07%；我国农发行销售净利润率为18.44%，在20个国家和地区农业政策性金融机构中排名第七，

属于中游水平；而同年中国农业银行的销售净利润率为 34.46%，[①] 这表明我国农发行在盈利性指标方面还是大幅低于商业性金融机构的，也是其所谓的"政策性"或"公共性"的直接体现。而盈利指标最高的政策性金融机构是美国和日本，分别达到了 41.13% 和 30.18%，基本上与商业性金融机构相类似，这一现象也反映出近年来国际上一些农业政策性金融机构商业性倾向趋势，特别是在发达国家和地区表现得尤为突出；但总体而言，有近 2/3 国家的农业政策性金融机构其销售净利润率还是控制在了 15% 以下，这也与贾康、孟艳等人的观点相契合，即"政策性银行商业化改革的潮流只是政策性金融发展的一个局部特征，而不是整体特征"。

另外，笔者还考察了各国（地区）农业政策性金融机构利息收入占其营业收入的比重，具体结果如表 10-4 所示。

表 10-4　18 个国家和地区农业政策性金融机构利息收入占营业收入比重

机构名称	土耳其农业银行	中国农业发展银行	津巴布韦农业有限银行	南非土地银行	美国农场信贷联合银行	俄罗斯农业银行集团	加纳农业发展有限银行	泰国农业和农业合作社银行	中国台湾土地银行	越南农业银行
利息收入占比	98.95%	98.65%	96.04%	95.36%	94.35%	94.25%	93.99%	92.87%	91.82%	90.76%
排名	1	2	3	4	5	6	7	8	9	10
机构名称	荷兰合作银行	印度国家农业和农村发展银行	尼泊尔农业发展有限银行	葡萄牙储蓄信贷银行	韩国农协	埃及农业信用社	日本农林中央金库	巴基斯坦农业有限银行	法国农业信贷集团	英国农业支付署
利息收入占比	89.37%	84.77%	84.47%	82.75%	81.99%	80.75%	77.12%	72.49%	—	—
排名	11	12	13	14	15	16	17	18	—	—

从各国（地区）农业政策性金融机构收入结构来看，利息收入还是占绝对主导地位，有超过一半的机构利息收入占营业收入的 90% 以上，这表明农业政策性金融机构对本地区农业的扶持基本上仍以传统信贷方式为主，

---

① 数据来源：2014 年中国农业银行年度报告。

特别是在发展中国家和地区，这一特点更为明显；而在日韩等发达国家和地区非利息收入占比有所上升一方面受到这些国家和地区对银行混业经营的管制放松，允许银行业金融机构持有少量的股票、债券及金融衍生工具，因而会带来一些投资性收益；另一方面，也是发达国家和地区政策性金融呈现商业化运作的一种表现；但不论怎样讲，从整体上而言，其比重是非常小的，不具有普遍性。

（三）农业政策性金融机构总资产周转率比较分析

在原始数据的基础上，结合公式（4）可以得出 20 个国家和地区农业政策性金融机构总资产周转率的数值，并按照由高到低的顺序排列如表 10 - 5 所示。

表 10 - 5   20 个国家和地区农业政策性金融机构总资产周转率

机构名称	英国农业支付署	加纳农业发展有限银行	巴基斯坦农业有限银行	俄罗斯农业银行集团	埃及农业信用社	津巴布韦农业有限银行	南非土地银行	土耳其农业银行	印度国家农业和农村发展银行	泰国农业和农业合作社银行
总资产周转率	332.58%	15.20%	12.03%	9.69%	8.78%	8.54%	8.07%	7.41%	6.07%	5.39%
排名	1	2	3	4	5	6	7	8	9	10
机构名称	越南农业银行	韩国农协	葡萄牙储蓄信贷银行	荷兰合作银行	尼泊尔农业发展有限银行	中国农业发展银行	美国农场信贷联合银行	中国台湾土地银行	法国农业信贷集团	日本农林中央金库
总资产周转率	5.29%	4.07%	3.86%	3.28%	2.95%	2.47%	2.05%	1.87%	1.54%	1.42%
排名	11	12	13	14	15	16	17	18	19	20

根据统计可以看出，20 个国家和地区农业政策性金融机构总资产周转率最高为 332.58%（英国农业支付署在各国和地区农业政策性金融机构中属于比较特殊的一个，其主要的运营资产均为一年期以内的短期资产，因此其资产周转率极高，不具有典型代表性；除此之外，具有可比性的各国

地区农业政策性金融机构中总资产率最高的是加纳农业发展有限银行，周转率为15.20%），中位数为5.34%，最低为1.42%；我国农发行总资产周转率为2.47%，排名第16，属于总资产周转水平较低的国家。对于一般的商业性金融机构而言，低周转是坏消息，表明其营运能力差，进而会限制其权益净利润率的高低；但对于政策性金融机构而言，不能一概而论，因为较低的周转水平可能是因为其长期性贷款占比较高，虽然牺牲了一定的周转能力，但在一定程度上可能会满足商业性金融不愿涉入的中长期融资项目，进而更具有长远意义。为此，笔者进一步分析了各国（地区）农业政策性金融机构的信贷资产周转率①，如表10-6所示，并进一步证明佐证了上述论断。

表10-6　18个国家和地区农业政策性金融机构信贷资产周转率

机构名称	加纳农业发展有限银行	埃及农业信用社	巴基斯坦农业有限银行	津巴布韦农业有限银行	土耳其农业银行	俄罗斯农业银行集团	南非土地银行	泰国农业和农业合作社银行	印度国家农业和农村发展银行	韩国农协
信贷资产周转率	29.16%	19.84%	18.73%	13.02%	12.94%	12.84%	8.91%	7.44%	7.25%	6.86%
排名	1	2	3	4	5	6	7	8	9	10

机构名称	日本农林中央金库	越南农业银行	葡萄牙储蓄信贷银行	荷兰合作银行	尼泊尔农业发展有限银行	中国农业发展银行	美国农场信贷联合银行	中国台湾土地银行	法国农业信贷集团	英国农业支付署
信贷资产周转率	6.72%	6.68%	5.71%	4.80%	4.48%	2.74%	2.74%	2.52%	—	—
排名	11	12	13	14	15	16	17	18	—	—

从表10-6可以进一步看出，我国农发行信贷资产的周转率为2.74%，与美国农场信贷协会旗下的26家农场信贷联合银行贷款周转率平均水平持平，都达到了同业中的比较理想的水平；另外，2014年中国农业银行信贷资产的周转率为6.43%，农发行的2.74%也是显著低于前者的，这表明农

① 信贷资产周转率＝销售收入/贷款余额。

发行长期信贷占比大大高于农业银行。综上所述,可以看出我国农发行在中长期方面的表现在国际同业中还是比较出色的。

(四) 农业政策性金融机构权益乘数比较分析

在原始数据的基础上,结合公式 (5) 可以得出 20 个国家和地区农业政策性金融机构权益乘数的数值,并按照由高到低的顺序排列如表 10 – 7 所示。

表 10 – 7 20 个国家和地区农业政策性金融机构权益乘数

机构名称	中国农业发展银行	中国台湾土地银行	越南农业银行	葡萄牙储蓄信贷银行	荷兰合作银行	韩国农协	美国农场信贷联合银行	日本农林中央金库	埃及农业信用社	泰国农业和农业合作社银行
权益乘数	40.16	21.11	21.00	19.06	16.84	15.56	14.58	13.07	12.80	12.51
排名	1	2	3	4	5	6	7	8	9	10
机构名称	法国农业信贷集团	土耳其农业银行	俄罗斯农业银行集团	加纳农业发展有限银行	印度国家农业和农村发展银行	尼泊尔农业发展有限银行	南非土地银行	津巴布韦农业有限银行	巴基斯坦农业有限银行	英国农业支付署
权益乘数	10.19	8.68	7.37	6.27	5.94	5.77	5.32	4.78	4.57	1.42
排名	11	12	13	14	15	16	17	18	19	20

根据统计可以看出,20 个国家和地区农业政策性金融机构权益乘数最高为 40.16,中位数为 11.35,最低为 1.42;我国农发行的权益乘数以 40.16 显著高于国际同业权益乘数中位数 11.35,即使比排名第二的中国台湾土地银行也高出近 1 倍,看到这里就不难理解为什么我国农发行在销售净利润率和总资产周转率"双低"的条件下仍能维持高权益净利润率,究其原因是我国农发行采取了高杠杆的经营策略,高财务杠杆在我国农发行公共性职能发挥过程中起到了至关重要的作用。

至于国际同行财务杠杆水平显著低于我国农发行这一现状,笔者认为,这在很大程度上是境外此类机构在财务政策方面比照《巴塞尔协议》执行的结果。就最新的《巴塞尔协议Ⅲ》对银行资本充足率的规定来看,要求银行总的资本充足率维持在 8% 以上,这一标准换算成权益乘数为 11.5,与同业中位数 11.35 非常接近；当然，在资本充足率计算过程中涉及一系列风险资产的加权，在考虑了风险加权的情况下这一数值保守估计不超过 15，从统计的结果来看也有超过 2/3 以上的国家（地区）权益乘数维持在了这个标准以下。但无论如何，我国农发行的 40.16 与 11.5 或 15 显然不处在同一数量级，那是否意味着我国农发行需要进一步按《巴塞尔协议Ⅲ》或国际平均水平的标准要求自己呢？

笔者认为，政策性银行是特殊的金融类机构，不应按照规范商业银行的标准对其进行严格规范，否则会限制其公共性职能的发挥。原因有三：第一，《巴塞尔协议》是以规范商业银行为出发点的，政策性银行不是商业银行。由于商业银行归根到底是企业，是以追求高利润、高回报为最高宗旨的，因此，在实际经营过程中其有扩大资产规模、尽可能利用财务杠杆提高其净资产报酬率的冲动，而这种冲动造成的后果微观上表现为信用风险的提升和逆向选择[①]，宏观上表现为金融脆弱及系统性风险提升，因此，管理当局要采取硬性标准限制其扩张的冲动；但政策性银行不是以盈利为最高宗旨的，所以不存在利益性扩张驱动，这在动机上表明其没有必要以商业标准规范其行为。第二，资本充足率是商业银行资信评级的重要依据，而资信级别决定着其在资本市场上筹资的资本成本，因此，需要予以严格规范；但政策性银行与商业银行不同，其享有国家信用，有人也称其为"增信"机制，这就使得政策性金融机构在融资时即使其资本充足率达不到《巴塞尔协议》的规定，其融资成本仍是较低的。从实践来看，我国政策性金融机构虽然资本充足率都达不到《巴塞尔协议Ⅲ》的要求，特别是农发行还不到 3%，但其在资本市场上筹资的成本仅略高于国债。第三，如果大幅降低财务杠杆必将极大地限制政策性金融公共性职能的发挥，通过上文中对我国农发行财务指标的分析表明，农发行之所以能够在提供大量低息、长期贷款的同时还实现盈利，很大程度上是因其采取了高杠杆政策；倘若大幅降低现有财务杠杆率并且仍想实现盈利经营，哪怕是

---

① 米什金著，郑艳文译. 货币金融学［M］. 北京：中国人民大学出版社，2006.

"保本微利"，都必将导致其在盈利性指标及周转性指标上的妥协，在实际中必然是贷款利率的提高或减少长期放款，这在本质上与政策性金融公共性本质是矛盾的。

三、农业政策性金融机构财务指标综合分析

将上述四个部分分析的结果展现在同一雷达图中可以便于我们更为直观地比较各个国家（地区）农业政策性金融机构的营运状况，如图 10 - 2 所示。

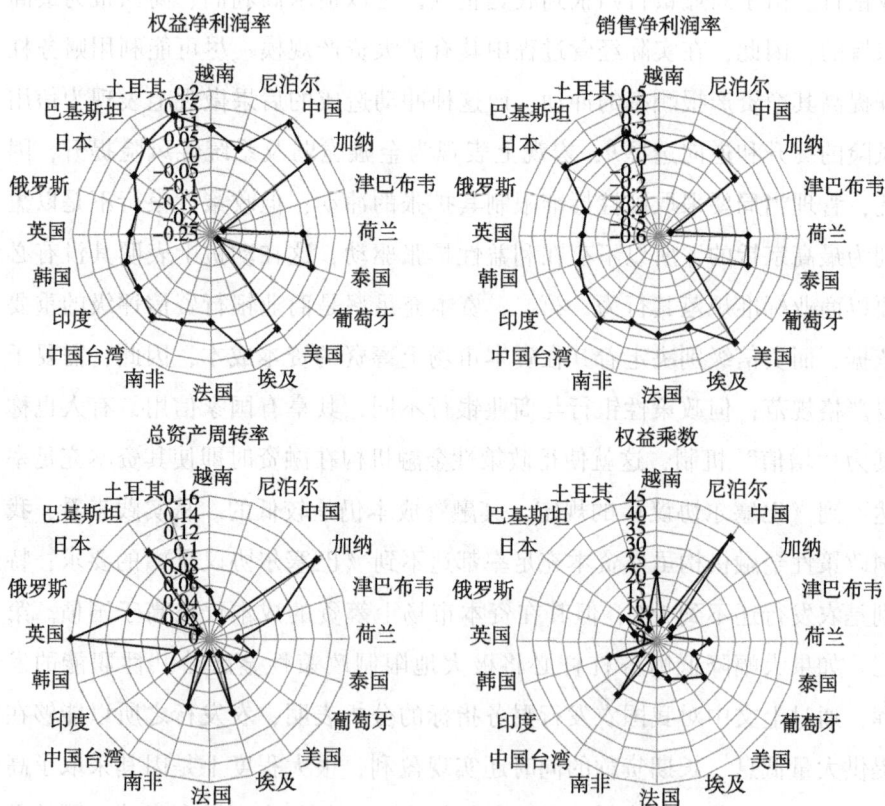

图 10 - 2　20 个国家和地区农业政策性金融机构财务指标

从权益净利润率的高低来看，可以分为三个梯队：处于第一梯队的是权益净利润率高于10%的6个国家和地区——中国、埃及、土耳其、加纳、美国以及巴基斯坦；处于第二梯队的是权益净利润率大于0小于10%的12个国家和地区——泰国、越南、中国台湾、日本、荷兰、印度、南非、韩国、尼泊尔、法国、英国和俄罗斯；处于第三梯队的是权益净利润率小于0的2个国家和地区——津巴布韦和葡萄牙。从销售净利润率来看，除了津巴布韦、葡萄牙、俄罗斯、英国是负值或接近零外，其他各国和地区农业政策性金融机构的销售净利润率略有差异，但整体而言均在同一数量级，最高的美国是最低的韩国的6倍左右，对权益净利润率差异的影响应该是较小的。从总资产周转率来看，除英国情况比较特殊外，各国和地区农业政策性金融机构的周转率差异较大，最高的加纳是最低的日本的10倍多，总资产周转率的差异是权益净利润率差异的重要原因之一。从权益乘数来看，其对权益净利率的影响更为显著，最高的中国是最低的英国的30倍多，远远高于其他指标的差异水平。

四、结论及政策建议

本章以杜邦财务分析法为基础，对20个具有典型代表性国家和地区的农业政策性金融机构主要财务指标进行了系统分析，通过对逐项财务指标的比较，我们可以清楚地了解到我国农发行在国际同行中的位置及其优势、劣势，为农发行吸取国际经验教训，有效推进下一步的深化改革提供了借鉴与指导。主要结论及相关政策建议简要概括如下：

第一，从盈利性指标和营运指标来看，中国农业发展银行在国际同业中处于较低水平，这表明中国农业发展银行发放贷款的利率较低，信贷资产中长期信贷资产占比较高，总体而言符合政策性金融机构"保本微利"、服务于国家长远战略的政策意图。

第二，中国农业发展银行财务杠杆远高于国际同业水平，但也正是因此确保了低盈利、低周转条件下的可持续经营；对于未来政策性金融机构是否要像商业银行那样满足《巴塞尔协议》对资本充足率的要求应持谨慎态度，尽管降低财务杠杆有利于降低其财务风险，但在可持续经营的假设条件下，由此可能导致其盈利性指标及周转性指标走高，最终造成其公共性职能发挥大打折扣。针对这一问题，国际上的惯例则是"一行一法"，根据特定政策性金融机构经营特点的需要确定其资本充足率及财务杠杆水平，而非简单地参照商业银行监管准则；所以切实推进政策性金融立法工作才是解决这一问题的根本方法。

第三，总体而言，未来我国农发行改革空间还非常大，如果权益净利润率从目前的18.28%降低到国际同业平均水平5.31%，意味着未来农发行将有条件提供更低的贷款利息及更多更长期限的贷款；如果维持目前的财务杠杆水平不变，那么盈利指标和周转指标同时下降40%仍能使其权益净利润率达到6%以上。

第四，笔者注意到，有学者主张政策性金融机构也应像商业银行一样建立董事会、监事会及引入外部审计机制，笔者认为这些行为本身对于政策性金融机构建立现代公司治理结构、提升管理水平、优化资产结构是有益的，但这些措施如果是为了让政策性金融机构满足上市条件而采取的行动，那就是非常值得警惕的，鉴于我国《证券法》对上市公司盈利能力有严格规定，一旦政策性金融机构成功上市，必然使其逐利动机合法化，其政策性、公共性职能势必荡然无存。类似的"改革"历历在目，如果不吸取教训，真正的改革将无从谈起。

对 策 篇

第十一章　中国农业政策性
金融机构立法框架的初步考虑

本章主要是借鉴国际经验，结合实际对我国农业政策性金融立法过程中的一些主要问题进行深入研究探讨，提出明确的论断。遵循的基本思路是，对这些主要问题，首先指明 20 多年来的实践中积累的经验和教训，而后从经济学、金融学层面对其进行分析，再从法学层面对其界定。一是职能定位问题，这是农业政策性金融发挥支农作用的立足点，也是农业政策性金融立法应解决的首要问题。从我国农业农村的现状出发，综合考虑我国农村金融架构现状，我国农业政策性金融的职能定位应是在农村金融体系中发挥主体和骨干作用。二是关于支农领域和业务范围。在工业化、信息化、城镇化、农业现代化"四化同步"的伟大进程中，毫无疑问，农业现代化是一个短板，是最需要弥补的。有鉴于此，农业政策性金融的支持领域应该是非常广泛的，只要是涉农的领域，而且商业性金融机构、合作性金融机构不愿介入或不宜介入的，农业政策性金融都应将其纳入支持范围。换句话说，在农业农村领域，只要存在市场缺陷的地方，都应是农业政策性金融机构支持的范围，以确保金融平等权和发展权的实现。三是关于资本金和资金来源。资本金是金融机构开展业务经营的重要保障，资本金水平的高低代表着一家金融机构防控风险的能力，对农业政策性金融机构来讲，保持一定程度资本充足率水平的意义更加突出。但就资本金的补充来讲，应借鉴国际上通过内部积累和外部筹集两种渠道，及时足额补充资本金，并建立动态补充机制，根据信贷规模的增加适时提高资本金缴存。且在资金来源上，农业政策性金融的资金来源既要体现多元化，又要体现可得性，更要体现低成本性。四是关于风险补偿机制。由于支持领域的弱质性及贷款投放的可得性、优惠性，农业政策性金融机构面临的风险远远超过商业性金融机构。有的贷款项目，通过农业政策性金融机构自身加强管理，可以取得较好的效益，但有些注定要亏损。而为了执行政府政策必须予以支持的项目，就必须建立由政府给予适当支持的机制，确保这些项目运作可持续，也确保农业政策性金融机构自身运作可持续。五是关于政策优惠。国际上对农业政策性金融给予财政货币政策优惠是非常普遍的做法，对于我国的农业政策性金融机构，在存款准备金比例、税收减免等方面，也应制定明确的优惠政策，以撬动更多的农业政策性信贷资金投入农业农村领域。六是关于外部监督。由于政策性金融机构在运作上的特殊性，决定了政策性金融机构监督与商业性金融监管既有共性又有显著差异，需要建立相应的监督体系，体现出差别监督的理念。

一、明确农业政策性金融机构职能定位

（一）农业政策性职能定位依据是公共性

这是农业政策性金融发挥支农作用的立足点，也是农业政策性金融立法应解决的首要问题。从我国农业农村的现状出发，从国家战略高度考虑，综合考虑我国农村金融体系的金融服务能力，在农村金融体系中，在农村商业性金融、合作性金融、政策性金融所构成的有机统一的三维架构中，我国农业政策性金融的职能定位应是在农村金融体系中发挥主体和骨干作用。

农业政策性金融机构所具有的公共性本质特征决定了这种金融形式在一个国家和地区支持农业农村发展的战略中以及在农村金融体系中的定位问题。

一是农业政策性金融机构必须把坚持政策性的办行方向作为改革发展的最高宗旨，这是农业政策性金融机构存在和发展的生命线，离开了政策性这一生命线，农业政策性金融机构也就丧失了其特殊性，从而与商业性金融机构等同了。坚持政策性的办行方向体现在诸多方面，最主要体现在贷款对象的选择、贷款条件的把握、贷款的可得性及优惠性几个方面，在所有这些方面都应把执行政府的意志作为主要的依据且把政策性的因素贯穿始终。

二是农业政策性金融必须把坚持金融性作为业务运行的基本原则。农业政策性金融机构毕竟不是纯粹的财政，农业政策性信贷资金也不是财政资金，必须要按金融业运行的一般规律进行运作实现资金的流动性、安全性、效益性，在把执行政策性的办行方向作为首要目标的同时实现自身信贷资金运行及财务上的可持续性。这也从另一个侧面说明农业政策性金融机构虽然可以凭其所具有的支持农村改革薄弱环节和重点领域的特殊性获得财政一定程度的支持，但是不能把财政的支持作为开展业务经营和内部管理的最终依靠而躺在财政身上混日子，更不能办成一家没有财政补贴就必然亏损过不去日子的银行。

三是农业政策性金融机构必须把坚持特定选择性作为业务发展的基本宗旨。农业政策性金融机构的业务范围是有一定的限定性的，不是说所有的涉农业务都在农业政策性金融机构的支持范围内，对于那些能够从商业性金融机构、合作性金融机构获得充分的信贷资金的领域和项目，应该交给商业性金融机构、合作性金融机构去做。而且，农业政策性金融机构的资源也是有限的，而不能眉毛胡子一把抓、撒胡椒面，在业务发展中必须突出重点有所选择地区从事业务，把那些党中央、国务院明确要求必须做的项目且又能体现安全性、流动性、效益性原则的项目作为支持的重点。

（二）农业政策性金融机构职能定位的核心要素

我国农村金融体系目前的市场主体包括农业商业性金融机构、合作性金融机构、政策性金融机构以及新兴的其他金融主体等几个方面，基本上已经形成了商业性金融机构、合作性金融机构、政策性金融机构合力支持农业农村经济社会发展的三维金融架构。在这种金融架构体系下，三种类别的金融主体按照各自的业务领域及发展战略有序推进业务发展，为农业农村经济社会发展发挥自身特有的贡献。从目前的状况来看，农村金融体系中存在的较大问题是农业农村经济发展对金融的庞大需求与农村金融主体提供的金融服务之间的差距比较大，而且暂无缩小的迹象。这就说明我国目前的农村金融体系与农业农村经济发展的需求相比是不相适应的，而且这种现象在短时间内不可能得到根本性的转变，这既是农业农村领域本身所具有的弱质性特征使然，同时也与商业性金融机构逐利性的天性以及合作性金融机构服务对象的限定性是有关系的。整合农村金融体系资源形成合力支持农业农村经济发展应作为明确农业政策性金融机构应予考虑的重要问题之一。

结合农业政策性金融机构实现自身可持续发展的要求，我国农业政策性金融机构职能定位的核心要素有四个方面。一是坚持政策性银行的办行方向并且在业务发展中始终坚持以政策性业务为主体。二是以支持"三农"发展为天职，绝对不做与农业农村农民不沾边的业务。三是按金融业的一般规律开展业务经营，确保业务经营体现安全性、流动性、效益性的"三性原则"，进而在实现支农目标的同时确保自身业务发展及财务上的可持续。四是在农村金融体系中应担当主体和骨干，除了自身持续不断加大农业政策性信贷资金投入之外，还应发挥好农业政策性金融所具有的诱导引导等职能，为商业性金融机构、合作性金融机构加大力度支持农业农村发展打好基础。

二、明确农业政策性金融机构业务范围

（一）基于国家政策制定农业政策性金融机构业务范围

国家设立农业政策性金融机构的目的就是弥补农业农村领域出现的市场失灵现象。农业政策性金融履行这一天生职责的路径就是把国家的政策要求通过自身可操作的信贷产品执行到位。

从表 11-1 可以看出，自 2004 年至 2015 年，每年的"中央一号文件"都对中国农业发展银行如何履行农业政策性金融机构支持农业农村发展的职能提出了明确要求。中国农业发展银行严格按照党中央的政策要求相继确定并实施"一体两翼""两轮驱动"① 业务发展战略大力支持农业农村发展，为支持确保国家粮食安全、农业农村生产生活条件改善及农民增收发挥了不可替代的重要作用。

表 11-1 历年"中央一号文件"对中国农业发展银行的政策要求②

年份	政策要求
2004	农业发展银行等政策性银行要调整职能，合理分工，扩大对农业、农村的服务范围
2005	加大政策性金融支农力度，增加支持农业和农村发展的中长期贷款，在完善运行机制基础上强化农业发展银行的支农作用，拓宽业务范围。农业发展银行对符合条件的以粮棉油生产、流通或加工转化为主业的龙头企业，可以提供贷款
2006	调整农业发展银行职能定位，拓宽业务范围和资金来源
2007	进一步发挥中国农业银行、中国农业发展银行在农村金融中的骨干和支柱作用
2008	加大农业发展银行支持"三农"的力度
2009	抓紧出台对涉农贷款定向实行税收减免和费用补贴、政策性金融对农业中长期信贷支持、农民专业合作社开展信用合作试点的具体办法
2010	加大政策性金融对农村改革发展重点领域和薄弱环节支持力度，拓展农业发展银行支农领域，大力开展农业开发和农村基础设施建设中长期政策性信贷业务
2011	在风险可控的前提下，支持农业发展银行积极开展水利建设中长期政策性贷款业务
2012	支持农业发展银行加大对农业科技的贷款力度
2013	强化农业发展银行政策性职能定位
2014	支持农业发展银行开展农业开发和农村基础设施建设中长期贷款业务，建立差别监管体制
2015	农业发展银行要在强化政策性功能定位的同时，加大对水利、贫困地区公路等农业农村基础设施建设的贷款力度，审慎发展自营性业务

---

① 这两个业务发展战略是在中国农业发展银行"十一五""十二五"发展规划里分别确定的，也是近年来一直坚持实施的业务发展战略。"一体两翼"是指：以粮棉油收储信贷业务为主体，以农业农村基础设施建设中长期信贷业务和农业产业化龙头企业贷款业务为两翼，以中间业务和国际业务为补充的业务发展格局；"两轮驱动"是指着力发展以粮棉油收储业务为主的全产业链信贷业务，这是一轮；着力发展以水利建设和新农村建设为主的农业农村基础设施建设中长期信贷业务，这是另一轮。

② 根据历年"中央一号文件"整理所得。

（二）明确划分政策性业务与自营性业务

办好政策性业务是农业发展银行履行职能的根本所在，不能有任何闪失。但在办好政策性业务的基础上中国农业发展银行可以根据农业农村经济发展的需要及自身经营管理水平办理适量的自营性业务。这是国际上政策性金融的普遍做法，有利于中国农业发展银行把握市场信息与市场需求，触摸市场最新动态与发展趋势，丰富业务技术与经验，优化内部激励与管理，减少财政补贴与开支。一是适量开办自营性的必要性在于为农业农村发展提供多元化不同层次的金融支持，更好地服务"三农"发展。作为政策性银行，开展政策性业务并保持较大占比是办行方向的根本体现，是履行职能的关键；同时，本着符合国家政策导向、与政策性业务紧密相关、特定市场环境下急需的原则开办一定比例的自营性业务，也是履行好政策性职能的重要辅助；但这两类业务的划分不是固定不变的，而是随着农业农村经济发展变化进行动态调整。另外，由于这两类业务的经营目标、运作原则不同，需要通过分账管理、分类核算，因而在它们之间设立防火墙，实行不同的风险补偿机制和考核机制。二是正确看待市场化运作。这是政策性业务运营管理的重要原则，是实现政策性目标的手段。政策性银行具有财政和银行的双重属性，一头连着政府，一头连着市场，其实质是用银行的手段履行政府的职能，实现国家特定政策目标。中国农业发展银行在改革发展中必须处理好政策性与银行一般性之间的关系，既要有效落实国家政策，又要遵循银行管理的基本原则和规范，按银行规律办事。三是处理好与商业性金融机构的关系。从一般意义上来讲，商业性金融机构在金融体系中居于主体地位，政策性金融机构则是辅助和补充。但就我国"三农"领域来讲，情况完全不同，农村金融体系不完善、金融供给不足是多年来制约农业农村经济发展的主要因素之一。基于此，中国农业发展银行在农村金融体系中必须主动作为，发挥好主体和骨干作用，与其他农村金融主体协调配合、互为补充，形成支农合力，为推动城乡发展一体化提供持续有效的金融支持。

从理论上来讲，在市场经济条件下，政府和市场分配的产品可以分为公共产品、准公共产品和私人产品。中国农业发展银行作为农业政策性银行，具有公共性的本质特征，主要服务于国家战略需求和公共性政策的执行。这就决定了农发行服务的对象属于公共产品和准公共产品范畴，其实质是用银行的手段，代替财政履行提供公共产品或准公共产品的职能。毫无疑问，中国农业发展银行对公共产品、准公共产品的金融服务是政策性业务。

一般情况下，中国农业发展银行不会介入私人产品领域，即使偶尔介入，那也是因为在一定的经济环境下，商业性银行不愿对该私人产品领域提供金融服务，中国农业发展银行出于弥补该领域出现的市场失灵而主动介入的。其目的不是营利，而是通过发挥农业政策性银行逆向选择和积极诱导功能，为商业银行加大对该领域支持力度铺路架桥。一旦该领域在市场机制下能够获得充分且有效的金融服务，中国农业发展银行可择机退出。由此来看，中国农业发展银行在一定条件下对私人产品领域所投放的贷款，也属于政策性业务范畴。

鉴于中国农业发展银行对公共产品、准公共产品和私人产品的支持都属于政策性业务，从理论上讲，中国农业发展银行所有的贷款全部是政策性业务。如果一定要予以区分，那么政策性业务和自营性业务的区分也仅仅是时间和空间上的概念，也就是说，自营性业务是那些中国农业发展银行根据国家政策要求和农业农村经济发展需求予以支持但国家还没有及时将其划为政策性业务范畴的贷款，或者本应属于政策性业务范畴，但随着经济环境的变化不宜作为政策性业务对待的贷款。我们建议，对中国农业发展银行的政策性贷款业务作如下划分：一是党中央、国务院文件、会议或中央领导同志批示明确我行办理的业务；二是财政予以兜底的业务；三是国家给予货币政策支持的业务；四是中央引导或鼓励我行支持，但没有明确支持政策的业务；五是商业银行不愿意支持，中国农业发展银行出于弥补市场失灵而开展的业务。

三、完善农业政策性金融机构资本金和资金来源机制

资本金是金融机构开展业务经营的重要保障，资本金水平的高低代表着一家金融机构防控风险的能力，对农业政策性金融机构来讲，保持一定程度资本充足率水平的意义更加突出。但就资本金的补充来讲，应借鉴国际上通过内部积累和外部筹集两种渠道，及时足额补充资本金，并建立动态补充机制，根据信贷规模的增加适时提高资本金缴存。且在资金来源上，农业政策性金融的资金来源既要体现多元化，又要体现可得性，更要体现低成本性。

（一）建立成本低、来源广的资金筹措机制

伴随着人民币国际化和利率市场化的推进，中国农业发展银行债券发行工作面临比以往更为艰难复杂的市场环境（见图 11 - 1）。一方面，市场利率水平较大幅度上移，中国农业发展银行筹资成本上升，且在历史较高位置徘徊将成为常态；另一方面，债券市场处于供过于求的局面，在投资需求未全面回暖的情况下，中国农业发展银行债券发行难度大幅提高。

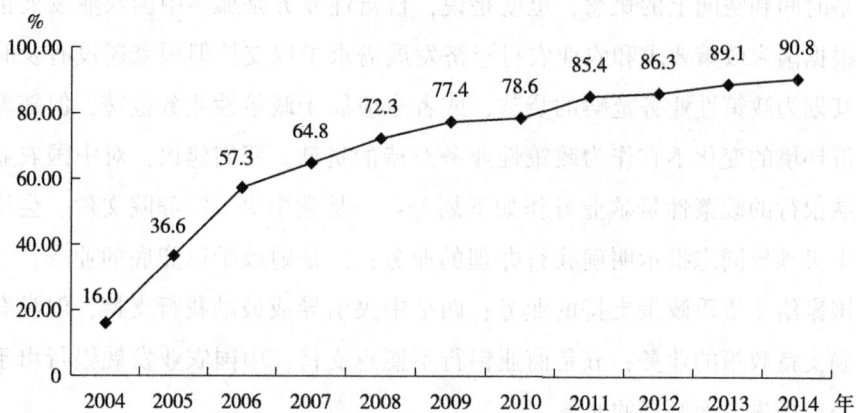

图 11 -1　中国农业发展银行资金自筹率变化情况

　　为了支持中国农业发展银行尽量降低筹资成本汇集更多的农业政策性信贷资金投向农业农村领域，国家应该在法律中明确将中国农业发展银行所发行的债券定性为政策性金融债，中央财政为其提供隐性担保，毫无疑问，这将为中国农业发展银行发行债券带来无可比拟的信用优势，有利于中国农业发展银行坚持行之有效的资金筹措路子，有力地克服面临的困难和问题，广泛筹集资金并全部投入农业农村。同时，由于债券发行与货币政策调控和金融市场管理密切相关，中国农业发展银行也应坚持现行的债券发行管理模式，在发行数量和节奏上要统筹考虑政策性业务需求、资本充足率、流动性以及滚动发行的需要、债券市场的时间窗口、金融市场条件变化等多种因素，不断加大创新力度，着力控制发行成本，进一步提高债券发行的科学性、前瞻性和精准性。

　　在完善债券发行机制的同时，也应建立中国人民银行再贷款与中国农业发展银行政策贷款的对应机制，把对中国农业发展银行粮棉油收储给予短期流动性支持作为一项长期政策，以保证中国农业发展银行能够履行好支持粮棉油收储的职责。另外，扩大存款组织范围，在贷款的种类上，可以立足于对公存款，将存款对象的范围由开户企事业单位扩展至所有企事业单位，并在区域上取消县域的限制，扩大中国农业发展银行吸收存款的来源；同时，在条件成熟的时候，在支持中国农业发展银行提高结算手段的基础上，适时批准中国农业发展银行开办居民储蓄存款。财政资金存款也是中国农业发展银行资金来源之一，比较适合中国农业发展银行的实际的做法是，应该逐步把分散在相关部门的涉农财政资金都统一归口中国农业发展银行进行统一拨补，增加中国农业发展银行低成本的资金来源。

（二）构建动态的资本金补充机制

　　资本金是金融机构实力的首要标志，是风险支撑力最集中的体现，发挥着吸收银行经营风险、抵御非预期损失最后屏障的作用。按照国际通行惯例，各国政策性银行大都通过财政注资等方式建立了资本正常增长机制，资本充足率一般高于本国商业银行或银行业平均水平。补充资本是合规合法经营的需要，是增强风险防范能力、实现可持续发展的需要。通过补充资本可以提高市场化运作效率，促进建立内生约束机制，解决外部约束不强等问题。

根据《国务院关于组建中国农业发展银行的通知》（国发〔1994〕25号），中国农业发展银行的注册资本为 200 亿元，在中央财政拨补、税收返还等渠道注资的基础上，2008 年经财政部批准利用未分配利润等历年积累转增 34.19 亿元后完全到位。随着支农领域和业务范围逐步扩大，[①] 注册资本却一直没有提高，资本金不足的问题越来越突出。

从资本金的筹措渠道来看，一般通过内部积累和外部筹集两种渠道进行。前者通过留存收益的积累来增加资本金的数量，是一种良性、持久、根本的手段；后者通过注资、发行次级债等方式筹集资本金。我国农业政策性金融机构的资本金补充也可采取机构内源融资和国家注资相结合的方式建立资本金补充机制，同时，为满足发展需要，应逐步建立利润转增资本等动态资本金补充机制。随着资本金逐步拨补到位，农业政策性金融机构的资本实力将明显强化，有利于满足日常经营对资本金的需要。

在资本金补充的具体安排上，按照现行监管政策，银行资本包括核心资本和附属资本。目前，中国农业发展银行只有核心资本，没有附属资本，资本约束全部体现于核心资本。因此，应首先按 10.5% 的监管标准补足中国农业发展银行核心资本，确保各项业务正常开展。其次，与中长期发展计划相衔接，建立动态的资本补充机制，实现效益、质量、规模协调发展。应由财政部作为单一国家股股东，从中央财政预算中专项安排，一次注资到位；如果一次注资到位存在困难，可由财政部对中国农业发展银行定向发行特别国债，所筹资金作为财政部注资增加中国农业发展银行资本金。同时，应该建立战略性的动态资本补充机制，以所得税税收返还、自身盈利转增等方式提高核心资本。另外，如果宏观经济政策发生重大变化，国

---

① 中国农业发展银行贷款余额由建行之初划转时的 2500 多亿元增至 2014 年末的 2.83 万亿元。

家出于战略考虑交办中国农业发展银行新的业务，同时较大幅度增加农业政策性贷款，首先应对中国农业发展银行的资本充足率状况进行评测。如果开办新的政策性业务所需较大额度的资本金数量而通过所得税返还或利润转增又不能满足需求，那么财政应该注资予以解决，以确保中国农业发展银行在满足资本充足率监管要求的同时，又能充分履行农业政策性银行职能，满足支持农业农村发展的需求。

四、完善农业政策性金融机构风险补偿机制

由于支持领域的弱质性及贷款投放的可得性、优惠性，农业政策性金融机构面临的风险远远超过商业性金融机构。有的贷款项目通过农业政策性金融机构自身加强管理，可以取得较好的效益，但有些注定要亏损而为了执行政府政策必须予以支持的项目，就必须建立由政府给予适当支持的机制，确保这些项目运作可持续，也确保农业政策性金融机构自身运作可持续。

（一）对政策性金融机构建立利益补偿机制的必要性

政策性金融信贷资金的运作机制及目标追求与商业性金融机构相比具有较大的不同，最为主要的区别就是在信贷资金的投放过程中不以自身经济交易最大化为最高追求。这就决定了政策性金融机构的业务运作如何实现科学合理的利益补偿机制，为实现财务上的可持续性，进而为经济社会发展的强位弱势领域提供持续性的支持将是非常困难的。农业政策性金融更是如此，其在政策性金融机构的大家庭中更需要合理的利益补偿机制对其业务运作给予支持。在我国，从农业受自然条件限制约束突出且人多地少的现状出发，在推进我国农业现代化的进程中进而在实现社会主义现代化的伟大进程中，农业这一领域必将是最大的短板。弥补这一短板的有效方式是在给予政策引导和支持的同时，既要确保充分的财政资金不断投入农业农村领域，又要引导足够的信贷资金及其他社会资金进入，形成多方

合力对农业农村领域给予倾斜性的支持。

在支持农业农村发展过程中，作为农村金融体系主体和骨干的农业政策性银行理所当然地应冲在前面。1994年中国农业发展银行成立以来尤其是近些年来支持领域和业务范围逐步扩大以后，对农业农村领域的支持力度逐年加大，可以说一年上一个大台阶，不仅大量投入粮棉油收储、农业农村基础设施建设、农业产业化经营等类别的政策性信贷资金，为支持确保国家粮食安全、农业农村生产生活条件改善和促进现代农业发展发挥了不可替代的作用，而且更为重要的是，中国农业发展银行在支持这些领域的过程中，充分发挥农业政策性职能，在银行同业涉农信贷业务利率大幅提高的情况下，坚持基准利率很少上浮甚至对有的支农效果突出的项目还下浮利率，真正做到了让利于农，为农业农村发展"输血"。

但是随着市场在资源配置中发挥决定性作用的逐步实现及利率市场化的加快推进，我国农业政策性银行在业务发展和经营管理中的困难越来越多，尤其体现在资金来源的可得性受到的制约越来越多，资金成本越来越高，对实现可持续发展的约束及挑战越来越突出。在这种情况下，迫切需要国家建立科学合理的利益补偿机制，为我国农业政策性金融机构的业务发展和经营管理提供强有力的支撑，确保其在支持我国农业农村经济发展中发挥更为重要的作用。

（二）利益补偿机制的实现途径

较为理想的途径是对我国农业政策性金融机构的利益补偿机制构建一个完整的有机统一体系，而不是零打碎敲式的单项补偿。

就资金来源来讲，考虑到中国农业发展银行目前主要依靠市场化发债的方式筹措所需资金，同时在资金的运用上又具有很强的政策约束刚性，对于国家要求支持的政策性贷款项目是必须要确保信贷资金充分及时供应的，这就形成了中国农业发展银行资金来源的市场性与资金使用的政策性刚性之间的矛盾。如果这一对矛盾不能得到有效的化解，那么在利率市场化加快推进的形势下，中国农业发展银行的业务发展和经营管理将举步维艰、难以持续。农业政策性金融是政府实现扶持农业发展的有效政策工具，国家在农业政策性金融机构的运行中根据需要对其给予一定的利益补偿是确保其有效发挥支农作用的重要支撑。可以考虑，对于农业发展银行的粮棉油购销储贷款，因这部分贷款的政策性极强，是涉及支持确保国家粮食安全战略和保护农民利益的大事，中国农业发展银行必须要及时足额保障，不能因自身原因导致农民出现卖粮难问题，对这部分贷款的资金来源问题，应该是中国人民银行通过再贷款的形式予以解决，而不能仅靠中国农业发展银行市场化发债来保证供应；或者，在中国农业发展银行目前通过市场化发债保证收储信贷资金供应情况下，国家财政给予中国农业发展银行一定的利息补贴，以弥补中国农业发展银行通过市场化发债并成本低廉地投放贷款所产生的利差倒挂。另外，还可考虑归集目前财政涉农资金分散的状况，统一由中国农业发展银行集中拨补下发，增加中国农业发展银行财政存款来源，提高低成本资金的额度，撬动更多的资金投入农业农村领域，支持农业农村经济社会更好更快发展。

就存款准备金来讲，目前中国农业发展银行执行的标准与商业性银行相比稍低，但是与国际上农业政策性金融机构的通行做法相比，显然是过高的。从国际上农业政策性金融机构的运作来看，对于农业政策性金融机构是免收存款准备的，这种政策最大的好处就是可以释放更多的资金，通过农业政策性金融机构投向农业农村领域。从理论及实践上来看，这种做法是符合农业政策性金融运作规律和中国农业发展银行目前业务发展和经营管理需要的。从理论上来讲，中国农业发展银行作为农业政策性金融机构，且背后是国家的信用支持，即享有国家信用，而金融就够缴纳存款准备金的目的，很重要的原因就是确保存款安全，中国农业发展银行在国家信用的支持下对于存款人来讲是不会产生存款到期兑付不了的问题的。

就风险补偿来讲，中国农业发展银行所经营的贷款90%以上都是政策性贷款，而仅有的不足10%的自营性贷款也是与政策性贷款紧密相关、支农效果突出、一时没有纳入政策性贷款名录的项目。这些贷款项目所具有的最为突出的特点就是自偿性较差，仅靠项目本身的效益很难做到及时还本付息，这也是商业性金融机构及合作性金融机构不愿意介入这些领域的原因。由此，这些贷款项目的风险系数就会比较大，这种风险仅靠农业政策性金融机构自身很难及时有效化解，尤其是那些受国家政策影响较大的项目。对于这些贷款项目，国家在交办这些项目时，应该事先明确具体的风险补偿方式及补偿标准，以利于农业政策性金融机构能够顺利地可持续地经营这类贷款项目。

五、给予农业政策性金融机构必要的财税优惠政策

（一）国际通行做法及我国的不足

国际上对农业政策性金融给予财政货币政策优惠是非常普遍的做法，对我国农业政策性金融机构来说，在存款准备金比例、税收减免等方面，也应制定明确的优惠政策，以撬动更多的农业政策性信贷资金投入农业农村领域。例如，印度国家农业和农村发展银行在享有的税收优惠方面，免缴所得税、附加税和其他任何关于收入、利润和收益方面的税收；泰国农业和农业合作社银行根据法案的规定可免缴所得税。从国内来看，我国对支持"三农"发展高度重视，农村信用社、中国农业银行"三农"金融事业部涉农贷款享有相应的税收优惠政策，均减按3%的税率缴纳营业税。

相比之下，作为我国专门支农的政策性银行，多年来中国农业发展银行坚持把执行政策放在首位，始终执行基准利率甚至下浮利率，始终保持信贷净投放，对农村改革发展重点领域和薄弱环节的支持力度不断加大。但就享受财税政策支持来讲，目前，中国农业发展银行除政策性贷款免征印花税外，在营业税、所得税等方面与商业银行无异。农业属于"强位弱势"产业，既具有基础性、战略性的突出特征，又面临较大的风险，如果没有相应的财税政策支持，中国农业发展银行利用市场化手段所筹资金支持农业农村发展的可持续性堪忧。

（二）完善对农业政策性银行的支持应解决的问题

作为政府的银行，政策性银行实质上是国家财政职能的延伸，是履行政府经济职能的重要辅助手段。财政政策和货币政策的大力支持，是政策性银行履行好职能的基本保障。有鉴于此，就支持政策来讲，建议可以采取以下措施。

第一，取消中国农业发展银行存款准备金缴存。这项政策的出发点是支持中国农业发展银行释放更多的资金用于农业农村。在当前农业农村发展亟须大量资金投入的大背景下，农村金融体系中的商业性金融机构、合作性金融机构因为受经营目标及经营领域的限制，不可能向农业农村领域投入充足的资金支持，如何形成合力支持农业农村经济发展，在农村商业性金融、合作性金融、政策性金融三维金融架构体系中，则理性且可行的选择就是明确中国农业发展银行发挥主体和骨干作用并支持其引导其他涉农金融机构加大金融支持力度。中国农业发展银行发挥主体和骨干作用的主要体现方式是加大信贷资金投入，而目前在利率市场化加快推进的环境下，中国农业发展银行的筹资成本越来越高，且资金的可得性也越来越差，这对于中国农业发展银行有效履行政策性职责的负面形象是巨大的。在这种情况下，如果继续要求中国农业发展银行缴纳存款准备金，那么按照现行的缴纳比例，中国农业发展银行将会被冻结大量的资金不能用于投向农业农村领域。中国农业发展银行享有国家信用，这是与商业性金融机构必须缴纳存款准备金的初衷不一致的地方，也就是说中国农业发展银行有国家信用作为保障，可以有效防范流动性风险，不存在存款出现风险的问题，再者，中国农业发展银行履行的政府支持农业农村经济发展的职能，国家对其提供信用支持也是天经地义的。综合考虑这些因素，应该取消中国农业发展银行缴存存款准备金的有关规定，使中国农业发展银行可以将更多的资金投入农业农村领域，更好地发挥农业政策性金融在支持农业农村经济发展中的重要作用。

第二，建立中国人民银行再贷款与中国农业发展银行政策贷款的对应机制，把对中国农业发展银行粮棉油收储给予短期流动性支持作为一项长期政策。在建行初期，中国人民银行再贷款曾经是中国农业发展银行主要的资金来源，主要用途是粮棉油收储信贷资金的发放。这与政策性金融的特点和粮棉油收储所需资金的特点是一致的。2004年以来，随着中国农业发展银行业务范围的拓展，除了传统的粮棉油购销储信贷资金供应和管理之外，中国农业发展银行支持农业农村发展的领域逐渐拓展至农业农村基础设施建设、水利建设、农业产业化经营等诸多领域，业务发展的规模快速增加。然而，在信贷规模快速发展的同时，中国人民银行的再贷款并没有增加，反而为了缓解基础货币的压力，中国人民银行要求中国农业发展银行逐年归还，目前除了对应政策性财务挂账的中国人民银行再贷款之外，只能是在流动性出现困难的情况下向中国人民银行申请期限不超过3个月的再贷款。从中国农业发展银行自身的负债业务发展来看，近些年来在资金来源方面作出了多种努力和尝试，逐渐形成了以市场化发债为主的资金来源方式。可是，这种市场化的资金来源方式与政策性的运用方式之间的矛盾越来越突出，最明显的是，中国农业发展银行在利率市场化背景下从市场上发行债券的成本是递增的，然而出于政策性金融机构的职能定位及让利于农的战略考虑，中国农业发展银行的信贷资金不可能通过大幅度提高贷款利率水平的方式补偿筹资成本的日渐高企。如果这种状况延续下去，将会影响到中国农业发展银行的信贷资金及财务上的可持续性问题。针对这种情况，应该对中国农业发展银行政策性刚性非常强的政策性贷款，比如粮棉油购销储贷款，这是政策刚性最强的贷款业务，是必须要及时足额予以保证的，应该给予中国人民银行再贷款支持，以保证中国农业发展银行能够履行好支持粮棉油收储的职责。

第三，扩大存款组织范围，立足于对公存款，将中国农业发展银行吸收存款的范围扩展到县域以外。目前中国农业发展银行开办的各类贷款主要有开户企事业单位存款、财政存款、同业存款等，种类过少，不利于中国农业发展银行吸收充足的低成本资金用于支持农业农村发展。从国际上的操作经验来讲，吸收存款是农业政策性金融机构的重要资金来源之一。与国家开发银行、进出口银行相比，中国农业发展银行具有一定机构优势，可以充分利用中国农业发展银行机构一直设到县域的优势，支持中国农业发展银行大力开展存款组织，汇集更多的资金投入农业农村领域。在存款的种类上，可以立足于对公存款，将存款对象的范围由开户企事业单位扩展至所有企事业单位，并在区域上取消县域的限制，扩大中国农业发展银行吸收存款的来源；同时，在条件成熟的时候，在支持中国农业发展银行提高结算手段的基础上，适时批准中国农业发展银行开办居民储蓄存款。财政资金存款也是中国农业发展银行资金来源之一，比较适合中国农业发展银行的实际的做法是，应该逐步把分散在相关部门的涉农财政资金都统一归口中国农业发展银行进行统一拨补，增加中国农业发展银行低成本的资金来源。

第四，在经济超常波动的特殊情况下，对中国农业发展银行执行政策所造成的超额融资成本给予适度的财政补贴，利率市场化后再贷款享受优惠利率。相应地，中国农业发展银行贷款根据市场利率和财政补贴情况，实行优惠利率。在利率市场化加快推进的背景下，各银行业金融机构筹资的成本都有所上升，但受影响最大的应该是政策性金融机构，尤其是农业政策性金融机构。中国农业发展银行作为专门支持农业农村发展的农业政策性金融机构，不仅所筹资金全部投向农业农村领域，而且多投放的资金全部执行的是中国人民银行确定的基准利率，近年来执行利率上浮的贷款比例不足1%，这主要是出于履行农业政策性金融的职能降低涉农信贷资金的使用成本。但是，从资金来源上来看，中国农业发展银行主要是通过市场化发债的方式筹措资金，在利率市场化下尤其是近两年来筹资成本不断攀升，导致中国农业发展银行坚持基准利率的做法越来越难以执行。按照目前的筹资成本来计算，如果中国农业发展银行仍然实行基准利率，那么就会产生倒挂。农业政策性金融与财政具有天然的联系，农业政策性金融的用途及使用目的与财政资金也有很多共同的地方，两者结合的途径也有很多模式。就当前我国财政资金支农的状况及农业发展银行支持农业农村发展的实践来看，可以通过财政资金给予中国农业发展银行发行债券筹资一定的利差补贴，发挥政策性资金"四两拨千斤"的作用，用少量的财政补贴资金，缓解农业政策性银行的筹资成本压力，既可确保中国农业发展银行资金来源上的可持续性，为农业农村发展提供充分的低成本信贷资金，又可发挥财政资金支农的作用，一举三得。

第五，凡涉农商业银行所享有的税收优惠政策，中国农业发展银行也应自动享有，并允许中国农业发展银行长期执行；对于政策性原因形成的呆账损失，在所得税税前扣除政策上应适当放宽条件。从国际上农业政策性金融的运作来看，国家在税收上给予一定的优惠措施，是一种效果良好的通行做法，对于增强农业政策性金融机构服务本国农业农村发展的能力具有非常大的促进作用。从我国一直以来的实践来看，我国农业政策性金融机构在税收上基本没有享有什么优惠政策。所得税、营业税与商业性金融机构一样，甚至在营业税上没有享受到中国农业银行"三农"事业部和农村信用社的优惠待遇。这种状况导致我国农业政策性金融的运作处于一种十分尴尬的局面，从性质上来讲，是政策性银行；从业务投向和运作模式上来看，也是政策性银行；但在政策性银行本应享有的财税优惠政策方面，却没有得到政策性银行本应得到的优惠条件。这种状况与我国农业农村发展对农业政策性金融的迫切需要以及农业政策性金融所肩负的支持"三农"发展的重大职责是极其不相适应的。改变这种状况迫在眉睫，否则将会影响到农业政策性金融履行支农职责的发挥。解决这个问题，从所得税来讲应予免缴，或者将农业政策性金融机构缴纳的所得税先征后返，用于充实农业政策性金融机构的资本金，补充资本实力，进而为农业政策性金融机构可持续发展提供保障。从营业税来讲，也应予以免缴，至少应比较中国农业银行"三农"事业部、农村信用社享受的税收优惠幅度，而且只要涉农金融机构享有的税收优惠政策，均一律自动适用于中国农业发展银行，并且长期不变，使中国农业发展银行把国家的税收支持政策转变为支持农业农村发展的实实在在的优惠信贷资金，达到多方共赢的良好效果。

第六，特许农业发展银行从港澳台和国际市场发债筹集资金用于国内"三农"业务。从国际市场发债筹集资金是农业发展银行资金来源之一，这也是中国农业发展银行章程中予以明确规定的。近几年来，中国农业发展银行也已着手在香港发行债券，而且收到了相当不错的效果。但是问题在于，目前中国农业发展银行在境外发债募集的资金不能用于境内"三农"业务，这与中国农业发展银行信贷资金主要用于支持境内"三农"发展的实际出现了脱节，截至2014年末，中国农业发展银行外汇贷款也就2亿多元。因此，从某种意义上来讲，如果中国农业发展银行在境外发行的债券不能用于境内支持"三农"发展，那么在境外所筹集的资金基本上是死钱，发挥不了本应具有的支持境内"三农"发展的光荣使命。从长远的战略性考虑，应该给予中国农业发展银行在境外发行债券差别待遇，允许把这部分资金用于境内"三农"发展，既可充分发挥国内外两个市场的作用，也可扩大中国农业发展银行筹资使用的范畴，更好地服务我国"三农"发展。

六、对农业政策性金融机构应实施差别化的外部监督

由于政策性金融机构在运作上的特殊性，决定了政策性金融机构监督与商业性金融监管既有共性又有显著差异，需要建立相应的监督体系，体现出差别监督的理念。

（一）建立适应农业政策性金融机构的激励约束机制

从银行属性来看，政策性金融机构采取非市场化的激励约束机制，这种激励约束机制的效果并不理想，问题主要：一是利益与责任、业绩不对等，分配比例失调，严重挫伤了中国农业发展银行员工的工作积极性。二是与商业性金融机构同类人员相比，员工收入差距越来越大，导致人才流失严重，也很难引进急需的高端人才。三是外部激励约束机制的不健全，导致内部激励约束机制难以深化，挂钩部分实际上只是内部分配结构的调整，激励作用有限且效果不断衰减。

（二）建立适应农业政策性金融机构的运营监督机制

在业务资格和市场准入方面。一是开通绿色准入通道。对于中央文件

明确要求中国农业发展银行支持的业务，监管部门应给予绿色通道准入，支持中国农业发展银行在相关业务领域防控风险和运营模式方面的尝试与创新。二是采用有别于其他商业银行的调控措施。对已经批准承办的业务，若因宏观调控需要政策收紧的，不搞"一刀切"政策，如政府平台贷款。要考虑中国农业发展银行支持的农业、水利等项目公益、风险特点，且按照银行一般条件难以寻求合适承贷主体的特殊性，区别不同地区、产业状况等情况，为政策性银行落实中央要求服务"三农"、推进农业现代化提供一个作为的空间。三是支持和鼓励中国农业发展银行在已有业务领域的改革创新。在党中央、国务院全面深化农村改革加快推进农业现代化的进程中，鼓励中国农业发展银行参与土地流转、涉农担保、农业科技等领域的改革创新，允许在改革试点地区先行先试，探索政策性银行对"三农"的支持途径。对中国农业发展银行业务按照政策性和自营性分别建立差别监管体制，同时在两类业务上不作硬性的比例划分。目前，中国农业发展银行政策性业务和自营性业务在管理方式、管理手段、管理机制上都有很大的差别，另外，政策性业务和自营性业务又包含众多的贷款品种，在这些业务的范围内，这些品种有着很多的相同性，如果按照贷款品种建立差别监管体制，不便于管理和操作。同时，依据近年来一系列"中央一号文件"精神，立足农业发展银行中长期贷款业务品种的实际情况，水利建设、农村基础设施建设、农业综合开发、县域城镇建设、农村土地整治和农民集中住房等中长期信贷业务，全部可以归为农业开发和农村基础设施建设领域，这些贷款业务品种应界定为中长期政策性信贷业务，应当纳入政策性信贷业务差别化监管范围。

关于地方政府融资平台贷款差别化监管的问题。一是地方政府融资平台贷款"总量控制"的差别化。2006年以来党中央、国务院文件多次要求中国农业发展银行加大对农业开发和农村基础设施建设中长期信贷支持，对中国农业发展银行地方政府融资平台贷款实行"总量控制"方面的差别化监管政策，允许中国农业发展银行立足农业政策性银行职能定位，严把贷款业务边界，继续支持符合国家融资平台管理政策的平台，在中国人民银行审批农业发展银行年度信贷投放计划的框架内，实现中国农业发展银行平台贷款合理增长。二是地方政府融资平台贷款"名单制"管理的差别化。在地方政府融资平台"名单制"管理的具体实践中，各地银保监局在"名单制"具体政策执行方面存在一定的差异，为中国农业发展银行支持的新成立地方政府融资平台（如新成立的承担水利项目建设、融资和运营的事业法人）带来一定的操作障碍。应进一步完善"名单制"的动态管理机制，明确中国农业发展银行增加地方政府融资平台"名单"的管理办法和操作程序，以更好地适应中国农业发展银行业务发展实际情况。三是地方政府融资平台贷款方式的差别化。依据当前监管政策，平台贷款必须采用担保贷款方式。我国农业、农村是弱质产业和地区，特别是农业、农村基础设施建设项目投资规模大、主要形成公益性资产，难以提供足值有效的担保资源。对中国农业发展银行农业、农村基础设施建设领域的地方政府融资平台贷款实施一定的差别化信贷政策。

关于地方政府融资平台贷款还款来源差别化管理的问题。农业、农村基础设施建设项目大多数具有明显的公益属性，自身经济效益较为有限，难以提供充足的项目运营现金流用于贷款本息偿还，需要借助财政补贴实现资金平衡。建议对农业、农村基础设施建设项目的地方政府融资平台贷款实施一定的差别化信贷政策，允许中国农业发展银行贷款还款来源中的地方政府财政补贴占较大比例，以更好地符合农业开发和农村基础设施建设项目的实际情况。

拓宽自营性贷款业务范围。将农发行自营性贷款业务范围由现在的龙头企业和小微企业拓展到所有涉农行业和企业，只要是由农业延伸出来的、与农业有密切关联的、对"三农"有扶持作用的企业都可以支持，具体对龙头企业贷款而言，应突破具备龙头企业资格的硬性要求，对农业及各相关行业起到引导龙头作用、处于龙头地位的涉农企业都可以支持。外部监督部门对农业发展银行业务范畴应该实行市场准入报备制，在规定时限内答复，超期视为同意。允许中国农业发展银行发行小微企业特别金融债，专项用于发放小微企业贷款，并对小微企业贷款不良率执行差异化的考核标准，并适当放宽授信集中度的监督要求。

在风险监管指标要求方面。在商业银行风险监管核心指标中，资本充足率、存贷比、杠杆率、拨备率、流动指标等要采取有别于商业银行的监管指标要求，适当放宽不良贷款率的容忍度。特别是在流动性覆盖和净稳定融资比率方面，要寻求稳定的长期资金来源，防止资产错配。拓宽中国农业发展银行专项金融债券的发行领域和范围，适当放开对公存款业务范围，降低存款准备金率。

在监督方式方面。以非现场监督为主，加强对非现场监督报表系统数据的分析利用，减少现场检查频率。在现场检查时，对于中国农业发展银行的业务创新与模式尝试，要给予一定的风险容忍度和处理处罚弹性。

（三）差别化监督的相关政策建议

2014 年"中央一号文件"明确提出要"支持农业发展银行开展农业开发和农村基础设施建设中长期贷款业务，建立差别监管体制"。这是中央从全面贯彻落实党的十八大、十八届三中全会精神的高度，在充分考虑农业农村经济发展的需要和政策性银行的本质属性的前提下所作出的重大决策，为进一步完善对中国农业发展银行业务发展的监管工作，促进中国农业发展银行在落实国家粮食安全战略、支持城乡发展一体化中更好地发挥骨干和支柱作用指明了方向、提出了要求。

自中国农业发展银行成立以来，国家在指导和监管农发行履行职能方面出台并实施了一系列措施，并在资本金约束、单一客户的贷款集中度、收购资金贷款的支付方式、政策性指令性贷款以外的粮食收购贷款、地方政府融资平台贷款等诸多方面进行了差别监管，为中国农业发展银行充分发挥职能作用、实现健康可持续发展提供了坚强的保障。但与中央在新形势下提出的"差别监管体制"相比，还需要在继续保留这些内容的同时，根据中国农业发展银行履行职责、经营管理和改革发展的需要，增加新的内容，形成更加系统、明确、稳定的差别监管政策体系。

对中国农业发展银行建立差别监督体制，根据党的十八大和十八届三中全会精神，应主要围绕两条主线开展：一是落实国家粮食安全战略，重中之重是支持粮棉油收储和国家储备物资的吞吐调节，同时根据国家配套政策和中国农业发展银行信贷资源状况，创新产品和服务，进一步增强支持全产业链发展的功能；二是支持城乡发展一体化，核心是促进城乡统筹发展和良性互动，借力城镇化支持农业现代化和新农村发展，同时通过支持农业现代化和新农村建设促进城镇化发展。在此基础上，根据国家的政策要求，立足"三农"的弱质性特征，充分考虑中国农业发展银行的本质属性和职能定位，从政策执行情况、风险防控情况、内控机制建设和合规经营情况等方面构建差别监管的框架体系。

差别监督体制的总体框架：一是政策执行情况，主要是执行政策是否到位、是否恪守业务边界等，这是差别监管需要强化的内容。二是风险防控情况，包括分品种的风险防控政策、严格严密的制度及执行、内控机制、合规经营等，努力把不良贷款控制在最低限度。三是财务可持续情况，兼顾经济效益和社会效益，在有效落实政策的前提下，确保内生可持续发展。相关具体政策包括但不限于以下内容：

第一，差别化的业务准入机制。目前，中国农业发展银行的所有业务须报经银保监会批准后方可开办，这与政策性银行业务范围的国家严格界定性是相一致的。从实践来看，基于农村金融体系仍不完善的现状和"三农"发展对资金需求多元化趋势的不断加深，中国农业发展银行在坚持以政策性业务为主导的同时，开办了一系列与其密不可分且支农效果突出的自营性业务。相应地，对中国农业发展银行的业务准入应作适当调整，逐步建立审批制和报备制相结合准入机制。政策性业务仍由银保监会审批，对于中央文件明确要求农业发展银行支持的业务，开通绿色准入通道。自营性业务由中国农业发展银行根据农业农村经济发展状况、资金需求情况和风险管控能力，在国家确定的比例内自主开办，报银保监会备案。同时，视"三农"发展实际，允许中国农业发展银行在贷款支持模式上先行先试，充分发挥农业政策性银行在农村金融体系中引导和弥补市场缺陷的作用，比如股权投资、涉农担保等。

第二，差别化的中长期贷款管理机制。2006年以来，中国农业发展银行积极响应中央的要求，在国家有关部门的指导下，探索支持模式、加大中长期信贷资金投入，有力地提高了农业、农村生产生活条件，加快了城乡发展一体化进程。围绕党的十八大、十八届三中全会和2014年"中央一号文件"精神，应该支持中国农业发展银行开展好农业开发和农村基础设施中长期贷款业务，更好地发挥农业政策性金融的职能作用。对中国农业发展银行地方政府融资平台贷款实行"总量控制"方面的差别化监督政策，允许中国农业发展银行立足农业政策性银行职能定位，严把贷款业务边界，继续支持符合国家融资平台管理政策的平台，在中国人民银行审批的年度信贷投放计划框架内，实现平台贷款合理增长。进一步完善"名单制"的动态管理机制，明确中国农业发展银行增加地方政府融资平台"名单"的管理办法和操作程序。对中国农业发展银行农业农村基础设施建设领域的地方政府融资平台贷款实施一定的差别化信贷政策，同意中国农业发展银行对符合一定条件的、有效防范信贷风险的项目采用信用贷款方式。

第三，差别化的风险防控机制。中国农业发展银行一直坚持将风险防控放在重要位置，坚守风险底线，提升风险管控能力，信贷资产质量保持在良好水平，夯实了长期健康可持续发展的基础。综合考虑农业、农村领域的信用环境和中国农业发展银行的实际，适当提高中国农业发展银行的风险容忍度，可参照中国农业银行"三农"事业部、农村信用社的做法，执行5%的标准，鼓励中国农业发展银行根据"三农"发展的需要，在管控好风险的同时加大信贷资金的投入。适当放宽杠杆率、流动性等风险监管指标，可考虑仅对自营性业务执行，以支持中国农业发展银行撬动更多的信贷资金投入农业、农村领域。对政策性业务，允许中国农业发展银行与地方政府或国家有关部门协商建立风险补偿机制，支持中国农业发展银行进一步探索和完善政府主导、实体承贷、财政资金和政策性信贷资金合力支农的多种运营模式。

第四，差别化资本金补充机制。建立可持续的资本金补充机制是国际上农业政策性银行的通行做法。对我国农业政策性金融应建立内源性、外源性方式相结合的资本金补充机制，一方面，通过中国农业发展银行自身的税收返还及部分利润补充资本金；另一方面，国家财政也应参照国际上的通行做法定期视中国农业发展银行业务发展需要及时补足中国农业发展银行资本金，确保其为我国农业、农村发展提供持续不断的农业政策性信贷资金支持。同时，在计算资本充足率时，也应对中国农业发展银行的各类贷款适用不同的风险权重，例如，那些由财政兜底的政策性贷款，风险权重为零；那些财政不予兜底的政策性贷款，如农业农村基础设施建设中长期贷款，风险权重可按75%计算；而对于自营性贷款业务，则完全执行商业银行的相关规定。

第五，差别化的财政货币支持政策。作为政府的银行，政策性银行实质上是国家财政职能的延伸，是履行政府经济职能的重要辅助手段。财政政策和货币政策的大力支持，是政策性银行履行好职能的基本保障。针对我国农业农村经济发展的需要、农村金融体系的现状及中国农业发展银行进一步强化农业政策性银行职能的需要，在财政货币政策性方面应给予农业发展银行更大的差别化倾斜支持政策。建立中国人民银行再贷款与中国农业发展银行粮棉油购销储政策性贷款对应机制，把对中国农业发展银行粮棉油收储给予短期流动性支持作为一项长期政策。扩大中国农业发展银行存款组织范围，立足于对公存款，将中国农业发展银行吸收存款的范围扩展到县域以外。在经济超常波动的特殊情况下，对中国农业发展银行执行政策所造成的超额融资成本，给予适度的财政补贴，利率市场化后再贷款享受优惠利率。相应地，中国农业发展银行贷款根据市场利率和财政补贴情况，实行优惠利率。凡涉农商业银行所享有的税收优惠政策，中国农业发展银行也应自动享有，并允许中国农业发展银行长期执行；对于政策性原因形成的呆账损失，在所得税税前扣除政策上应适当放宽条件。

第六，差别化的绩效考评机制。为客观评价农业发展银行的经营状况，在考核时，应将执行政策情况列入考评内容并放在重要位置，同时，充分考虑政策性银行的客观实际，对各项考评指标在行业标准的基础上进行适当调整。增设执行政策情况指标或加分项。主要是考核贯彻国家强农惠农富农政策的效果，衡量标准为是否确保把党中央、国务院的政策要求落实为对"三农"的有效信贷支持。例如，中国农业发展银行贷款支持的企业粮棉收购量占当年全社会收购量的一定水平以上，并且没有出现区域性卖粮（棉）难、"打白条"收购现象，则给予加分；对于中国农业发展银行自行消化政策性挂账、减轻国家财政负担的工作成绩，给予加分处理；中国农业发展银行认真落实国家宏观调控政策，粮棉油贷款和水利建设贷款累放数比上年增加的，应给予加分。调整不良贷款率。将不良贷款率各档标准值均在行业标准基础上再加1%以上；对由政府财政兜底的政策性贷款，在财政补偿政策到位前可能形成的不良，在考核时应予剔除。调整盈利能力状况。对中国农业发展银行当年筹资成本高于一年期定期存款利率的部分，考虑调整相关利润指标标准值；对收购资金发债筹集部分按与再贷款的利差进行调整处理；确定政策指令性和政策指导性收购贷款的标准收益，对于中国农业发展银行实际执行结果低于标准收益部分，在计算绩效考评指标时应视同模拟利润纳入绩效考评；对政策性贷款的财政补贴、补偿政策未到位前，在计算绩效考评指标时应按视同到位进行调整处理。降低资本充足率指标的权重，只对中国农业发展银行自营性业务考核资本充足率、核心资本充足率，达到国家规定标准即可得满分。

第十二章　政策性金融机构
预算管理的理论基础与政策选择

2015 年 4 月 12 日，中国政府网发布公告，国务院正式批复国家开发银行、中国进出口银行、中国农业发展银行三家政策性银行的改革方案，此次改革的一大亮点是完善政策性金融机构治理结构，从制度层面保障其政策性职能的有效发挥。随着我国社会主义市场经济体制的不断发展，各项经济制度逐步建立与完善，其中预算管理制度成为近十余年来在我国政府机关、事业单位、国有企业部门以及非营利性组织逐步普及的一项重要经济管理制度，该项制度的建立为上述部门或单位进行科学决策、高效经营、绩效评价提供了可行性指导方法。本章立足于深化政策性金融机构改革的需要，对政策性金融机构实施预算管理的理论基础及政策选择展开系统性探讨。

一、政策性金融机构执行预算管理是必然趋势

结合当前预算管理制度发展的大环境和政策性金融机构自身经营状况的小环境综合分析，政策性金融机构执行预算管理制度将是必然的选择，其原因主要有三方面：

首先，政策性金融机构政策性、公共性以及准政府机构的定性、定位日益明确，将其纳入政府预算管理成为理论上的必然。从国务院此次对政策性金融机构改革的批复来看，明确提出"要强化政策性职能定位""坚持以政策性业务为主体"，从而否定了多年来商业化转型的争论，强调了政策性金融机构对其政策性定位的回归；这一回归与笔者多年来对政策性金融

机构准政府机构的定性、定位不谋而合。未来，随着政策性金融机构公共性、政策性职能的强化，其准政府机构的性质将更加凸显。① 对于具有公共性、政府性或准政府性的机构或组织世界各国普遍采取预算管理的办法对其进行约束管理，从目前我国的实践来看，不仅政府机关已全面实行预算管理，而且对具有一定公共性质的事业单位、国有企业均已执行预算管理。② 政策性金融机构作为准政府机构其公共性和政策性特征从总体上讲强于一般事业单位和国有企业，后两者尚且执行预算管理，政策性金融机构又怎么可能"独善其身"？

其次，由财政部主管的 40 余家国有独资或国有控股金融机构（包括三家政策性银行）执行预算管理的相关办法虽然还没出台，但相关政策已在研讨制定中，金融机构执行预算管理只是时间问题。国家以所有者身份依法取得国有资本收益并对所得收益进行分配的各项收支预算即"国有资本经营预算"从 2007 年起在一般工商业国有企业中已全面执行，但由于历史的、现实的种种原因，由财政部主管的金融类企业和机构尚未纳入预算管理。因此，审计署在历年向全国人大提交的《中央预算执行和财政收支报告》中多次提出将金融机构纳入预算管理范畴。③ 直到 2014 年 4 月，有媒体报道由财政部金融司牵头制定的《中央金融企业国有资本经营预算管理办法》正在研讨、制定中并预计会尽快出台。这表明相关政府部门对金融机构执行预算管理已持积极态度，政策性金融机构必须针对自身情况有所准备。

最后，从政策性金融机构自身经营的小环境来看，执行预算管理有助于解决其自身绩效评价问题。政策性金融机构由于经营的特殊性必须"保本微利"、必须承担政策性亏损，但"微利"是多少、亏损亏多大却很少有

---

① 白钦先，张坤. 论政策性金融的本质特征——公共性 [J]. 中央财经大学学报，2015 (9).

② 中国会计学会管理会计专业委员会. 我国企业预算管理的引进与发展 [J]. 会计研究，2008 (9).

③ 严金国. 关于中央金融企业国有资本经营预算问题的几点思考 [J]. 财政研究，2015 (5).

人能说清，这就导致理论界和实务界的一些学者和官员误认为政策性金融机构的亏损是由于自身经营效率低下造成的，由此引出政策性金融机构应该取消或商业化转型等论调。虽然目前"取消论""转型论"已被否定，但这几十年的曲折经历和深刻的教训也反映出政策性金融理论在绩效评价方面是有所欠缺的，尽快建立适用于政策性金融机构特有的绩效评价机制迫在眉睫。预算管理制度的引进在一定程度上可以解决上述问题：以政策性金融机构承担政策性功能所必须开展的各项业务为出发点，采用科学合理的方法对其未来会计年度的主营业务、资产投资、对外筹资、成本费用等项目展开逐项预算，并最终汇总得出恰当的预计利润；待年终时不仅可以将实际利润与预计利润进行比较，还可逐个项目展开比较，就造成利润差异的原因深入分析，盈利盈在哪里、亏损亏在哪里，清清楚楚、明明白白。

通过以上三方面的论述可以看出，政策性金融机构执行预算管理将是必然的选择，政策性金融机构应结合自身的情况早作打算，正所谓"早动早主动，晚动晚主动；不动越被动，迟早都得动"。

二、政策性金融机构预算的特殊性与是否纳入国有资本经营预算的考虑

（一）国有资本经营预算管理现状

国有资本经营预算，是国家以所有者身份对国有资本实行存量调整和增量分配而发生的各项收支预算，是政府预算的重要组成部分。根据《预算法实施条例》第二十条的规定，各级政府预算按照复式预算编制，分为一般公共预算、政府性基金预算、国有资产（本）经营预算、社会保险基金预算。

2007年9月，国务院发布《关于试行国有资本经营预算的意见》，标志着中国开始正式建立国有资本经营预算制度。按照2008年10月中华人民共和国第十一届全国人民代表大会常务委员会通过的《中华人民共和国企业

国有资产法》规定，国有资本经营预算按年度单独编制，纳入本级政府预算，报本级人民代表大会批准。国有资本经营预算支出按照当年预算收入规模安排，不列赤字。国务院和有关地方人民政府财政部门负责国有资本经营预算草案的编制工作，履行出资人职责的机构向财政部门提出由其履行出资人职责的国有资本经营预算建议草案。国有资本经营预算管理的具体办法和实施步骤，由国务院规定，报全国人民代表大会常务委员会备案。

国有资本经营预算制度是规范国有资本经营预算编制行为的一系列法律、行政法规和规章的总称。建立和实施国有资本经营预算制度，统筹用好国有资本收益，对于深化国有企业收入分配制度改革、增强政府宏观调控能力、合理配置国有资本、促进企业技术进步、提高企业核心竞争力，都具有重要意义。

长期以来，中国对国有资本经营收支没有单列预算和进行分类管理，而是与经常性预算收支混合在一起，这种做法无法体现政府作为社会管理者和国有资产所有者两种职能及其两类收支活动的运行特征。随着中国实行社会主义市场经济和政资两种职能的逐渐分离，政府作为国有资产所有者，必须建立起独立于公共预算之外的国有资本经营预算来全面掌握经营性国有资本的收入、支出、资产和负债情况，以确保国有资本保值增值和再投资的有计划进行，已成为客观必然。

—— 国资委作为国有资本出资人的代表，其职能应定位为对国有资本的监督管理，包括国有资本的产权监管、运营监管和国有资本总量与结构的调控管理，但不能直接干预企业的生产经营活动。国有资本经营预算反映的预算期内国有资本经营的目标，是国有资本经营计划的财务安排，是国资委职能作用发挥的基础。

—— 在市场经济条件下，按照政资分离的原则，公共预算的编制和实施体现着政府行使社会管理职能的需要；而国有资本经营预算则体现政府行使国有资本所有者职能的需要，其收入应主要来源于国家以国有资本所有者身份取得的各种国有资本收益，其支出必须用于国有资本的再投入。

—— 在国有资产管理的"两级三层"模式中，国资委与国有资本经营公司既是国有资本的出资人代表，又是国有资本的经营者。国资委要对国有资本运营公司的经营者进行约束控制，国有资本经营公司要对被其控制或参股公司的经营者进行产权约束。而约束与控制的一个重要手段就是分级建立国有资本经营预算。

—— 国有资本所有权和经营权随着国有企业的改组和改制实现了分离后，政府与国有企业经营者之间就形成了一种"委托—代理"关系。由于信息不对称，代理人有可能发生损害所有者权益的"道德风险"。为了预防这种"道德风险"的发生，必须建立国有资本经营预算，以便对国有资本经营活动进行统筹规划，对国有企业经营者的业绩进行考核和评价，从而最大限度地减少"道德风险"，确保国有资本的保值增值。

—— 中国国家财政必须建立起包括公共预算、国有资本经营预算和社会保障预算在内的复式预算制度，以利于进一步转变和拓宽国家财政职能，增强财政宏观调控能力，强化预算约束。可见，建立国有资本经营预算乃是深化中国财政体制改革、促进中国复式预算制度不断完善发展的需要。

（二）政策性金融机构预算管理的特殊性

现阶段我国40余家国有金融机构包括国有控股商业银行、国家政策性银行及其他非银行金融机构，它们共同的特征是国拨资本或国有资本控股，也正是由此才产生预算管理的问题。但这40余家国有金融机构又各有其特殊性，不能一概而论。国有控股商业银行及国有非银行金融机构都是商业性金融机构，它们是国有企业而非准政府机构或特殊公共法人，它们遵循市场化原则、以利润最大化为首要目标，对其执行国有资本经营预算管理不言而喻；但包括中国农业发展银行在内的政策性银行就与前者有根本的不同，除全额国拨资本外，还享有国家主权信用，而且不以利润最大化为其最高宗旨，而是以贯彻国家经济与社会发展战略、执行国家经济与社会政策、产业政策、就业政策乃至外交政策为最高宗旨。因此，鉴于上述考虑，不能将国有商业性金融机构和政策性金融机构混为一谈，或划为同一类别执行相关预算管理办法。

政策性金融机构一旦执行预算管理，其首要解决的问题是采取哪一账套标准进行预算管理。目前我国政府预算包括四大账套：一是公共财政预算；二是政府性基金预算；三是社会保险基金预算；四是国有资本经营预算。如果从政策性金融机构资金来源、资金运用及实务经营的特点来看，其最适合纳入国有资本经营预算，毕竟它和其他国有企业一样是国家出资并拥有经营性实体。但是国有资本经营预算制度的建立是以国有资本保值增值为出发点的，对国有资本的盈利性及利润上缴比例都有一定的要求，更进一步讲，国有资本经营预算是对取得市场地位的国有资本进行利润最大化的监督和保障；而政策性金融机构如前所述，它享有国家主权信用、执行国家相关政策，其行为本身在很大程度上是国家行为、政府行为，其是否取得市场地位值得怀疑，而且政策性金融机构也不以利润最大化为最高宗旨，不以实现国有资本的保值增值为首要目标，如果简单地将政策性金融机构纳入国有资本经营预算管理将有可能再次将政策性金融机构推向"商业化"转型的道路。

因此，摆在面前的是两条道路：一是不纳入国有资本经营预算管理，为政策性金融机构单独开辟一套适合政策性金融机构自身经营特点的账套，即以宏观性经济指标考核为主，接下来才是微观具体经营性指标考核，这样既执行了经营预算管理，还充分考虑到政策性金融机构自身经营的特殊需要，保障了公共性职能的发挥；值得强调的是，这并非一种优惠或优待，而是源于其自身性质与最高宗旨、职能的特殊性事实使然。第二条道路则可作为实现第一条道路而在现阶段条件下的过渡性安排，即政策性金融机构有条件地纳入国有资本经营预算管理——在目前国有资本经营预算的框架下对政策性金融机构在盈利性及盈利上缴比例上予以宽限，具体而言，政策性金融机构利润上缴比例应设定在30%以下①，或采取全部利润留存的办法，以增强其资本实力，发挥支持实体经济、弥补市场失灵的作用，这对于弥补当前政策性金融实践过程中缺少稳定的、法制化资本扩充机制具

---

① 根据党的十八届三中全会通过的《中共中央关于全面深化改革若干重大问题的决定》："完善国有资本经营预算制度，提高国有资本收益上缴公共财政比例，二〇二〇年提高到百分之三十，更多地用于保障和改善民生。"

有重要意义。事实上，已纳入国有资本经营预算管理的部分政策性单位就已经享受了利润上缴比例优惠政策，如军工企业、专制科研院所、中国邮政集团其利润上缴比例为5%，中国储备粮总公司、中国储备棉总公司免交国有资本收益；政策性金融机构在纳入国有资本经营预算后享有上述政策优惠也是理所应当的。下文对政策性金融机构预算实务的讨论和绩效评价的讨论均以此为基本出发点。

另外，政策性金融机构预算管理在技术细节方面还有一点特殊性需要指出，即政策性金融机构预算应以贷款增加额为起点，而不是像一般工商业企业那样以销售收入（对金融机构而言为利息收入）为起点。这是由金融业相对于一般工商业的特殊性所决定的：首先，利息收入源于贷款发放，而非利息收入决定了发放贷款的数量，这二者的发生具有前后因果关系，预算制定的过程应遵循这一客观事实；其次，对贷款增量的预测往往较利息收入的预测更为稳定、准确，利息收入的变化不仅取决于贷款数量的变化，还受到市场利率波动、政策变动等多方面因素的影响，因此，以利息收入为预算基准会在一定程度上降低预算的准确性；最后，对于政策性金融机构而言，其发挥公共性职能、扶持实体经济的手段往往通过发放贷款的形式实现，以贷款数额为预算起点能更好、更直接地反映政策性金融机构对相关政策的落实情况。

三、政策性金融机构预算管理的方法

政策性金融机构预算的编制方法是在借鉴国有资本经营预算编制方法的基础上结合政策性金融机构自身经营特点展开的。目前，财政部预算司对832家中央企业已形成一套非常成熟的预算管理制度，每年第四季度都会发布下一年度中央企业年度预算的通知，并附带相关预算报表的格式规范及编制说明，本书就以此为蓝本，以中国农业发展银行为例试谈政策性金融机构预算管理及绩效评价的方法。本书收集了中国农业发展银行2010—2014年的年度财务报告，在编制预算时以2010—2013年为已知年份并编制2014年年度预算，然后以 2014 年实际数据与预算数据进行比较来谈绩效评价。[①]

（一）编制范围与报表组成

政策性金融机构预算报表编制范围应包括政策性金融机构本部及其所控制的全资或控股的子企业（含境外子企业、金融子企业、事业单位、实行法人责任制基建项目等）。全面预算涉及经营的方方面面，应当包括 13种预算：主要业务经营预算表、主要业务损益预算表、固定资产投资预算表、股权投资预算表、金融工具情况预算表、对外筹资预算表、人工成本预算表、成本费用预算表、利润预算表、现金预算表、资产负债预算表、对外捐赠预算表、经济增加值预算表。[②] 由于本章篇幅所限，不能就每项预算都逐一说明，在此仅选取了最核心的营业预算、财务预算进行说明。

（二）由财务会计报表转换成管理用会计报表

预算管理属于管理会计范畴，而管理会计与财务会计最大的不同在于它进一步区分了"经营资产和金融资产""经营损益和金融损益"，因此，在编制政策性金融机构预算时首先需要将其披露的财务报表转换成管理用财务报表（调整前的资产负债表及利润表见表 12－13、表 12－14）。

对于金融机构而言，其净经营资产包括现金及银行存款、拆出资金、买入返售金融资产、发放贷款和垫款、固定资产（固定资产＋在建工程）、其他净资产（其他资产－其他负债－应交税费）、递延所得税净资产（递延所得税资产－递延所得税负债）；其净金融性负债包括央行净负债（向中央银行借款－存放中央银行款项）、同业净负债（同业及其他金融机构存放款项－存放同业款项）、吸收存款、应付债券；其所有者权益包括实收资本、未分配利润（资本公积＋盈余公积＋一般风险准备＋未分配利润）。调整后的管理用资产负债表如表 12－1 所示。

---

① 中国农业发展银行：2010—2014 年年度报告，http://www.adbc.com.cn/。
② 财政部预算司：关于 2015 年中央国有资本经营预算的说明。

表 12 –1　中国农业发展银行 2010—2014 年度管理用资产负债

单位：亿元

项目	2010 年	2011 年	2012 年	2013 年	2014 年
现金及银行存款	3.03	3.27	3.10	2.98	2.55
拆出资金	0.66	2.02	110.50	176.50	723.95
买入返售金融资产	0.00	0.00	15.00	154.14	803.38
发放贷款和垫款	16418.13	18311.49	21178.18	24230.77	27516.18
固定资产	107.60	108.54	112.39	130.21	149.66
递延所得税净资产	1.52	28.68	89.25	120.67	111.96
其他净资产	-131.91	-344.95	38.60	40.21	124.99
净经营性资产	16399.03	18109.05	21547.02	24855.48	29432.67
央行净负债	2816.34	1718.56	1872.62	1750.06	1796.91
同业净负债	505.75	164.65	232.96	296.19	472.59
吸收存款	3395.49	3675.24	3862.00	4111.91	4717.21
应付债券	9394.11	12195.47	15081.48	18057.99	21663.56
净金融负债	16111.69	17753.92	21049.06	24216.15	28650.27
实收资本	200.00	200.00	200.00	200.00	200.00
未分配利润	87.34	155.13	297.93	439.33	582.40
所有者权益	287.34	355.13	497.93	639.33	782.40
净负债和所有者权益合计	16399.03	18109.05	21546.99	24855.48	29432.67

对于金融机构而言，其管理用利润表与一般工商企业管理用利润表大体一致，唯一需要注意的是其利息收入应纳入经营性收入，而利息支出、投资收益、公允价值变动收益、汇兑收益抵销后的结果为利息费用。调整后的管理用利润表如表 12 – 2 所示。

表 12 –2　中国农业发展银行 2010—2014 年度管理用利润

单位：亿元

项目	2010 年	2011 年	2012 年	2013 年	2014 年
经营损益：					
一、营业收入	790.54	1068.85	1356.00	1486.17	1754.77
利息收入	786.12	1060.28	1347.11	1477.31	1745.18
手续费及佣金收入	4.42	8.57	8.89	8.86	9.59

项目	2010 年	2011 年	2012 年	2013 年	2014 年
减：手续费及佣金支出	1.42	1.49	1.70	1.88	2.02
二、毛利	789.12	1067.36	1354.30	1484.29	1752.75
减：营业税金及附加	40.10	54.46	70.33	79.66	92.80
业务及管理费用	106.42	118.58	136.03	155.64	177.42
资产减值损失和呆账损失	181.82	309.26	331.02	328.59	299.14
三、税前营业利润	460.78	585.06	816.92	920.40	1183.39
加：营业外收入	1.41	0.89	0.53	1.47	3.70
减：营业外支出	2.13	2.39	2.10	3.11	3.36
四、税前经营利润	460.06	583.56	815.35	918.76	1183.73
减：经营利润所得税	123.59	147.23	164.55	225.82	364.32
五、税前经营净利润	336.47	436.33	650.80	692.94	819.41
金融损益：					
六、利息支出	411.17	494.47	639.74	733.77	979.92
减：投资收益	0.17	0.51	1.59	1.25	1.45
公允价值变动收益	0.00	0.00	0.00	0.00	0.00
汇兑损益	0.44	0.66	1.36	0.85	0.81
七、利息费用	410.56	493.30	636.79	731.67	977.66
减：利息费用抵税	110.29	124.45	128.51	179.83	300.89
八、税后利息费用	300.27	368.85	508.28	551.84	676.77
九、净利润	36.20	67.49	142.52	141.11	142.65
附注：平均所得税税率	26.86%	25.23%	20.18%	24.58%	30.78%

（三）营业预算

与一般工商企业以销售收入为营业预算为出发点不同，政策性金融机构以贷款数额为出发点。在预算新增贷款数额时一般可以采取两种方法：一是增量预算法，二是零基预算法。增量预算法又称为调整预算法，是以基期水平为基础，分析预算期业务水平及有关影响因素的变动情况，通过调整基期项目及数额，编制相关预算的方法；增量预算法适用于现有的业务活动是企业所必需的且合理的，其操作简便，易于理解，但缺点也非常明显，当预算期的情况发生变化，预算数额会受到基期不合理因素的干扰导致预算的不准确，不利于调动各个部门达成预算目标的积极性。零基预算法即"以零为基础编制预算"，采用该方法编制预算时，不考虑以往期间的费用项目和数额，主要根据预算期的需要和可能分析费用项目和数额的合理性，综合平衡编制相关预算；其优点在于不受前期项目和费用的制约，能够调动各个部门积极性，但其缺点是工作量大，需要多部门协调完成。[①]

本书以阐述政策性金融机构预算管理的原理为主旨，对于细节性、技术性问题不予深入探讨，故采用增量预算法预测新增贷款数额及其他若干项目。对 2014 年度预算新增贷款数额的预测，本书对 2010—2013 年度贷款数额采用最小二乘估计法进行了回归分析，以时间为解释变量、以贷款余额为被解释变量，利用回归方程预测 2014 年末贷款余额为 26610.79 亿元，即新增贷款 2380.02 亿元。

有了新增贷款的预计数就可以进一步对 2014 年度的利息收入进行预算。对于经营业务范围比较稳定的金融机构而言，其利息收入往往与其信贷资产的比值有一个固定的比率，即信贷资产周转率[②]相对稳定。通过对 2010—2013 年度农发行信贷资产周转率分析可以看出（见表 12 - 3），近年来农发行信贷资产周转率维持在 6% 左右，特别是近两年来维持在 6.10% ~ 6.40%，故对 2014 年度农发行信贷资产的周转率的预测采用 2012 年和 2013 年的算术平均值，即 6.23%。

表 12 - 3　2010—2013 年中国农业发展银行信贷资产周转率

单位：亿元

项目	2010 年	2011 年	2012 年	2013 年
发放贷款和垫款	16418.13	18311.49	21178.18	24230.77
利息收入	786.12	1060.28	1347.11	1477.31
信贷资产周转率	4.79%	5.79%	6.36%	6.10%

① 周首华. 财务管理理论前沿专题 [M]. 北京：中国人民大学出版社，2013.
② 信贷资产周转率 = 利息收入/信贷资产。

由于 2014 年末发放贷款及垫款的余额预算为 26610.79 亿元，故可得出 2014 年农发行利息收入为 1657.85 亿元。

手续费收入及佣金收入往往是伴随着贷款数额的增减而增减的，其与利息收入之比也是稳定的，通过对 2010—2013 年度农发行手续费及佣金收入与利息收入的分析可以看出（见表 12 - 4），近三年来手续费及佣金收入与利息收入之比呈下降状态，并在 2014 年度很有可能跌破 0.6%，因此，对 2014 年度该比例的预测保守估计仍采用 0.6% 这一比例。

表 12 - 4 2010—2013 年中国农业发展银行手续费及佣金收入与利息收入

单位：亿元

项目	2010 年	2011 年	2012 年	2013 年
利息收入	786.12	1060.28	1347.11	1477.31
手续费及佣金收入	4.42	8.57	8.89	8.86
手续费及佣金收入与利息收入之比	0.56%	0.81%	0.66%	0.60%

由于 2014 年预算利息收入为 1657.85 亿元，故手续费及佣金收入预算为 9.95 亿元。

手续费及佣金支出是针对手续费及佣金收入的成本项目，其二者的比值是该项业务的成本率，特定业务的成本率应维持在相对固定的水平；通过对 2010—2013 年度农发行手续费及佣金收入的成本率分析可以看出（见表 12 - 5），近三年来该项业务的成本率维持在 20% 左右的水平，2014 年对该项业务的成本率预算采用 2013 年及 2012 年的算术平均值，即 20.17%。

表 12 - 5 2010—2013 年度中国农业发展银行手续费及佣金收入成本率

单位：亿元

项目	2010 年	2011 年	2012 年	2013 年
手续费及佣金收入	4.42	8.57	8.89	8.86
手续费及佣金支出	1.42	1.49	1.70	1.88
手续费及佣金收入成本率	32.13%	17.39%	19.12%	21.22%

由于 2014 年预算手续费及佣金收入为 9.95 亿元，而成本率预算为 20.17%，故手续费及佣金支出预算为 2.01 亿元。

营业税金及附加、业务与管理费用往往同营业收入（包括利息收入和手续费及佣金收入）正相关，在完成利息收入预算和手续费及佣金收入预算的基础上可以对营业税金及附加、业务与管理费用进行预算。

通过对这两个项目与营业收入的比例进行研究可以看出（见表 12 - 6），营业税金及附加与营业收入之比维持在 5.1% ~ 5.3%，业务及管理费用与营业收入之比维持在 10% ~ 11%，故 2014 年度对这两项比率的预算均采取 2013 年与 2012 年的算术平均值，分别为 5.28%、10.25%。

表 12 - 6　2010—2013 年度中国农业发展银行营业税金及附加、业务及管理费用

单位：亿元

项目	2010 年	2011 年	2012 年	2013 年
营业收入	790.54	1068.85	1356.00	1486.17
营业税金及附加	40.10	54.46	70.33	79.66
营业税金及附加与营业收入之比	5.07%	5.10%	5.19%	5.36%
业务及管理费用	106.42	118.58	136.03	155.64
业务及管理费用与营业收入之比	13.46%	11.09%	10.03%	10.47%

由于 2014 年预算营业收入为 1667.80 亿元（预算利息收入与预算佣金及手续费收入之和），故预算营业税金及附加为 84.56 亿元，预算业务及管理费用为 170.95 亿元。

资产减值损失及呆账损失主要来源于不良贷款，其主要受贷款规模的影响，因此，这二者间就会存在相对稳定的比例，通过对 2010—2013 年农发行资产减值损失和呆账损失与发放贷款和垫款的比率进行研究可以发现（见表 12 - 7），近三年来资产减值率在不断下降，资产质量稳步提升，保守估计 2014 年度资产减值率以 2013 年的 1.36% 为预算。

表 12 - 7　2010—2013 年度中国农业发展银行资产减值损失和

呆账损失与发放贷款和垫款的比率与资产减值率

单位：亿元

项目	2010 年	2011 年	2012 年	2013 年
资产减值损失和呆账损失	181.82	309.26	331.02	328.59
发放贷款和垫款	16418.13	18311.49	21178.18	24230.77
资产减值率	1.11%	1.69%	1.56%	1.36%

由于对 2014 年末发放贷款和垫款的预算为 26610.79 亿元，资产减值率预算为 1.36%，故 2014 年资产减值损失和呆账损失预算为 361.91 亿元。

营业外收入与营业外支出由于不具有经营上的连续性和可持续性，故对其预算往往采用类比上年金额即可，故 2014 年农发行营业外收入预算与支出预算分别为 1.47 亿元、3.11 亿元。

对于金融机构而言，其持有的现金及银行存款是保障其必要流动性和偿付能力的经营性资产，对持有现金及银行存款的需求一方面随其业务规模的扩张而增加，另一方面，随着电子转账系统的普及而逐步减少，因此，它是一个多因素作用下的预算指标，对其预测更适用于零基预算法。但本书为了避免细节和技术性的讨论同样采用了最小二乘回归分析的方法对其进行预算，对 2010—2013 年度农发行现金及银行存款项目进行回归分析，以时间为解释变量，以现金及银行存款为被解释变量，预测 2014 年该项目金额为 3.02 亿元。

对于拆出资金和买入返售金融资产的预算类似于对现金及银行存款的预算，应根据客观实际情况综合考虑各方面因素采用零基预算法进行预算；在本章中，对 2014 年度拆出资金和买入返售金融资产的预算不能采用增量预算法简化处理，因为根据中国农业发展银行 2013 年年报披露，在 "2013 年中国农业发展银行投资业务在发起涉农基金、信贷资产证券化、期货保证金存管、股权融资顾问、同业合作等方面取得重要进展"。这就意味着在未来一个会计年度同业拆出资金和返售金融资产将大幅增加，对这两项的预计就不能再沿用调整预算；事实上拿 2013 年这两项的数据同 2011 年、2012 年相比，其数额已呈现爆发性增长。故 2014 年同业拆出预算和买入返售金融资产预算，我们假设采用零基预算的方式可以准确预算，分别为 723.95 亿元、803.38 亿元。

固定资产数额的预算在实务中应采取零基预算的方式，根据在建项目的完工进度进行逐项预算。本书在此简化处理，采取调整预算的方式对 2010—2013 年的固定资产进行最小二乘回归，时间为解释变量，固定资产为被解释变量，得出 2014 年固定资产预算数额为 132.61 亿元，固定资产净投资为 2.40 亿元。

递延所得税净资产是递延所得税资产与递延所得税负债的做差所形成的经营性资产，其成因是相关资产或负债会计计量标准与计税标准不一致；而对这种不一致贡献最大的是发放贷款和垫款资产，因此，递延所得税净资产与贷款项目存在相对固定的比率关系，通过对 2010—2013 年农发行递延所得税净资产与发放贷款和垫款比率的分析可以看出（见表 12 - 8），该比例在近两年基本维持在 0.4% ~ 0.5%，故 2014 年预算该比例可采用这两年的算术平均值 0.46%。

表 12 - 8　2010—2013 年中国农业发展银行递延所得税净资产与发放贷款和垫款

单位：亿元

项目	2010 年	2011 年	2012 年	2013 年
发放贷款和垫款	16418.13	18311.49	21178.18	24230.77
递延所得税净资产	1.52	28.68	89.25	120.67
递延所得税净资产与贷款项目之比	0.01%	0.16%	0.42%	0.50%

由于 2014 年末预算发放贷款和垫款数为 26610.79 亿元，故 2014 年末递延所得税净资产预算数为 122.41 亿元。

其他净资产主要是生产经营活动中自发形成的经营性资产与经营性负债（包括应交税费、其他负债等）的差额，其规模往往伴随经营的扩大而自发性增长，故在此也同样采用增量预算法对其进行最小二乘回归分析，以时间为解释变量，以其他净经营资产为被解释变量，得到 2014 年该项指标的预算数额为 125.47 亿元。

对于平均所得税税率的预算比较复杂，因为不同业务收入适用的所得税税率不同，例如，购买国债获得的利息收入是免税的，支持高新企业、支持"三农"项目的收入是税收优惠的，而一般性商业贷款或自营业务的收入则是正常征收所得税的，所以，在预测使用的平均所得税税率时要根据实际业务的开展状况进行逐项调整。本书为了避免这种技术性讨论假设采用零基预算的方式可以正确预算未来年度平均所得税税率，故 2014 年预算的平均所得税税率为 30.78%。

（四）财务预算

财务预算包括利润表预算、现金预算和资产负债表预算。

利润表预算是对经营损益预算和对金融损益的预算进一步汇总。经营预算在上文已经详尽论述，本部分主要对金融损益预算进行讨论。

对于政策性金融机构而言，最主要的金融损益是利息支出，而某一年的利息支出是由上年末净负债总值乘以税前加权平均负债利息率所得出的。对于预算工作而言，上年末净负债总值可以由管理用资产负债表得到，关键是要确定税前加权平均负债利息率。在实务工作中可以根据负债的结构及市场上不同债务的利率进行加权平均得出预算的负债利息率；本书为了避免这种技术性的讨论，通过考察 2011—2013 年度税前加权平均负债利息率可以看出（见表 12 - 9），近两年来税前加权平均负债利息率在 3.5% 左右，故预算 2014 年中国农业发展银行税前加权平均负债利息率为 2012 年和2013 年该项指标的算术平均数为 3.55%。

表 12 - 9   2011—2013 年度中国农业发展银行税前加权平均负债利息率

单位：亿元

项目	2011 年	2012 年	2013 年
净金融负债	17753.92	21049.06	24216.15
利息支出	494.47	639.74	733.77
税前加权平均负债利息率	3.07%	3.60%	3.49%

由于 2013 年末农发行净负债规模为 24216.15 亿元，预算税前加权平均负债利息率为 3.55%，故 2014 年利息支出预算为 859.67 亿元。

对于投资收益、公允价值变动收益、汇兑收益主要来源于政策性金融机构持有的金融资产，一方面由于其持有的量较少，对当期损益造成的影响较小，另一方面由于该类损益受市场波动影响较大，不便于用固定的方法进行预测，故在此采取简化处理的办法，即一概采用上年度数据进行预算。2014 年度投资收益预算、公允价值变动预算、汇兑收益预算分别为1.25 亿元、0.00 亿元、0.85 亿元。

有了上述对金融损益的预算，进一步结合上文所论述的经营损益预算就能得出 2014 年度中国农业发展银行预算利润表，汇总结果如表 12 - 10 所示（表 12 - 10 还给出了 2014 年度实际数额和差额以便下文绩效评价使用）。

表 12 - 10　2014 年中国农业发展银行预算（实际）利润

单位：亿元

项目	2014 年实际	2014 年预算	差额
经营损益：			
一、营业收入	1754.77	1667.80	86.97
利息收入	1745.18	1657.85	87.33
手续费及佣金收入	9.59	9.95	(0.36)
减：手续费及佣金支出	2.02	2.01	0.01
二、毛利	1752.75	1665.79	86.96
减：营业税金及附加	92.80	84.56	8.24
业务及管理费用	177.42	170.95	6.47
资产减值损失和呆账损失	299.14	361.91	(62.77)
三、税前营业利润	1183.39	1048.37	135.02
加：营业外收入	3.70	1.47	2.23
减：营业外支出	3.36	3.11	0.25
四、税前经营利润	1183.73	1046.73	137.00
减：经营利润所得税	364.32	322.15	42.16
五、税后经营净利润	819.41	724.58	94.84
金融损益：			
六、利息支出	979.92	859.67	120.25
减：投资收益	1.45	1.25	0.20
公允价值变动收益	0.00	0.00	0.00
汇兑损益	0.81	0.85	(0.04)
七、利息费用	977.66	857.57	120.09
减：利息费用抵税	300.89	263.93	36.96
八、税后利息费用	676.77	593.64	83.13
九、净利润	142.65	130.94	11.71
附注：平均所得税税率	30.78%	30.78%	0.00

由预算利润表可知 2014 年中国农业发展银行预算净利润为 130.94 亿元。由于政策性金融机构属于公共性、政策性、准政府机构,因而在利润上缴比例可以参照中国储备粮总公司、中国储备棉总公司,即全部留存利润以强化资本实力。

结合经营预算和利润表预算的基础上可进一步开展现金预算,这对于强调流动性管理和保持必要偿付能力的金融机构而言意义尤为重要。在不考虑营业收支过程中现金收支时滞因素的假设条件下,2014 年中国农业发展银行现金预算如表 12-11 所示(表 12-11 还给出了 2014 年实际数和差额以便下文绩效评价使用)。

表 12-11 2014 年中国农业发展银行现金预算(实际)

单位:亿元

项目	2014 年实际	2014 年预算	差额
期初现金余额	2.98	2.98	0.00
加:营业收入	1754.77	1667.80	86.97
营业外收入	3.70	1.47	2.23
投资收益	1.45	1.25	0.20
公允价值变动收益	0.00	0.00	0.00
汇兑收益	0.81	0.85	(0.04)
可供使用现金	1763.71	1674.35	89.36
减:各项支出			
利息支出	979.92	859.67	120.25
手续费及佣金支出	2.02	2.01	0.01
营业税金及附加支出	92.80	84.56	8.24
业务及管理费用	177.42	170.95	6.47
资产减值损失和呆账损失	299.14	361.91	(62.77)
营业外支出	3.36	3.11	0.25
所得税费用	63.43	58.22	5.21
拆出资金净增	547.45	547.45	0.00
买入返售金融资产净增	649.24	649.24	0.00
贷款和垫款净增	3285.41	2380.02	905.39
固定资产净增	19.45	2.40	17.05
递延所得税净资产净增	(8.71)	1.74	(10.45)

续表

项目	2014 年实际	2014 年预算	差额
其他经营净资产净增	84.78	85.26	(0.48)
股利支付	(0.43)	0.00	(0.43)
支出合计	6195.28	5206.54	988.74
现金多余或不足	(4431.57)	(3532.19)	(899.38)
央行借款	46.85	221.72	(174.87)
同业借款	176.40	58.31	118.09
吸收存款	605.30	582.07	23.23
应付债券	3605.57	2673.11	932.46
借款总额	4434.12	3535.21	898.91
期末现金	2.55	3.02	(0.47)

通过预算我们可以看出，2014 年预算可供使用现金 1674.35 亿元，预算现金支出 5206.54 亿元，预算现金缺口 3532.19 亿元，为保证期末现金余额为预算的 3.02 亿元，那么需要总借款 3535.21 亿元；如果采用上年度负债结构进行融资（保持各类型负债的比例关系），其向央行借款、同业借款、吸收存款、发放债券分别为 221.72 亿元、58.31 亿元、582.07 亿元、2673.11 亿元。

通过现金预算的编制又进一步可以预算 2014 年末各项负债的规模，结合经营预算中对各类经营性资产的预算和利润表预算中对股利支付的预算，可进一步得出 2014 年中国农业发展银行资产负债表预算（表 12-12 还给出了 2014 年实际数和差额以便下文绩效评价使用）。

表 12-12　2014 年中国农业发展银行资产负债表预算（实际）

单位：亿元

项目	2014 年实际	2014 年预算	差额
现金及银行存款	2.55	3.02	(0.47)
拆出资金	723.95	723.95	0.00
买入返售金融资产	803.38	803.38	0.00
发放贷款和垫款	27516.18	26610.79	905.39
固定资产	149.66	132.61	17.05

项目	2014 年实际	2014 年预算	差额
递延所得税净资产	111.96	122.41	(10.45)
其他净资产	124.99	125.47	(0.48)
净经营性资产	29432.67	28521.63	911.04
央行净负债	1796.91	1971.78	(174.87)
同业净负债	472.59	354.50	118.09
吸收存款	4717.21	4693.98	23.23
应付债券	21663.56	20731.10	932.46
净金融负债	28650.27	27751.36	898.91
实收资本	200.00	200.00	0.00
未分配利润	582.40	570.27	12.13
所有者权益	782.40	770.27	12.13
净负债和所有者权益合计	29432.67	28521.63	911.04

在完成上述主要预算编制后进行试算平衡测试，以检验预算的准确性，其中：

实体现金流 = 税后经营净利润 – 净经营资产净增 = 724.58 – （28521.63 – 24855.48） = –2941.57（亿元）

股权现金流 = 净利润 – 权益净增加 = 130.94 – （770.27 – 639.33） = 0（亿元）

债务现金流 = 税后利息费用 – 净负债增加 = 593.64 – （27751.36 – 24216.15） = –2941.57（亿元）

所以，实体现金流 = 股权现金流 + 债务现金流，试算平衡，预算编制正确。

综上，笔者基于 2010—2013 年财务数据对 2014 年中国农业发展银行预算编制的主要内容进行了详尽论述，为下文进一步展开绩效评价提供了比较的基础。

四、政策性金融机构以预算管理为基础的绩效评价

所谓绩效评价就是要找出一个标准将实际与该标准进行比较分析。过

去政策性金融机构绩效评价一直没有合适的方法，其根源在于没有找到恰当的标准，而预算制度的引入恰恰就是建立这个标准的过程，这就为经营成果的评估提供了条件。

通过表 12 – 10、表 12 – 11、表 12 – 12 可以清楚地分析 2014 年中国农业发展银行实际运营的结果与预算数额的差距，中国农业发展银行 2010—2014 年资产负债表、利润表实际值见表 12 – 13 和表 12 – 14。如根据利润表显示，2014 年中国农业发展银行实际净利润比预算多了 11.71 亿元，造成进项增加的主要原因是利息收入比预算多了 87.33 亿元，资产减值损失和坏账损失比预算少了 62.77 亿元；而销项增加的主要原因是利息支出比预算多了 120.25 亿元。又如根据现金预算表显示，2014 年中国农业发展银行实际资金缺口比预算数额多出 899.38 亿元，其主要是因为发放贷款及垫款比预算多增加了 905.39 亿元；而为该项目融资的主要资金来源是债券融资，比预计多发行了 932.46 亿元。事实上，围绕上述多出的金额和少下的金额可以展开更多角度、多层次的分析，并进一步对造成差异的因素进行追责、考评，从而将会有力地避免"由于自身经营失败而转嫁到所谓的政策性亏损"情况的发生。

本章仅列举了 13 项全面预算中的其中 5 类项，而且由于篇幅所限并未全部展开讨论，可以说政策性金融机构预算管理办法的引入将会为政策性金融绩效考评提供广阔的平台，也将为新一轮政策性金融机构改革提供新的思路和借鉴。

表 12 – 13　中国农业发展银行 2010—2014 年资产负债表

单位：亿元

项目	2010 年	2011 年	2012 年	2013 年	2014 年
现金及银行存款	3.03	3.27	3.10	2.98	2.55
存放中央银行款项	835.66	1001.44	1147.38	1169.94	1423.09
存放同业款项	90.42	48.14	128.79	77.64	451.22
拆出资金	0.66	2.02	110.50	176.50	723.95
买入返售金融资产	0.00	0.00	15.00	154.14	803.38
发放贷款和垫款	16418.13	18311.49	21178.18	24230.77	27516.18
固定资产	100.11	104.03	102.50	107.09	111.40

续表

项目	2010 年	2011 年	2012 年	2013 年	2014 年
在建工程	7.49	4.51	9.89	23.12	38.26
其他资产	50.56	30.78	145.80	163.74	240.02
递延所得税资产	2.10	28.99	89.65	120.90	112.05
资产总计	17508.16	19534.67	22930.79	26226.82	31422.10
向中央银行借款	3652.00	2720.00	3020.00	2920.00	3220.00
同业及其他金融机构存放款项	596.17	212.79	361.75	373.83	923.81
吸收存款	3395.49	3675.24	3862.00	4111.91	4717.21
应交税费	18.14	37.38	82.19	85.76	60.75
应付债券	9394.11	12195.47	15081.48	18057.99	21663.56
其他负债	164.33	338.35	25.01	37.77	54.28
递延所得税负债	0.58	0.31	0.40	0.23	0.09
负债合计	17220.82	19179.54	22432.83	25587.49	30639.70
实收资本	200.00	200.00	200.00	200.00	200.00
资本公积	0.03	0.03	0.00	0.00	0.07
盈余公积	16.90	20.63	41.71	55.84	70.15
一般风险准备	0.00	0.00	0.00	240.00	240.00
未分配利润	70.41	134.47	256.22	143.49	272.18
所有者权益合计	287.34	355.13	497.93	639.33	782.40
负债及所有者权益合计	17508.16	19534.67	22930.79	26226.82	31422.10

表 12 - 14　中国农业发展银行 2010—2014 年利润表

单位：亿元

项目	2010 年	2011 年	2012 年	2013 年	2014 年
一、营业收入	378.57	574.47	717.98	753.09	775.72
（一）利息净收入	374.95	565.81	707.37	743.54	765.26
利息收入	786.12	1060.28	1347.11	1477.31	1745.18
利息支出	411.17	494.47	639.74	733.77	979.92
（二）手续费及佣金净收入	3.00	7.08	7.19	6.98	7.57
手续费及佣金收入	4.42	8.57	8.89	8.86	9.59
手续费及佣金支出	1.42	1.49	1.70	1.88	2.02
（三）投资收益	0.17	0.51	1.59	1.25	1.45

项目	2010 年	2011 年	2012 年	2013 年	2014 年
（四）公允价值变动收益	0.00	0.00	0.00	0.00	0.00
（五）其他收入	0.45	1.07	1.83	1.32	1.44
汇兑收益	0.44	0.66	1.36	0.85	0.81
其他业务收入	0.01	0.41	0.47	0.47	0.63
二、营业支出	328.34	482.32	537.38	564.01	569.38
（一）营业税金及附加	40.10	54.46	70.33	79.66	92.80
（二）业务及管理费	106.42	118.58	136.03	155.64	177.42
（三）资产减值损失或呆账损失	181.82	309.26	331.02	328.59	299.14
（四）其他业务成本	0.00	0.02	0.00	0.12	0.02
三、营业利润	50.23	92.15	180.60	189.08	206.34
加：营业外收入	1.41	0.89	0.53	1.47	3.70
减：营业外支出	2.13	2.39	2.10	3.11	3.36
四、利润总额	49.51	90.65	179.03	187.44	206.68
减：所得税费用	13.30	22.87	36.13	46.07	63.61
五、净利润	36.21	67.78	142.90	141.37	143.07
平均所得税税率	27%	25%	20%	25%	31%

第十三章 农业政策性
金融机构的法人治理结构

2015 年 4 月 12 日，中国政府网公布三大政策性银行深化改革方案获得国务院批准。从公布的信息来看，此次改革有三大亮点：一是明确政策性金融定性、定位，强调回归"政策性"职能；二是完善约束机制，特别是资本约束机制；三是完善法人治理结构。在本书前几章的论述过程中不同程度地涉及了政策性金融机构定性定位及约束机制（如预算管理）的相关问题，本章则着重阐述政策性金融机构法人治理结构的相关问题。

一、法人治理结构的基本理论

"治理"的英文 Governance 来自拉丁语 Gubernare，意思是掌舵，通常是指轮船的操舵，它意味着法人治理的职能是指导而不是控制。

（一）法人治理的概念

法人治理结构又称公司治理，是现代企业制度中重要的组织结构。由于法人治理结构理论成为独立的学科时间较短，理论界、政策制定机构和实务界对其概念目前尚没有统一的定义。现有的法人治理概念可以分为两大类：一类是从狭义角度定义，法人治理即公司及其股东的关系，是监督和控制的过程，以保证管理层和股东利益相一致；另一类是从广义角度定义，即法人治理不仅包括监督和控制公司及其所有者之间的关系，也包括监督和控制空手与其他广泛的利益相关者的关系，这些利益相关者包括雇员、客户、供应商、债权人，甚至社会公众等。尽管法人治理的定义存在一定差异，但其至少包括以下三个方面的基本特征：

第一，法人治理结构是一种规范公司所有者、董事会和管理层的制度安排。法人治理是用来管理利益相关者之间的关系，决定并控制企业战略方向和业绩的一套机制。法人治理的核心是寻找各种方法确保有效地制定战略决策，管理潜在利益冲突方的各方之间秩序的一种方式。法人治理结构是在合法、合理、可持续性的基础上实现股东价值最大化，同时确保公平对待每一个利益相关者，即客户、员工、投资者、供应商、管理部门和社会等。因此，法人治理结构反映了企业文化、政策如何处理利益相关者之间的关系及其价值观。

第二，法人治理结构是一种对公司内部和外部的制衡体系，以保证公司对其所有利益相关者履行受托义务的责任，并且以一种对社会负责的方式开展各地区的业务活动。有效的法人治理结构能够成功解决缺席的所有者和管理层之间的信息不对称矛盾。良好的法人治理创造了一个体制，确保对投入资本的恰当经营和如实报告。

第三，法人治理的目的是用来帮助所有人员及其所执行的所有程序和活动，确保公司资产得到恰当经营。法人治理是某些程序的实施和执行，这些程序包括公司业绩的所有方面，包括风险管理、经营和营销、内部控制、符合适用的法律法规、公共关系、沟通和财务报告。

政策性金融在资源配置方式、运营目标、业务领域、资产负债结构以及法律规范等诸多方面与一般商业性金融机构既存在共性，也存在明显差异。因此，政策性金融机构在法人治理模式上不能简单照搬一般商业性金融机构的法人治理模式，而是应当结合政策性金融自身的特点，构建适宜的治理模式。

（二）法人治理结构的一般理论

政策性金融机构作为独立法人，具有一般法人的特征，因此，法人治理的一般理论对于政策性金融机构的治理具有一定的适用性和借鉴意义（见表13-1）。

表 13 - 1　法人治理一般理论

类别	特征
合约理论	合约理论认为企业是一系列合约的集合体，囊括了各种要素和各种利益相关人的关系
委托—代理理论	委托代理理论认为委托代理关系的形成是社会分工细化，权利的所有者和实践者相分离的结果
产权理论	现代产权理论多角度地研究产权在企业中的作用，其核心观点主要有：产权可以分为公有产权和私有产权，企业生产的实质是团队生产，产权的本质是剩余控制权，资本雇用劳动是一种合理的和必然的产权制度安排，产权是控制公司权利的基础，在公司参与者中股东投入的是非人力资产，经营者管理能力是一种人力资本等
利益相关人理论	公司治理从本质上说是利益相关者之间相互制衡关系的有机整合

一是合约理论。合约理论认为企业的本质是通过一系列"一次性、长期"合约代替市场交易的"一系列、短期"合约，从而降低无休止讨价还价带来的交易费用。但是，由于信息的非对称，特别是合约双方的机会主义行为，可能隐藏信息或行动，导致合约不完备。因此，如何设计合约，实现有效的激励安排和风险分担，成为合约理论下法人治理所要解决的问题。

二是委托—代理理论。委托—代理理论产生于 20 世纪 30 年代，美国经济学家伯利和米恩斯因为洞悉企业所有者兼具经营者的做法存在着极大的弊端，于是提出"委托—代理理论"，倡导所有权和经营权分离，企业所有者保留剩余索取权，而将经营权让渡。詹森和麦克林（Jensen，Meckling，1976）第一次对代理理论作出了详细的理论阐释。他们定义公司的管理者为"代理人"，股东为"委托人"。股东是公司的所有者和委托人，将公司的日常经营决策权委托给公司董事，即公司的代理人。这种公司的所有权体系就导致这样一种结果：代理人不一定是从委托人的最大利益出发来作决定。代理理论的首要假设就是委托人和代理人的目标有冲突。这与传统的财务理论具有很大差别，即传统的财务理论认为，公司的目标就是股东财富最大化。但在实践中并不完全如此，公司的高级管理人员可能更喜欢追求个人目标，如获取可能多的奖金、拥有更多的带薪休假等他们自身确定的利益。公司高级管理人员的这种利己主义倾向，可能导致公司专注于那些能够在短期内产生利润的项目和投资，而不是通过长期经营能够在未来使股东财富最大化的项目。

三是产权理论。1972 年，阿尔钦和德姆塞茨发表了《生产、信息费用与经济组织》一文，从企业内部结构的激励角度提出了团队生产理论，他们的理论由于解释了古典企业的出现及其特征而受到广泛关注。阿尔钦和德姆塞茨认为，在企业内部雇主与雇员的关系同店主与顾客的关系并无本质区别。在他们看来，企业实质上是一种"团队生产"方式，所谓团队生产是指这样一种生产："一是使用若干类资源；二是产品并不是每一类合作资源单独产出的加总；三是这时只要再增加一个因素，就产生团队组织的问题，即团队中使用的资源并不属于同一个人。"由此可见，团队产出是若干个团队成员协同生产出来的，是一种共同努力的结果，这就导致经济组织中的计量问题："一个经济组织必须解决两大关键问题：计算投入要素的生产率，计算投资回报。"如果计量问题不能得到解决，那么团队生产就无法继续下去，因为此时团队成员会产生偷懒问题，从而缺乏努力工作的积极性。他们认为要克服这种计量问题，减少投机行为的一个办法就是让部分成员专门从事监督其他成员的工作，而要克服监督者本身的偷懒动机，就必须赋予监督者剩余索取权。监督者还需拥有无须终止或改变其他每一个投入要素的合同，这样就可以修改合同条款和对个人成员施加激励的权利。同时，他们还认为监督者必须是团队固定投入的所有者，以避免对固定投入的过分使用。阿尔钦和德姆塞茨指出，具有上述生产特征的生产组织就是资本主义古典企业。这种组织形式具有以下特点："第一是联合生产；第二是投入要素来自若干所有者；第三是一方成为所有投入合同的公认中心；第四是此方有权不受与其他投入要素的所有者所签合同的限制，而可重新协商、修改合同；第五是此方享有剩余索取权；第六是有权出售其在合同中享有的、获得主要剩余索取权的那种地位。"

四是利益相关者理论。1984 年，弗里曼出版了《战略管理：利益相关者管理的分析方法》一书，明确提出了利益相关者管理理论。利益相关管理理论是指企业的经营管理者为综合平衡各个利益相关者的利益要求而进行的管理活动。与传统的股东至上主义相比较，该理论认为任何一个公司的发展都离不开各利益相关者的投入或参与，企业追求的是利益相关者的整体利益，而不仅仅是某些主体的利益。利益相关者包括企业的股东、债权人、雇员、消费者、供应商等交易伙伴，也包括政府部门、本地居民、本地社区、媒体、环保主义等的压力集团，甚至包括自然环境、人类后代等受到企业经营活动直接或间接影响的客体。这些利益相关者与企业的生存和发展密切相关，他们有的分担了企业的经营风险，有的为企业的经营活动付出了代价，有的对企业进行监督和制约，企业的经营决策必须要考虑他们的利益或接受他们的约束。从这个意义上讲，企业是一种智力和管理专业化投资的制度安排，企业的生存和发展依赖企业对各利益相关者利益要求的回应的质量，而不仅仅取决于股东。这一企业管理思想从理论上阐述了企业绩效评价和管理的中心，为其后的绩效评价理论奠定了基础。

（三）法人治理结构的一般模式

从目前世界各国的实践看，法人治理模式包括三大类型（见表 13-2）。一是英美模式。在该模式中，股东处于企业利益集团的核心，并影响管理层。尽管其他利益集团对管理者存在一定的影响，但是这种影响十分微弱。英美模式下企业的权力集中于股东，但由于股权过于分散，股东很难对管理层施加有力影响。如何减少"免费搭乘者"，减少内部人控制是英美模式面临的最大挑战。所以，相比于德国和日本模式，英美模式又被视为外部人系统，市场机制在公司治理机制中扮演核心角色，资本市场发挥着重要作用。资本市场不仅是英美企业的主要筹资渠道，而且是评估企业价值的场所。通过资本市场对企业价值的反映，股东和投资者通过经理人市场和企业并购对管理层施加影响。除了股权激励，外部审计在这一系统中也发挥着重要的监督职能。

二是德国模式。企业治理需要反映所有利益集团的诉求，增加企业价值仅仅是企业追求的多个关键目标之一。董事会制度是德国企业治理中非常重要的一种监督机制，通常采取二元制或双层制模式（Two - tier Board Mechanism）。此外，由于企业控制权不完全掌控在股东手中，二元制董事会制度有助于防止不正当竞争的恶意收购。理事会负责管理整个机构的业务和资产，监事会可以委派一名成员进入理事会任职，但是他在监事会的职权将被暂时解除。任何议案都必须由理事会两名以上成员共同提出或者由一名理事会成员和利益相关人的授权代表共同提出。监事会成员由联邦政府任命，任职资格必须是该领域的资深人士，有着丰富的从业经验。财政部、外交部、经济技术部、食品部、农业和消费者保护部、交通部、城乡建设部等政策性金融领域涉及的重要部门选派代表组成监事会。

三是日本模式。主要的特征表现为机构独立，尽管近来改革之后各政策性金融机构合并组成了日本金融公库，但在政策性金融公库与民间金融公库等的划分还是非常清晰的；业务分离，不主张与商业性金融机构在业务上形成交叉更别说竞争了；严格的层级管理，政策性金融机构由财务省管理，主要高管人员由财务省直接任命，采取单一的董事会制度，监事会职能由其内设的监事履行。

表 13 - 2　法人治理的一般模式

模式	特征
英美模式	企业治理模式是传统的股东主权逻辑下的单边治理模式
德国模式	企业治理模式建立在利益相关人理论基础之上
日本模式	股东大会是公司的最高权力机构，拥有对公司重大事项的最终决定权

二、中国农业发展银行现行治理结构

自 1994 年成立以来，中国农业发展银行没有设立股东大会和董事会，一直实行党委领导下的行长负责制，监事会由国务院派出，代表国家行使资产所有者的监督职能，对中国农业发展银行的资产质量及国有资产保值增值状况实施监督，不参与、不干预中国农业发展银行的经营决策和日常经营管理活动。客观地讲，这种治理结构的优势很明显，主要有决策链条短、管理层次少等优点，基本适应中国农业发展银行政策性银行的性质和职能要求，运行情况总体也不错。但同时，这种治理机制的不足之处也是明显的，主要表现为：这种治理结构难以满足政策性银行在政策协调和决策机制等方面的要求，并导致两个问题：一是政策协调的难度较大。必须同时接受多个政府部门的指导、管理和监督，特别是在职能范围拓展、业务品种开发及配套政策支持等方面，需要请示汇报和解释协调的部门较多。由于缺少有效的协调机制，中国农业发展银行需要分头做工作，协调效率较低，也不利于高级管理层集中精力抓业务经营和内部管理。二是高级管理层承担较大的决策压力和决策风险。中国农业发展银行在业务发展和经营管理方面的重大事项需由总行党委决定，高级管理层集决策权和执行权于一身，两种权力之间缺乏相互制衡和支持，高级管理层面临较大的决策压力和决策风险。以上是农发行董事会的基本情况。

三、进一步完善农业政策性金融机构治理结构

（一）法人治理的基本原则

现代公司法人治理理论认为，有效的公司治理原则主要包括：

—— 建立完善的组织结构。法人治理结构的设计应符合《公司法》及其他法律法规的要求，一般涉及股东（大）会、董事会、监事会和管理层。确认并公布董事会和管理层各自的作用和责任是奠定企业管理和监督的坚实基础的方法之一。换句话说，公司组织结构的设计应使董事会能够为企业提供战略指导，并对管理层进行有效的监督，明确董事会成员和高级管理层各自的作用和责任，以促进董事会和管理层对于公司及其股东承担责任，并确保权力的平衡，避免个人权力不受约束。为了奠定管理和监督的坚实基础，应该规范和披露董事会及管理层的职能。

—— 明确董事会的角色和责任。一个有效的董事会有利于履行法律赋予董事的职责，并增加企业价值，这就要求按照上述的方式来设计董事会，

使它能够正确理解和解决企业中现有和新出现的问题，可以有效地审查和挑战管理层的业绩及行使独立的判断。董事是由股东选出的，但是董事会及其代表在挑选候选人时发挥着重要的作用。

——提倡正直及道德行为。良好的公司治理最终需要诚信的人员。每个企业应该确定自身适用的政策，以影响董事和关键管理人员的适当行为。行为守则是一种引导董事及主要管理人员的有效方式，并能够表明对企业的道德承诺。如果企业明确声明董事和关键管理人员能够遵守行为守则，投资者的信心就会得到增强。企业应考虑采取适当的遵守标准和程序，以促进实施上述的政策，并建立内部审查机制，以评估遵循情况和有效性。

——维护财务报告的诚信及外部审计的独立性。企业应要求首席执行官（或相应职位）和首席财务官（或相应职位），以书面形式向董事会报告，企业的财务报告在所有重大方面按照有关的会计准则真实公允地反映了企业的财务状况和经营成果。同时，企业应该设置一个独立的结构以核实和维护企业财务报告的诚信。它要求建立一个审查和授权的结构，以保证企业的财务状况得到真实可靠的披露。该结构应当包括负责审查和审计的审计委员会和一个能够确保外部审计师独立性和胜任能力的程序。审计委员会应审查企业财务报告的诚信和监督外部审计师的独立性。审计委员会应当向董事会报告，报告应包括有关委员会的作用和责任的事项，包括评估外部报告和评估支持外部报告的管理程序，挑选、任命和轮换外部审计师的程序，对聘用和解聘外部审计师的建议，对外部审计师的表现和独立性的评估以及审计委员会是否对由外部审计师提供的非审计服务的独立性感到满意，对业绩和内部审计客观性的评估，对风险管理、内部遵循情况和控制系统的审查结果。

——及时披露信息和提高透明度。企业应向投资者披露重要信息，以提高他们获得董事会运营企业的信息的方便性，这被认为是一个改善公司治理的方式。披露有助于提高公众理解企业的结构和行为、企业的环境政策和业绩以及道德标准和他们在社区中的关系。

——鼓励建立内部审计部门。审计委员会应当向董事会就任免内部审计管理人员提供建议。内部审计部门应独立于外部审计师。内部审计部门应和管理层进行必要沟通，并具有从管理层获得信息和解释的权力。审计委员会应具有监督内部审计范围的权力和在管理层不在场的情况下了解内部审计职能的权力。为了提高内部审计部门的客观性和业绩，内部审计部门应该直接向董事会或者审计委员会负责。

　　——尊重股东的权利。企业应当能够和股东有效沟通，使他们随时能够得到公司客观公正和易于理解的信息以及企业的计划，便于他们参加股东大会。为了尊重股东的权利，企业应当设计和披露沟通政策，以促进和股东之间的有效沟通，并鼓励股东有效地参与股东大会。此外，公布公司的股东沟通政策也将帮助投资者获取信息。

　　——确认利益相关者的合法权益。企业对于非股东的利益相关者，如员工、客户或顾客和社会整体具有很多法律及其他义务。人们越来越接受这样一个观点，即企业可以通过管理自然、人文、社会和其他形式的资本来更好地创造价值。在这种情况下，企业对其经营行为中责任的承诺就非常重要。

　　——鼓励提升业绩。董事会和主要管理人员的业绩应定期通过可计量和定性的指标进行审查。提名委员会应负责评估董事会的业绩。企业应实施岗前培训计划，让新的董事会成员尽早充分参与决策。新董事在非常熟悉企业及所在行业之后才能发挥效用。岗前培训计划中应当使董事了解有关公司的财务、战略、业务和风险管理立场，他们的权利、义务和责任，以及各个董事委员会的作用。提名委员会应负责确保有效的岗前培训，并应定期审查其有效性。

　　——公平的薪酬和责任。企业应保证薪酬具有充分合理的水平和结构，以及其同公司和个人绩效的关系。这意味着企业必须采取能够吸引和挽留人才、激励董事及员工的薪酬政策，以促进公司业绩的提高。业绩和薪酬之间具有明确的关系是非常重要的，同时让投资者能够理解管理层的薪酬。

　　上述十项基本原则是现代企业法人治理结构建设的基本原则，它为农业政策性金融机构法人治理结构的建立提供了借鉴与参照。

（二）采取与商业性金融机构不同的治理结构

农业政策性金融机构与商业性金融机构在经营目标、运作方式等许多方面具有较大的不同之处，导致政策性金融机构与商业性金融机构相比在治理结构方面也呈现出一定的不同之处（见表13-3）。一是目标追求不同。农业政策性金融机构以执行国家政策为天字第一号任务，商业性金融机构则以股东利益最大化及自身利润最大化为经营目标。二是组织架构不同。从国际实践来看，政策性金融机构的董事会成员主要由政府部门委派的部门董事和个别专家学者型独立董事组成，突出政府部门共同治理的理念；商业性金融机构董事会成员主要是股权董事。三是职能不同。除执行商业性金融机构董事会职能之外，政策性金融机构董事会还需履行贯彻落实国家有关金融扶持政策、协调有关政府部门之间的关系等职能。由此可见，政策性金融机构建立董事会的宗旨具有特殊性，其目的在于通过政府相关部门共同治理，更好地履行政策性金融机构职责和执行国家政策。

表13-3　政策性金融机构与商业性金融机构治理模式的区别

类别	政策性金融机构	商业性金融机构
目标追求	政策性金融机构以贯彻执行国家政策意图、实现社会效益为首要目标	商业性金融机构则以维护股东利益和追求自身利润最大化为宗旨
组织架构	政策性金融机构的董事会成员主要由政府部门委派的部门董事和个别专家学者型独立董事组成，突出政府部门共同治理的理念	董事会成员则以股权董事为主
职能	贯彻落实国家有关金融扶持政策、协调有关政府部门之间的关系等职能	不履行左侧职能

（三）董事会在治理过程中的重要性

建立董事会并充分发挥其在重大事项决策、部际协调等方面的重要作用，是政策性金融机构的通行做法。但是，政策性金融机构的治理结构与商业性金融机构相比，具有明显的不同之处，政策性金融机构治理结构体现的是共同治理的理念，而商业性金融机构体现的是股东股权治理的理念。

从一般意义上来讲，董事会可以分为综合型和投资人型两种。综合型董事会的主要职责是协调落实国家金融支持政策，同时要代表出资人维护股东权益。其非执行董事由政府相关部门委派的部门董事和出资人按出资比例委派的股权董事组成。投资人型董事会的主要职责是保证股东权益最大化。其非执行董事是由出资人按出资比例选派的股东代表组成。

从国内外银行实践分析来看，国外政策性银行董事会的目的是通过政府相关部门共同治理，更好地履行政策性银行职责和执行国家政策，因此大多建立了偏重于政策协调的综合型董事会。

从中国农业发展银行的实际来看，建立综合型的董事会是科学合理的选择。董事会的职能主要是协调和决策，其成员来自政府部门、行业代表和机构自身，以便充分反映各方意见，最大程度上实现政策性目标。一是由政府部门委派的部门董事直接参与中国农业发展银行有关重大事项的决策过程，更有利于国家政策的传导和执行。二是将重大事项的决策权与执行权分开，有助于提高重大决策的质量，降低高级管理层的决策风险和压力，也可使高级管理层集中精力抓业务经营和内部管理。三是通过定期召开董事会会议，将与中国农业发展银行业务经营有关的、分散的部门董事集中到一起，便于国家有关部门之间的沟通协调，有助于降低协调难度，提高决策效率。

（四）监事会在治理过程中的重要性

在此次改革过程中，比重构董事会动作更大的莫过于加强内部管控和外部监督这一新课题，其重点是加强外部监事会的职权力量。三家机构中，中国进出口银行与中国农业发展银行已有的监事会将得到完善和加强，而国家开发银行将根据《国有重点金融机构监事会暂行条例》尽快组建外部监事会，取代现有的内部监事会。

该条例规定，国有金融机构监事会由国务院派出，代表国家对国有金融机构的资产质量、国有资产保值增值状况实施监督，并对其财务活动及董事、行长（经理）等主要负责人的经营管理行为进行监督。监事会不仅有权查阅财务会计资料，而且还有权查阅其与经营管理活动相关的其他资料，验证其财务报告、资金营运报告的真实性，并检查其经营效益、利润分配等情况，据此对主要负责人提出奖惩、任免建议。新设的外部监事会，除主席由中组部任命外，其余成员由银保监会进行管理。成员将分为专职监事与兼职监事，前者由司局级和处级公务员担任，后者将由相关部委派出，并包含少量外聘会计人士，任期3年且不得在同一机构连任。曾有监管层人士坦言：“只有不在机构拿工资，升迁不受其限制，监事才能真正发挥作用，不然的话，外部监督就是一纸空谈。”

参考文献

［1］白钦先．白钦先经济金融文集（一）［M］．北京：中国金融出版社，2009．

［2］白钦先．白钦先经济金融文集（二）［M］．北京：中国金融出版社，2009．

［3］白钦先．白钦先经济金融文集（三）［M］．北京：中国金融出版社，2009．

［4］白钦先．传承与创新：学术文章暨讲演［M］．北京：中国金融出版社，2012．

［5］白钦先．中国金融学科建设发展［M］．北京：中国金融出版社，2015．

［6］白钦先．中华金融辞库——政策性金融分卷［M］．北京：中国金融出版社，1999．

［7］白钦先．借鉴各国成功经验、尽速构筑中国的政策性金融体系——上报国家教委并呈中央有关领导同志的报告［R］．

［8］白钦先．中国政策性金融异化与回归问题的反思和启示——在"中国金融四十人论坛"上的评论［R］．

［9］白钦先．政策性金融总论［J］．经济学家，1998（3）．

［10］白钦先．关于构筑我国政策性金融体系若干问题的思考与对策——应国家开发银行之邀而拟的咨询报告与建议［R］．1994．

［11］白钦先．国内外政策性金融理论与实践发展的若干问题——答《人民日报》、《金融时报》、《上海金融》等媒体记者问［J］．广东金融学院学报，2005（1）．

［12］白钦先．中国农村金融体制的战略性重构重组与重建［J］．中国金融，2004（12）．

［13］白钦先，杜欣．农村政策性金融在建设新农村中的作用［J］．西南金融，2006（8）．

［14］白钦先，谭庆华．政策性金融立法的国际比较与借鉴［J］．中国金融，2006（6）．

［15］白钦先，谭庆华．信用评级、公共产品与国际垄断霸权——对信用评级市场本源的思考［J］．金融理论与实践，2012（11）．

［16］白钦先，黄鑫．美国信用评级的国际垄断与霸权同中国的国家金融安全与主权［J］．高校理论战线，2010（12）．

［17］白钦先，曲昭光．各国政策性金融机构比较［M］．北京：中国金融出版社，1993.

［18］白钦先，王伟．科学认识政策性金融制度［J］．财贸经济，2010（8）．

［19］白钦先，王伟．开发性政策性金融的理论与实践探析［J］．财贸经济，2002（4）．

［20］白钦先，王伟．政策性金融监督机制与结构的国际比较与借鉴［J］．国际金融研究，2005（5）．

［21］白钦先，文豪．三维金融架构研究——哲学、人文、历史、经济与社会的综合视角［J］．东岳论丛，2013（6）．

［22］白钦先，王伟．政策性金融可持续发展必须实现的六大协调均衡［J］．金融研究，2004（7）．

［23］白钦先，徐爱田，王小兴．各国农业政策性金融体制比较［M］．北京：中国金融出版社，2006.

［24］白钦先，张坤．中国政策性金融廿年纪之十辨文［J］．东岳论丛，2014（11）．

［25］白钦先，张坤．论政策性金融的本质特征——公共性［J］．中央财经大学学报，2015（9）．

［26］白钦先，张坤．政策性金融公共性与财政公共性的比较研究
［J］．中央财经大学学报，2014（10）．

［27］白钦先，张坤．农业政策性金融机构负债及所有者权益的国际比
较［J］．南方金融，2016（5）．

［28］白钦先，张坤．农业政策性金融机构资产项目的国际比较［J］．
西南金融，2016（7）．

［29］白钦先，张坤．农业政策性金融机构财务指标的国际比较［J］．
武汉金融，2016（6）．

［30］陈元．开发性金融与中国经济社会发展［J］．经济科学，2009
（4）．

［31］陈共．财政学（第六版）［M］．北京：中国人民大学出版
社，2009．

［32］财政部预算司．关于2015年中央国有资本经营预算的说明［Z］．

［33］黄少安．产权经济学导论［M］．济南：山东人民出版社，1997．

［34］康德．论永久和平［M］．上海：上海人民出版社，2005．

［35］贾康．关于我国政策性金融体系的认识［J］．财政研究简报，
2008（30）．

［36］贾康．我国政策性金融陷入发展迷局［N］．中国财经报，2009 -
03 - 24．

［37］贾康，孟艳．政策性金融演化的国际潮流及中国面临的抉择
［J］．当代财经，2010（12）．

［38］贾康，孟艳．我国政策性金融体系基本定位的再思考［J］．财政
研究，2013（3）．

［39］李扬．中国金融发展报告（2005）［M］．北京：社会科学文献出
版社，2005．

［40］李鹏，白钦先．论政策性金融机构的资本金［J］．武汉金融，
2013（10）．

［41］李友梅，肖瑛，黄晓春．当代中国社会建设的公共性困境及其超

越［J］．中国社会科学，2012（4）．

［42］李政军．萨缪尔森公共物品的性质及其逻辑蕴含［J］．南京师范大学学报（社会科学版），2009（5）．

［43］李志辉，王永伟．开发性金融理论问题研究——弥补政策性金融的开发性金融［J］．南开经济研究，2008（4）．

［44］刘子赫．政策性金融基本特征研究［D］．辽宁大学，2015．

［45］汪国林．白居易经济思想论析［J］．求索，2011（11）．

［46］王吉献．国际比较视角下我国农业政策性金融立法研究［D］．辽宁大学，2015．

［47］王伟．基于功能观点的政策性金融市场化运作问题探析［J］．贵州社会科学，2009（2）．

［48］王瑞．财政公共性辨析［J］．财贸研究，2003（5）．

［49］严金国．关于中央金融企业国有资本经营预算问题的几点思考［J］．财政研究，2015（5）．

［50］于海．中外农业金融制度比较研究［M］．北京：中国金融出版社，2004．

［51］由曦，曲艳丽．政策性金融再定位——专访中国人民银行行长周小川［J］．财经，2015（8）．

［52］张朝方，武海峰．论开发性金融、政策性金融与商业性金融的相互关系［J］．财经论坛，2007（12）．

［53］张法．主体性、公民社会、公共性——中国改革开放以来思想史上的三个重要观念［J］．社会科学，2010（6）．

［54］周首华．财务管理理论前沿专题［M］．北京：中国人民大学出版社，2013．

［55］中国会计学会管理会计专业委员会．我国企业预算管理的引进与发展［J］．会计研究，2008（9）．

［56］王学人．政策性金融转型的国际经验及对我国的借鉴［J］．求索，2007（5）．

[57] 吴敬琏. 比较·第 7 辑 [M]. 北京：中信出版社，2003.

[58] 吴晓灵. 政策性银行应独立立法 [N]. 国际金融报，2003 - 04 - 23.

[59] 吴怀农. 我国政策性银行的改革与发展 [J]. 浙江金融，2004 (8).

[60] 吴丽霞. 美国进出口银行政策性金融服务及经验借鉴 [J]. 福州大学学报（哲学社会科学版），2014（1）.

[61] 吴静茹. 论日本的开发性金融发展改革及对我国的影响 [J]. 当代经济，2007（9）.

[62] 谢平，邹传伟. 中国金融改革思路（2013—2020）[M]. 北京：中国金融出版社，2013.

[63] [韩] 幸亏. 目前韩国政府决定中断韩国产业银行的民营化 [R]. 韩国中央日报，2013（4）.

[64] 杨涛. 政策性金融理论与实践研究 [R]. 中国社会科学院金融研究所 IFB 工作论文，2004.

[65] 姚遂. 中国金融史 [M]. 北京：高等教育出版社，2007.

[66] 严瑞珍，刘淑贞. 中国农村金融体系现状分析与改革建议 [J]. 农业经济问题，2003（7）.

[67] 余汪顺. 对我国政策性金融的再认识 [J]. 金融时报，2001 (12).

[68] 游函倩. 土耳其金融开放进程中银行业改革的效果分析 [J]. 企业经济，2005（12）.

[69] 殷兴山，罗丹阳. 经济发展与结构调整中政策性金融的动态变迁：宁波案例 [J]. 金融研究，2002（7）.

[70] [日] 宇澤弘文，武田晴人. 日本の政策金融——高成長経済と日本開發銀行(1)(2) [M]. 東京：東京出版社，2009.

[71] [美] 约瑟夫·E. 斯蒂格利茨等. 政府为什么干预经济——政府在市场经济中的角色 [M]. 北京：中国物资出版社，1998.

[72] 张令骞. 中国政策性金融体制异化与回归研究 [D]. 辽宁大学博

士学位论文，2009.

［73］政策性银行改革与转型国际研讨会——人民网直播全文［R］. www. people. com. cn，2006.

［74］庄俊鸿. 政策性银行概论［M］. 北京：中国金融出版社，2001.

［75］周小川. 积极推进中国政策性银行的改革与发展［J］. 中国金融，2006（5）.

［76］朱元樑. 论我国政策性金融的特殊运行机理［J］. 金融信息参考，1996（3）.

［77］郑一萍. 金融资源约束下政策性银行的可持续发展问题研究［D］. 厦门大学，2006.

［78］郑耀敏，王伟. 完善我国政策性金融监督的框架设计［J］. 征信，2014（4）.

［79］郑新华，黄建辉，国外发达国家开发性金融经验借鉴［J］. 经济研究参考，2006（62）.

［80］赵旭梅. 日本政策性金融体系改革的制度设计及启示［J］. 日本学刊，2012（4）.

［81］张洪文. 世界农业政策性金融的发展［N］. 中国城乡金融报，1997－06－26.

［82］Agricultural Bank of Zimbabwe limited audited financial results for the year ended 31 December 2013［R］.

［83］Agriculture Development Bank Limited 2014 Annual Report and Financial Statements［R］.

［84］Annual Report－2013－Rabobank 2013［R］.

［85］Bank for Agriculture and Agriculture Cooperatives annual Report fiscal year 2013（1 April 2013－31 March 2014）［R］.

［86］National Bank for Agriculture and Rural Development annual Report 2013－14［R］.

［87］Caixa Geral de Depósitos Annual Report 2014［R］.

［88］Co – Bank 2014 Annual Report ［R］.

［89］Credit Agricola S. A. Results for the forth quarter and full year 2014 ［R］.

［90］Credit Agricole Egypt Annual Report 2011 ［R］.

［91］Land Bank of South Africa Annual Report 2015 ［R］.

［92］Land Bank of Taiwan Annual Report 2014 ［R］.

［93］NH financial group annual Report 2014 ［R］.

［94］Nipple Agricultural development bank limited As at Second Quarter of the Fiscal Year 2071/2072 ［R］.

［95］Rural Payments Agency Annual Report and Accounts 2013 – 2014 ［R］.

［96］Russian Agricultural Bank Group Consolidated financial statements for the year ended 31 December ［R］.

［97］Russian Agriculture Bank 2014 with independent author's report ［R］.

［98］The Norinchukin Bank Financial Statements for the Fiscal 2014 ［R］.

［99］Vietnam Agribank annual report 2011 ［R］.

［100］Zarai Taraqiati Bank Ltd. 2013 Annual Report ［R］.

［101］Zirrat Bank 2014 annual report ［R］.

［102］Arturo Estrella. Bank Capital and Risk: Is Voluntary Disclosure Enough? ［J］. Journal of Financial Service Research, 2004 (26): 146 – 160.

［103］Aleem, I, Imperfect Information, Screening and the Costs of Informal Lending: A Study of Rural Credit Markets in Pakistan ［J］. World Bank Economic Review, 1990, 4 (3).

［104］Atieno, R., Institutional Policies and Access to Credit by Smallholder Households: The Case of Formal Credit Institutions in Kenya and Lessons from Informal Lenders, Nordic Africa Institute, Upsala, Sweden, at Rosendal, Norway, 1998.

［105］Anders Isaksson, The Importance of Informal Finance in Kenyan

Manufacturing, The United Nations Industrial Development Organization Working Paper No. 5, May 2002.

[106] Aryeetey, Informal Finance for Private Sector Development in Sub – Saharan Africa [J]. Journal of Microfinance, 2005 (1).

[107] Ardener, The Comparative Study of Rotating Credit Associations [J]. Journal of Royal Anthropology, 1964 (94).

[108] Bruce G. Carruthers and Laura Ariovich. Money and Credit: A Sociological Approach [M]. Cambridge Polity Press, 2010.

[109] Anders Isaksson, The Importance of Informal Finance in Kenyan Manufacturing, SIN Working Paper Series, 2002 (5).

[110] Bruce Rich: Established Common Elements of International Good Practice for Environmental Assessment – Background Memorandum for Presentation to the OECD Trade Directorate Working Party on Export Credits and Credit Guarantees, Environmental Defense Fund, Paris, 1999 (10).

[111] Brock, W. A. and D. S. Evans: the Economics of Small Firms [M]. New York: Holmes and Meier, 1986.

[112] Blair W. Keefe and Stepbane J. Fournier. Canda Adopts Major Revisions to its Financial Institution Legislation [J]. Law and Business Review of the Americas, 2002 (10): 200 – 203.

[113] Banerjee A V, Besley T, Guinnane T. W., The Neighbor's Keeper: the Design of a Credit Cooperative with Theory and a Test [J]. Quarterly Journal of Economics, 1994 (2): 109.

[114] Black, B. S & Gilson, R. J., Venture capital and the structure of capital markets: bank versus stock markets [J]. Journal of Financial Economics, 1998 (47).

[115] COMMODITY CREDIT CORPORATION CHARTER ACT [EB/OL].

[116] COMMODITY CREDIT CORPORATION CHARTER ACT, [As Amended Through P. L. 108 – 358, October 22, 2004], [EB/OL]. http://www.fsa.usda.

gov/Internet/FSA_File/ccc_charter_act. pdf.

［117］Diamond, D. W. Dybvig, P. H. , Bank Runs , Deposit Insurance and Liquidity, Journal of Political Economy, 1983.

［118］Devendra Pratap Shah. Reforming an Agricultural Development Bank, Insights from an ex Bank CEO in Nepal, Kathmandu, August 2003 ［EB/OL］. http: //www2. gtz. de/wbf/4tDx9kw63gma/RUFIN_WP_4. pdf.

［119］Dimitri Vittas, Akihiko Kawaura. Policy Based Finance, Financial Regulation and Financial Sector Development in Japan ［J］. The World Bank Policy Research Working Paper, No. 1443, 1995.

［120］Darius Palia. The Impact of Capital Requirements and Management Compensation on Bank Charter Value ［J］. Review of Quantitative Finance and Accounting, 2004 (23): 191 – 206.

［121］Export Credits Guarantee Department, *Export and Investment Guarantees Act*, 1991.

［122］Export Credits Guarantee Department, *Mission Statement*, June, 2000.

［123］E. Zedillo, Report of the High – Level Panel on Financing for Development ［R］. Report Commissioned by the Secretary – General of the UN, New York, 2001.

［124］Edward S. Shaw, Financial Deepening In Economic Development ［M］. Oxford University Press, 1973.

［125］Fiechter, Kupiec. Promoting the Effective Supervision of State – Owned Financial Institutions ［M］. International Monetary Fund, 2004.

［126］Honohan, P. Financial Development, Growth and Poverty ［J］. World Bank Policy Research Working Paper, No. 3203, 2004.

［127］Hans Reich, The Role of a Development Bank in a Social Market Economy ［A］. China Development Bank International Advisory Council Meeting, October 15, 2002.

［128］ Heiko Scharrader, Informal Finance and Intermediation, working paper, No. 252, UB&SDRC, Germany, ISSN. 1936 – 3408.

［129］ Impavido Gregorio, Credit Rationing: Group Lending and Optional Group Size ［J］. Annals of Public and Cooperative Economics, 1998 (6).

［130］ Japan Bank for International Cooperation ［M］. Environmental Guidelines, 1999.

［131］ Joseph A. Hambright. An Agricultural Law Research Article, The Agricultural Credit Act of 1987 ［EB/OL］. http://www. nationalaglawcenter. org/assets/bibarticles/hambright _credit. pdf.

［132］ Julian Franks and Oren Sussman. Financial Distress and Bank Restructuring of Small to Medium Size UK Companies ［J］. Review of Finance, 2005 (9): 65 – 96.

［133］ Jeng, L. A. & Wells, P. C. The determinants of venture capital fundraising: evidence across countries ［J］. Journal of Corporate Finance, 2000 (6).

［134］ John P Caskey, Pawnbroking in America: The Economics of a Forgotten Credit Market, Journal of Money ［J］. Credit and Banking, 1991 (23).

［135］ Kellee S. Tsai A Cycle of Subversion: Formal Policies and Informal Finance in China and Beyond ［J］. Journal of Finance, 1999 (5).

［136］ Kratnen, J. P. and Schmidt, R. H, Developing Finance as Institution Building ［M］. San Francisco an Oxford Westview Press, 1994.

［137］ Kropp E. et al, Linking Self – help Groups and Banks in Developing Countries, Eschborn: GTZ – VERLAG, 1989.

［138］ Luc Laeven. The Political Economy of Deposit Insurance ［J］. Journal of Financial Services Research, 2004 (26): 201 – 224.

［139］ Lapenu, Cecile. "The role of the State Promoting Microfinance Institutions", FCND discussion paper No. 89, June 2002.

［140］ Li Zhigang. "Measuring the Social Return to Infrastructure Investment: a Natural Experiment in China," Job Market Paper, February 3, 2005.

[141] Levenson and Besley, The Anatomy of an Informal Financial Market: ROSCA Participation in Taiwan [J]. Journal of Development Economics, 1996 (10).

[142] Minsky . H, Stabilizing the Unstable Economy, Yale University Press, 1986.

[143] Montiel, P. J. Ageiior, P. R. , & Haque, N. U. , Informal Financial Markets in Developing Countries, Oxford: Blackwell, Oxford, England. 1993.

[144] Mark Schreiner, Informal Finance and the Design of Microfinance, Development in Practice, Vol. 11. No. 5, November 2000.

[145] Nairob . Kratnen, J . P. and R. H. Schmidt , Small Scale Enterprises in Kenya: An Empirical Assessment , African Economic research Consortium Paper 111, 1994.

[146] Ronald D. Brunner. Comtext – sensitive Monitoring and Evaluation for the World Bank [J]. Policy Science, 2004 (37): 103 – 136.

[147] Ronald I. Mckinnon, Money and Capital in Economic Development, Brookings Institution Press, 1973.

[148] Stiglitz, Joseph E. Redefining the Role of the State: What should it do? How Should it Do it? And How should these decisions be made? [R]. Presented on the Tenth Anniversary of MITI Research Institute (Tokyo, Japan), March 17, 1998.

[149] Stiglitz J. E. and A. Weiss, Credit Rationing in Markets with Imperfect Information, American Economic Review, Vol. 71 (3): 1981.

[150] Sahlman William A. , The structure and governance of venture capital organizations [J]. Journal of Financial Economics, 1990 (27).

[151] Schreiner, Gredit Scoring for Microfinance: Can It Work? [J]. Journal of Microfinance, 2000 (5).

[152] The World Bank, Global Development Finance: Building Coalitions

for Effective Development Finance [M]. Washington DC. , 2001.

[153] Tsai, Imperfect Substitutes: The Local Political Economy of Informal Finance and Microfinance in Rural China and India, World Development (9), 2004.

[154] VanVoorst, M. , "Debt – creating aspects of export credits", Eurodad, Brussels, 1999.

[155] Wysham, D. and Sherry, C. , "Comments submitted on the Overseas Private Investment Corporation's Environmental Guidelines", Institute for Policy Studies, June 1998.

[156] Wai, U. T. , What Have We Learned About Informal Finance in Three Decades? in *Informal Finance in Low – income Countries* edited by Adams, D. and Fitchett, D, Boulder: Westview Press, 1992.

[157] World Bank, Informal Market and Financial Intermediation in Four African Countries Finding: African Region, 1997.